国家社科基金项目：公益创业社会生态系统形成与演进的理论、方法及模型研究（项目编号：16BSH065）

政府和高校
双主导型公益创业论

向敏 ◎ 著

中国社会科学出版社

图书在版编目(CIP)数据

政府和高校双主导型公益创业论/向敏著. —北京：中国社会科学出版社，2021.6
ISBN 978-7-5203-8828-3

Ⅰ.①政… Ⅱ.①向… Ⅲ.①大学生—创业—研究 Ⅳ.①G647.38

中国版本图书馆 CIP 数据核字(2021)第 153533 号

出 版 人	赵剑英
责任编辑	王 曦
责任校对	李斯佳
责任印制	戴 宽
出　　版	中国社会科学出版社
社　　址	北京鼓楼西大街甲 158 号
邮　　编	100720
网　　址	http://www.csspw.cn
发 行 部	010-84083685
门 市 部	010-84029450
经　　销	新华书店及其他书店
印刷装订	北京君升印刷有限公司
版　　次	2021 年 6 月第 1 版
印　　次	2021 年 6 月第 1 次印刷
开　　本	710×1000　1/16
印　　张	18.5
插　　页	2
字　　数	322 千字
定　　价	108.00 元

凡购买中国社会科学出版社图书，如有质量问题请与本社营销中心联系调换
电话：010-84083683
版权所有　侵权必究

前　　言

一　研究成果及主要结论

（一）公益创业的政府和高校双主导论

公益创业的政府和高校双主导论，提出构建在政府及高校主导下，以成长型社会企业或新兴科技型商业企业为主体，在一定社会范围内形成的基于共同目标、协同配合和共同发展的社会创新及经济创新体系，即"政府和高校双主导型公益创业生态系统"。它的显著特征是以地方创业园或国家大学科技园为载体，汇集优势资源，以公益服务惠及新兴科技型企业主体，其终极目标是通过助力新兴科技型企业成长，促进社会创新、科技进步，推动国家及地方实体经济的可持续发展，有别于传统慈善公益和创业系统。一般分为三种类型：政府主导型地方创业园、高校主导型大学生创业园、政府和高校双主导型国家大学科技园。

（二）园区公益服务体系的构建

构建园区公益服务体系的六大基本维度，主要包括创业辅导、人才引进、科技条件、企业融资、市场推广和创业文化等。研究结果显示：地方创业园和国家大学科技园的公益服务综合指数总分和分园区得分，均呈正态分布；总体水平中等偏高；在创业辅导、人才引进、科研条件、企业融资、市场推广、文化建设上均存在显著差异。

（三）园区公益角色及社会网络关系

在政府主导的地方创业园生态系统中，创业园主要承担着管理服务者、创业指导师、资源桥接者、技术支持者、市场推广者和文化氛围营造者等角色；为入驻企业提供创业辅导、人才引进、科技条件、企业融资、市场推广和文化建设等方面的公益服务。以创业园为媒介的社会网络联结方式主要包括六个方面：与园区企业建立合作关系；与政府相关部门加强联络；与投资公司、专利公司、会计师事务所和法律事务所等的合作关系；与高校开展"产学研合作"；促进园区企业间的伙伴关系；加强创业联盟及行业协会的联系。

国家大学科技园的公益服务需充分考虑到园区企业之间的空间联动性，既要重视面上政策实施，又要关注点上影响力；既要重视服务次数，又要提升质量；既要考虑"个体"需求，又要从"整体"出发，树立全局意识。园区公益服务绩效的板块结构特点为科技园制定差异化的政策提供了新的视角，主要根据不同企业所在板块，充分发挥其引领作用或桥梁作用。当然，QAP分析结果也证明了园区公益服务联动关系的复杂性，国家大学科技园公益服务绩效受到了多种因素的影响。

（四）国家大学科技园"产学研合作"主体的社会嵌入问题

首先，国家大学科技园主体以"产学研合作"方式建立了系统内部的强联结，这种社会嵌入关系具有稳定性特征。

其次，以国家大学科技园为媒介，园区入驻企业与各级政府、高校等建立的弱联结，通过"产学研合作"方式服务于各主体的可持续发展，这种社会嵌入关系易于寻找异质性资料，具有开放性和公益性特征。

可见，在国家及地方政府的政策支持下，依托于国家大学科技园平台，园区企业主要通过与科研院所、高校等合作，共建研发中心、开展基础理论研究、推动科研成果转化、联合培养研究生、搭建师生创业平台等，构建起了国家大学科技园"产学研合作"的公益发展模式。在此模式中，政府是更活跃的行为主体和合作伙伴，虽然一般不直接参与入驻企业的日常经营管理，但在构建本地社会关系、树立企业形象、提供技术支持等方面担当了公益性质的"桥接者"角色。政府通过政策引导、机制构建，促进企业与其他合作者的社会嵌入关系的建立，并期待企业在此支持下能够实现成长，通过纳税等方式反哺社会，推动社会发展。可见，政府力量支持下的科技创新创业活动，必然带来科技进步和经济发展，这是具有方向性、战略性的不二选择。

（五）政府主导型公益创业生态主体的博弈演化

在政府主导的地方创业园生态体系中，创业园、企业和政府三方博弈中的博弈演化策略只有（1,1,1），其他点都不是复制动态中收敛和具有抗干扰的稳定状态。说明创业园、企业和政府都是有限的博弈方。在长期的反复博弈中，最终政府会选择扶持创业园的发展；创业园会选择提供优质服务；企业会接受园区孵化服务。

（六）大学生公益创业项目评价体系的构建和应用

大学生公益创业项目评价体系，由三层及两级指标组成，第一层是目标层，即大学生公益创业项目评价指标体系；第二层由一级指标构成，分别是公益性、创新性、创业性、创业团队和市场运营 5 项指标；第三层由二级指标构成，二级指标 14 项。由实证研究可知，该评价体系能够高效地、多角度地评估不同的大学生公益创业项目，从而为大学生公益创业企业的发展决策、公益创投公司的投资决策或政府部门的公益扶持政策提供重要的参考。

（七）中国高校公益创业的教育与实践

高校创新创业教师认为影响公益创业的因素包含政策因素、社会因素、教育因素。其中，政策因素作用最大，社会因素影响途径最多，教育因素中课程、师资是核心内容。"产学研"模式在公益创业孵化过程中是最为普遍的途径；师生共创模式的认同度更为集中。

作为一种新型的创业形式，公益创业融社会公益与商业创业为一体，在解决社会问题上具有独特优势，同时能够提供大量就业机会，缓解大学生就业压力。通过搭建社会公益创业平台、发挥高校自主引导作用、加强法律宏观协调保障、大学生公益创业资金保障和公益创业宣传保障机制"五大保障"，可促进大学生公益创业活动健康有序发展。

（八）美国高校创新创业教育案例的经验和启示

美国马里兰大学"自上而下"的创新创业实践经验：修订终身教职晋升标准、促进创新创业，需全面考虑不同群体的利益；推动创新创业既要学校领导层的高屋建瓴，亦要多向互动。将包容性创业与高校教育结合起来，是美国高校近年来开创的全新范式。包容性创业教育，主要通过创业知识和技能以及身心康复的锻炼让残疾人更好地融入社会，提升其就业和可持续性的竞争力，这是解决残疾人群体等社会问题的有效途径。

（九）构建可持续发展的政府和高校双主导型公益创业生态系统

在政府和高校双主导型公益创业生态系统中可能存在着完全商业性质、商业与公益结合性质和完全公益性质三种属性的创业孵化器。

该类系统的要素主要包括创业群体、服务机构、投资机构、合作机构和主体活动等。系统各主体的共同特征主要是结合自身的特色和优势、健全管理与激励机制，以"产学研一体化"方式，实现校园和社会资源的全方位有效整合，形成以履行"社会责任"为共同使命的校园与社会互惠互利、共同发展的公益创业生态体系。它是整个社会生态系统的组成部分，其能量流动具有多向性和交互性；且在一定条件下，能量交互有增量和减量两种可能；如果能量流动持续增加，必然推动整个系统的持续发展；否则可能会导致系统的失衡、衰退和凋亡。

构建可持续发展的政府和高校双主导型公益创业生态系统，是适应新经济时代的来临和我国全面建成小康社会的目标要求，是经济和社会发展的必然选择。作为国家创新体系重要节点的地方创业园、国家大学科技园主要依托于各级政府的政策优惠、大学及研究机构的科研平台；拥有雄厚资金的投资机构，专业的管理团队和丰富的管理经验；拥有良好的社会关系、社会形象和创业环境。它们可以主动联结外部资源提供者，提高自身运转效率；可以形成高效运转的信息通信网络，成为政府职能部门、金融系统、信息中心、企业、高校、社会团体及国内外创业企业联系的枢纽，成为政策、技术、人才、资本和国内外动态等信息集散地。需要充分发挥政府的积极作用，建立科学高效的运行机制；促进公益创业生态有序发展；推动园区的专业化和网络化发展；鼓励社会力量参与支持等，以促进政府和高校双主导型公益创业生态系统的可持续发展。

二 创新程度、突出特色及主要建树

（一）创新程度

研究内容上，本书结合中外研究现状，通过深入探究当代中国公益创业的发展实际，提出了政府主导型公益创业、高校双主导型公益创业、政府和高校双主导型公益创业的新概念；强调了政府和高校双主导型公益创业是中国公益创业生态系统的典型范式；提炼出了政府和高校双主导型公益创业生态系统可持续发展的基础理论和数理模型。研究方法上，本书综合运用了教育学、管理学、生态学、社会学和经济学等相结合的基本研究方法和典型案例跟踪调研方法，探究和构建中国特色的公益创业生态系统。

(二) 突出特色

研究内容上，本书构建起"社会责任"为纽带的政府和高校双主导型公益创业生态系统模型，具有"以解决社会问题，增进社会整体福利为价值导向，以履行社会责任为连接纽带和共同使命，以创新为发展动力"等突出特征，与传统意义上的非营利组织和创业系统集群等有显著区别。研究方法上，为了得到各因素的数量关系，充分运用模式识别、问卷调查、专题组访谈、数理统计方法进行解析推导与数值计算。理论推导、数值计算与案例研究相结合，经济直观、数学直观与严格论证相结合，绘制直观形象的图表从不同角度揭示各因素之间的依存规律。

(三) 主要建树

本书研究成果可作为高校创新创业教育与实践依据、政府决策的参考。有利于构建起中国特色的公益创业生态系统，充分发挥资源整合优势，集中力量解决社会问题，缓解大学生就业压力，推动国家及地方实体经济的可持续发展。研究方法上，通过焦点小组讨论形式，完成了地方创业园和国家大学科技园的公益服务评价指标体系的构建。采用问卷调查法，完成了面向两家地方创业园和四家国家大学科技园公益创业服务指数的分析与比较；高校"双创"教师对公益创业成因认知以及情景决策研究。基于社会网络分析法，尝试寻找科技园公益服务主体之间的内在关系，提出了对科技园公益服务发展方向的可行性建议。借助社会嵌入理论、利益相关者理论和演化博弈理论，完成了园内企业的社会嵌入关系及园区主体各方的演化博弈关系特点研究。运用层次分析法和专家评估法，构建起大学生公益创业项目评价模型，并对九个大学生公益创业项目进行了验证性评价。运用个案访谈法，完成了美国两所大学及创业研究学者的调研等。

三　学术价值、应用价值及社会影响

（一）学术价值

本书结合中外研究现状，综合运用教育学、管理学、社会学和经济学等多学科理论和研究方法，通过深入研究中国公益创业现状，提出政府主导型公益创业、高校双主导型公益创业、政府和高校双主导型公益创业的新概念，并分别通过典型案例研究，提出系统内各方主体的共生共赢机制和建议，尝试构建可持续发展的政府和高校双主导型公益创业生态系统。

（二）应用价值

本书构建政府主导型地方创业园公益生态模式，培育初创企业的成长与发展；构建高校双主导型大学生创业园公益生态模式，促进大学生创新创业；构建政府和高校双主导型国家大学科技园公益生态模式，助力新兴科技型企业成长，促进社会创新、科技进步。

（三）社会影响

本书研究成果可作为高校创新创业教育与实践依据、政府决策的参考。有利于构建起中国特色的公益创业生态系统，充分发挥资源整合优势，集中力量解决社会问题，缓解大学生就业压力，推动国家及地方实体经济的可持续发展。

四　未来展望

（一）公益创业主体的社会嵌入动态过程研究

Halinen 和 Tornroos[①] 首次将"时间和空间"两个维度，引入社会嵌入研究之中，他们认为，嵌入行为主体在与其他个体或组织形成的二元关系和构建社会嵌入关系网络的过程中，必有过去、当下和未来的存在。强调了特定时间和空间概念给企业行为带来的影响。未来的研究可进一

---

① Halinen, A., Tornroos, J., "The Role of Embeddedness in the Evolution of Business Networks", *Scandinavian Journal of Management*, 1998, 14 (3): 187-205.

步从"时间和空间"两个维度入手，探讨公益创业主体如何主动建立网络关系，主体行为及发展战略如何反作用于社会情境；嵌入主体如何影响和反作用于嵌入客体等。

（二）以社会网络观点分析创业园的公益结构特点

创业园对入驻企业管理方式及态度有何不同？在入驻企业发展的不同阶段，个案企业的社会网络有何变化？是否会利用结构洞协助入驻企业建立新连接？创业园及入驻企业是如何管理和运用其社会网络的？

（三）加强公益性创业园和国家大学科技园的宏观环境与微观环境研究

1. 加强拟建地方创业园和国家大学科技园的宏观环境研究。全方位考察当前的宏观经济环境，如世界经济情况，我国及地方经济发展速度、金融市场、政府政策和法规等。首先，因为政府政策及法规关系创业园、科技园可调度资源的力度，关系到入驻企业可获资源的多寡；其次，这些宏观环境将直接影响着投资人的积极性和方向，企业的创办和发展前景等。

2. 加强拟建地方创业园和国家大学科技园的微观环境研究。首先，考察微观社区环境，如过去一个时段内（一般为1—2年）所在社区新创企业数量；社区内其他相关群体对新创企业的接纳度；社区内利益相关群体的资源状况；新创企业可能对该社区带来的有利和不利影响等。其次，分析地方创业园和国家大学科技园的自身优势与劣势。比如：园区能否有效整合和调配外部资源？园区管理是否有序、高效？园区内部的场所及设施质量如何？园区的资金情况如何等。这些微观环境将直接影响园区的服务绩效与发展前途。

（四）"小利"与"大义"的平衡关系问题研究

"以利为上"的现代企业制度实行自主经营、自负盈亏，而政府主导下创建的公益性创业园通过聚集优势资源，助力初创企业成长，促进国力强盛及社会经济发展。"一园之小利"和"一方之大义"，两者如何平衡是一个新的研究方向。

（五）公益性创业园区如何实现"盈亏平衡"问题研究

政府主导或支持下创立的公益性园区，政府如"母鹰"，园区如"粮仓"，园内企业如"稚鹰"。某个时候来临，母鹰必会毅然将稚鹰推下悬崖，让羽翼未丰的幼子独自生存。失去"母鹰"的护助，园区也逐渐没有了稳定外援，唯有"自给自足"才可持续。那么，园区需要在场地规模、租金状态、服务质量和经营思想达到怎样的水平，才能实现盈亏平衡，便是一个新的研究课题。

总之，关于公益性地方创业园和国家大学科技园的研究，既需从园区自身角度进行微观考察，又要从国家经济或社会发展的视角开展宏观研究，开展理论与实证相结合的研究，借鉴国外的成功经验，提出发展对策与建议等。

目 录

第一章 绪论 ………………………………………………………（1）
 第一节 研究背景、研究价值、研究对象及方法 …………………（1）
 第二节 公益创业研究的文献综述 …………………………………（3）
 第三节 公益创业的发展与现状 ……………………………………（24）

第二章 公益创业生态内涵及理论基础 …………………………（31）
 第一节 基本概念的界定 ……………………………………………（31）
 第二节 公益创业生态模型 …………………………………………（40）
 第三节 主要理论 ……………………………………………………（42）
 第四节 主要研究方法 ………………………………………………（51）

第三章 政府和高校双主导型公益创业生态案例 ………………（54）
 第一节 案例简介 ……………………………………………………（54）
 第二节 政府主导型公益创业生态案例图谱 ………………………（66）
 第三节 政府和高校双主导型公益创业生态案例图谱 ……………（70）
 第四节 高校主导型公益创业生态典型 ……………………………（76）

第四章 地方创业园、国家大学科技园的公益服务比较研究 …（81）
 第一节 文献综述 ……………………………………………………（81）
 第二节 研究设计 ……………………………………………………（84）
 第三节 地方创业园和国家大学科技园公益创业服务指数的
    分析与比较 …………………………………………………（89）

第五章　案例园区的社会网络关系、公益角色及网络结构特征 ……（108）
  第一节　绪论 ………………………………………………（108）
  第二节　创业园公益主体的社会网络关系及公益角色 ………（115）
  第三节　基于国家大学科技园公益服务的网络结构特征 ……（118）

第六章　国家大学科技园"产学研合作"主体的社会嵌入问题 ……（134）
  第一节　绪论 ………………………………………………（134）
  第二节　"产学研合作"案例 ………………………………（138）
  第三节　国家大学科技园的社会嵌入关系模型及解析 ………（144）

第七章　政府主导型公益创业生态主体行为的演化博弈分析 ……（146）
  第一节　文献综述 …………………………………………（146）
  第二节　政府主导型公益创业生态主体行为的演化博弈假设 …（147）
  第三节　系统主体三方演化博弈的启示 ……………………（153）

第八章　高校大学生公益创业项目评价体系 ……………………（155）
  第一节　基于层次分析法的大学生公益创业项目评价体系构建 …（155）
  第二节　大学生公益创业项目评价体系的应用 ………………（163）

第九章　高校主导型公益创业生态研究 …………………………（174）
  第一节　高校创新创业教师的公益创业认知研究 ……………（174）
  第二节　大学生公益创业生态现状及推进路径 ………………（188）
  第三节　从国外经验谈我国大学生公益创业保障的构建 ……（200）

第十章　他山之石——美国高校创业教育案例研究 ……………（209）
  第一节　包容性创业教育:美国高校创业教育的新范式 ……（209）
  第二节　马里兰大学创新创业转型案例 ……………………（222）

第三节 "全校性"创业教育：现状、成效与趋势
　　——美国知名高校创业研究者访谈 …………………（235）

第十一章 政府和高校双主导型公益创业生态发展规律及对策建议 ……………（249）
　第一节 构建政府和高校双主导型公益创业生态系统 …………（249）
　第二节 政府和高校双主导型公益创业生态的发展必然性及制约因素 ……………（253）
　第三节 政府和高校双主导型公益创业生态可持续发展的对策与建议 ……………（256）

参考文献 ……………………………………………………（262）

后记 …………………………………………………………（281）

第一章 绪 论

第一节 研究背景、研究价值、研究对象及方法

一 研究背景

2006年1月,科技部、教育部制定的《国家大学科技园"十一五"发展规划纲要》强调:大学科技园是国家创新体系的重要组成部分和自主创新的重要基地,是区域经济发展和行业技术进步以及高新区"二次创业"的主要创新源泉之一,是高等学校产学研结合、为社会服务、培养创新创业人才的重要平台[①]。

2015年李克强总理在《政府工作报告》中明确提出"大众创业,万众创新"的理念,并强调打造公共产品与公共服务"双引擎",这一政府导向理念的提出,为公益组织的创业创新创造了良好的机遇。在此社会背景下,强调社会公益性与商业手段结合并进的新型创业形式——公益创业逐渐涌现并如雨后春笋般进入中国大众视野,其发展迅速的同时也涌现许多现实问题。2016年以来,随着《中华人民共和国慈善法》的出台和相关法律法规的完善、公益创业教育逐渐得到重视以及社会机构公益创投多样化,使公益创业的发展前景越来越广[②]。

公益创业作为一种全新的理念和方法,已经引起了各级政府有关部门、

---

① 谢辉:《借鉴国外成功经验,推动我国大学科技园持续健康发展》,《中国高校科技与产业化》2008年第Z1期。
② 苏浩然:《中国公益创业的现状、困境及对策研究》,《农村经济与科技》2017年第16期。

企业家和众多学者等积极关注。因为公益创业获得的利润越多，能够解决的社会问题也就越多[①]。所以，开展公益创业生态的相关理论与实践研究非常有意义。

二 研究价值

（一）学术价值

本书结合中外研究现状，综合运用教育学、管理学、社会学和经济学等多学科理论和研究方法，通过深入研究中国公益创业现状，提出政府主导型公益创业及高校双主导型公益创业的新概念，并分别以"政府主导型"公益创业典型案例和"政府和高校双主导型"公益创业典型案例，提出公益创业生态系统内各方共生共赢的机制和建议，尝试构建可持续发展的公益创业生态系统。

（二）应用价值

深入调研当前中国的公益创业生态，提出可持续发展的公益创业生态模式，以政府和高校为主导，发挥系统资源整合优势，集中力量解决社会问题，缓解社会矛盾。

三 研究对象

（一）公益创业主体的形成与互动

全球社会责任运动背景下，研究参与创收活动的非营利组织、社会企业、兼具社会责任的营利企业等公益创业主体各自的地位、创业方式与创业动因。主要运用社会网络观点，探讨公益创业生态链体系结构以及公益创业主体间共存共生机制。公益创业主体是普遍联系的，存在利益交集和冲突，研究各主体间的博弈策略，进而找到最优的博弈均衡，有利于实现公益创业主体间的互利共赢。

（二）公益创业生态的形成与演进

结合公益创业及生态的有关研究，探讨公益创业生态系统的内涵；

[①] Thompson, J. D., & Macmillan, I. C., "Business Models: Creating New Markets and Societal Wealth", *Long Range Planning*, 2009, 43 (2): 291.

探索以公益创业为先导的社会网络化及公益创业生态系统中的能量流动规律，推演出公益创业生态系统的形成与演进趋势。

（三）公益创业生态发展的预测与实证

构建由各类互补配套、协同创新企业参与的公益创业圈，运用大量实证数据，绘制出直观图表，从不同角度揭示出各因素之间的依存规律。公益创业生态圈发展过程的实证研究，主要通过理论推演与模型构建，以成都高新青年创业示范园、北京留学人员创业园等社会企业为典型代表，以北京大学国家大学科技园、上海交通大学国家大学科技园、浙江大学国家大学科技园和四川大学国家大学科技园等高校公益创业典型作为实证研究对象，提炼富有针对性的研究结论与政策建议。

四　研究方法

主要利用社会网络观点，分析和挖掘个案特点，了解基于个案企业的社会网络联结，认识个案企业、利益相关者和同行竞争者等在社会网络关系中的不同角色，观察创业园的公益角色、创业园的主体关系及相互影响；主要通过焦点小组讨论形式构建起地方创业园和国家大学科技园的公益服务评价指标体系；借助社会嵌入理论和利益相关者理论，通过面向案例企业展开半结构化的调研访谈，考察具有公益性质的社会关系及合作者（或利益相关者）与企业建立了何种方式的嵌入关系？这些利益相关者对企业的绩效及发展带来了怎样的影响？主要借助演化博弈理论，构建起政府主导型公益创业生态体系中的政府、科技园及园区企业三方主体的非对称演化博弈模型；主要运用层次分析法，构建起大学生公益创业项目评价模型。

第二节　公益创业研究的文献综述

一　引言

随着经济发展带来的生活水平的提高和社会活动带来的公益意识的

觉醒，第三部门在公共领域发挥的作用越来越受人们重视，自 Dees J. Gregory[1] 提出公益创业概念以来，伴随着经济危机带来的失业[2]和政府部门的公共领域支出减少[3]，其产生的公益缺口对公益事业实现形式和主体提出了新的变革要求[4]。在众多的公益实践活动中，一批旨在解决社会问题、创造社会价值的公益创业家以公司的形式尝试着用商业技能实现公益价值的创造和公益事业的持续发展。这是与当今公益需求在质与量上的不断攀升和慈善市场对公益支持日渐乏力的形势相切合的[5]。在实现从输血型模式向造血型模式转型的过程中，众多的研究者对公益创业定义[6]、组织形式、形成背景、发展因素、决策模式进行了大量的研究[7]。这些努力使得公益事业与制度环境还有传统观念发生了激烈碰撞[8]，这些碰撞也为众多相关领域的研究者和社会变革家提供了关于社会变革的更全面的了解。同时，这些改变也为政府和市场与公益创业企业协同发展公益事业提供了指引和参考。

基于绘图学和社会网络图谱技术 SNA[9] 的 CiteSpace 作为近年来国内

---

[1] Dees J. Gregory, *The Meaning of Social Entrepreneurship*, Social Entrepreneurship Funders Working Group, 1998, p. 2.

[2] Kobia, M., and Sikalieh, D., "Towards a Search for the Meaning of Entrepreneurship", *Journal of European Industrial Training*, 2010, 34 (2): 110.

[3] Roper, J., and Cheney, G., "Leadership, Learning and Human Resource Management: The Meaning of Social Entrepreneurship Today", *Corporate Government*, 2005, 5 (3): 95.

[4] Haugh, H., "A Research Agenda for Social Entrepreneurship", *Social Enterprise Journal*, 2005, 1 (2): 1.

[5] Porter, M. E., & Kramer, M. R., "Philanthropy's New Agenda: Creating Value", *Harvard Business Review*, 1999, 77 (6): 121.

[6] Peredo, A. M., and McClean, M., "Social Entrepreneurship: A Critical Review of the Concept", *Journal of World Business*, 2006, 41 (1): 56; Mort, G. S., Weerawardena, J., and K. Carnegie, "Social Entrepreneurship: Towards Conceptualization and Measurement", *International Journal of Nonprofit and Voluntary Sector Marketing*, 2003, 8 (1): 76.

[7] Witkamp, M. J., L. M. Royakkers, and R. P. Raven, "From Cowboys to Diplomats: Challenges for Social Entrepreneurship in The Netherlands", *International Journal of Voluntary and Nonprofit Organizations*, 2010, 22: 283.

[8] Dorado, S., & Ventresca, M. J., "Crescive Entrepreneurship in Complex Social Problems: Institutional conditions for Entrepreneurial Engagement", *Journal of Business Venturing*, 2013, 28 (1): 69.

[9] Carrington, P. J., Scott, J., & Wasserman, S., *Models and Methods in Social Network Analysis*, Cambridge University Press, 2005, p. 1.

外在文献综述领域的热门软件，其具有数据兼容性强、分析效率高、操作便捷、结果直观等诸多优点。CiteSpace软件对论文的标题、关键词、摘要、正文、参考文献各部分信息进行术语挖掘、领域挖掘、主题挖掘，能为使用者提供其研究领域的热点主题、核心参考文献、主要研究机构等具有价值的资讯[1]。出于对过往研究成果的回顾和未来研究方向的展望，本书梳理了自公益创业概念提出以来（1998—2018年）公益创业科技论文的知识网络，并从研究主体、研究基础和研究热点三个方面运用时间和空间两个视角进行了文献统计。在本书中，采用CiteSpace 5.3.R3软件选取学术合作、文献耦合和词域共现三个知识网络作为研究对象。

二 数据准备

本书选择的研究对象是公益创业的主流文献。由于公益创业（Social Entrepreneurship）是一个外来词汇，因此，研究中选择国外文献作为确认公益创业研究起始年份的参考依据。公益创业的概念最早界定于"The Meaning of Social Entrepreneurship"一文，由Dees J. Gregory[2]提出。因此，分析时域为1998年8月—2018年8月。在数据库选择上，国外文献主要选择数据结构最为完整的Web of Science（Core Collection）；国内文献主要选择中文数据库中数据结构最为完整的CSSCI（Chinese Social Sciences Citation Index）。文献索引方面，采用篇名搜索的方式。国外数据搜索中，主要通过"Social Entrepreneurship"进行搜索，并通过CiteSpace 5.3.R3过滤并除重后获得有效文献583篇；国内数据搜索中，同样采取篇名搜索。国内学术界对"Social Entrepreneurship"的主流表述存在两类：社会创业、公益创业，分别以"社会创业""公益创业"进行搜索，经CiteSpace5.3.R3过滤除重后各获得有效文献"社会创业"32篇、"公益创业"18篇，合计50篇。

---

[1] Chen, C., *Cite Space II : Detecting and Visualizing Emerging Trends and Transient Patterns in Scientific Literature*, John Wiley & Sons Inc., 2006.

[2] Dees J. Gregory, *The Meaning of Social Entrepreneurship*, Social Entrepreneurship Funders Working Group, 1998, p. 2.

三 国外研究现状

本书资料来源于 Web of Science Core Collection。

(一) 国外研究主体

1. 科研合作网络的宏观层面（研究国家）分析。采用 TOP-N 分析法并选取每个时间切片下发文量排名前 50 的国家。时间切片为一年一次，时域为 1998 年 8 月—2018 年 8 月。样本标签的展示占 5%。分析时间为 2018 年 8 月 19 日通过对 Web of Science Core Collection 的文献分析，可得公益创业研究影响力的国家分布，如图 1-1 所示。

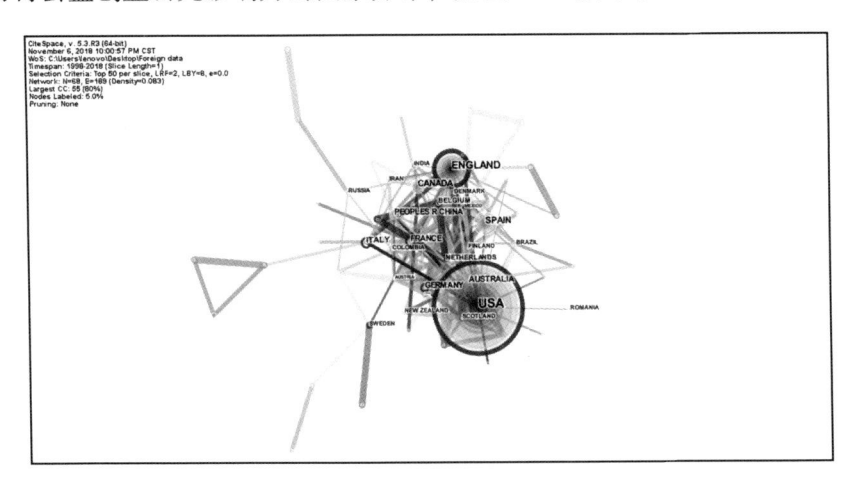

图 1-1 国外公益创业研究的国家分布

由图 1-1 可知，国外开展公益创业研究的主要国家共 42 个。公益创业研究的影响力排名前五（由高到低）分别是美国（169 links：数值表示知识网络中该节点与其他节点建立联系的程度），其次是英国（74 links）、西班牙（47 links）、加拿大（38 links）、澳大利亚（26 links）。中国的公益创业研究发文量排名第八（19 links）。

此外，通过时间切片来看，公益创业研究的世界流向为北美洲—欧洲—亚洲—南美洲，国际流动始于 2008 年英国和美国的学术合作，其后分别以美国和英国为中心，在北美洲和欧洲扩散开来。此外，在亚洲的研究网络中，以新西兰和澳大利亚的国际合作为开始，逐渐扩散至中国及中东。从研究的聚类网络来看，大致可以分为两个子群：以英国为核心的欧亚公益创业研究网络和以美国为核心的南北美研究网络，如图1-2所示。

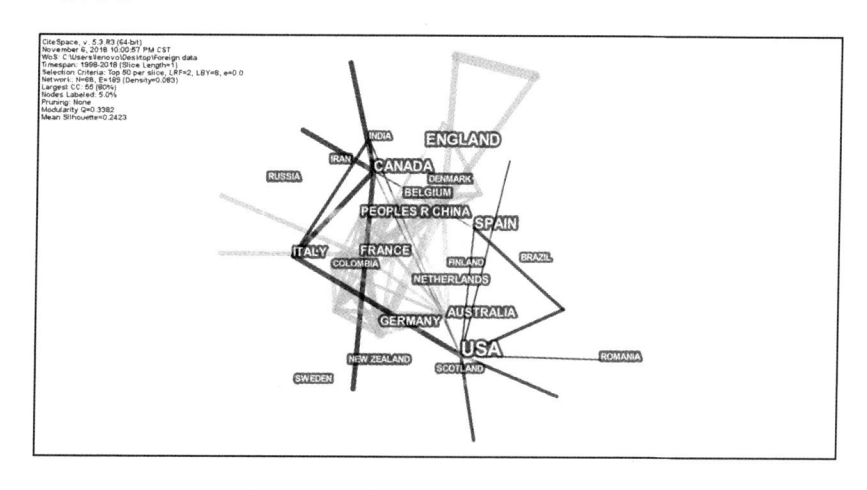

图1-2 国外公益创业研究的国家聚类

2. 科研合作网络的中观层面（研究结构）分析。采用TOP-N分析法并选取每个时间切片下发文量排名前50的研究机构，时间切片为一年一次，时域为1998年8月—2018年8月。样本标签的展示占5%，分析时间为2018年8月19日。通过对Web of Science Core Collection的文献分析，可得公益创业研究影响力的研究机构分布，如图1-3所示。

由图1-3可得，国外开展公益创业研究的主要研究机构共有52所，公益创业研究发文量排名第一的是瓦伦西亚大学（9），其后分别是印第安纳大学（8），北卡罗来纳大学（6），埃塞克斯大学（4），圣加仑大学（4）。从每年的时间切片来看，机构间大体量的合作始于2014年思克莱德大学与图尔库大学。其后于2015年北卡罗来纳大学和布加勒斯特经济研究大学进行了大量合作。同年，以巴布森学院为中介枢纽，雷丁大学、埃塞克斯大学、圣加仑大学四所大学构成了公益创业研究的合作网络，并且雷丁大学、埃塞克斯大学、巴布森学院三所大学形成了两两合作的强关系科研网络。2017年，赫姆霍兹环境研究中心与弗朗特拉大学也开展了大规模的学术合作。

3. 科研合作网络的微观层面（研究学者）分析。采用TOP-N分析

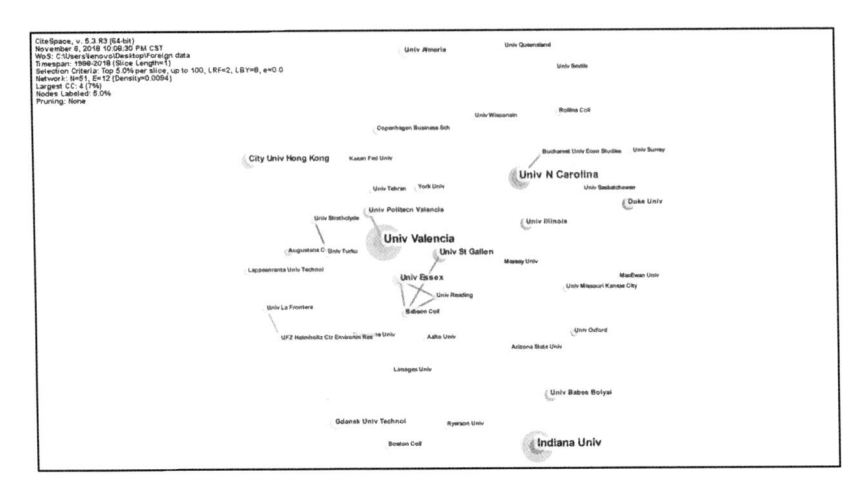

图 1-3　国外公益创业研究的机构分布

法并选取每个时间切片下发文量排名前 50 的研究学者，时间切片为一年一次，时域为 1998 年 8 月—2018 年 8 月。样本标签的展示占比为 5%，分析时间为 2018 年 8 月 19 日。通过对 Web of Science Core Collection 的文献分析，可得公益创业研究影响力的研究学者分布，如图 1-4 所示。

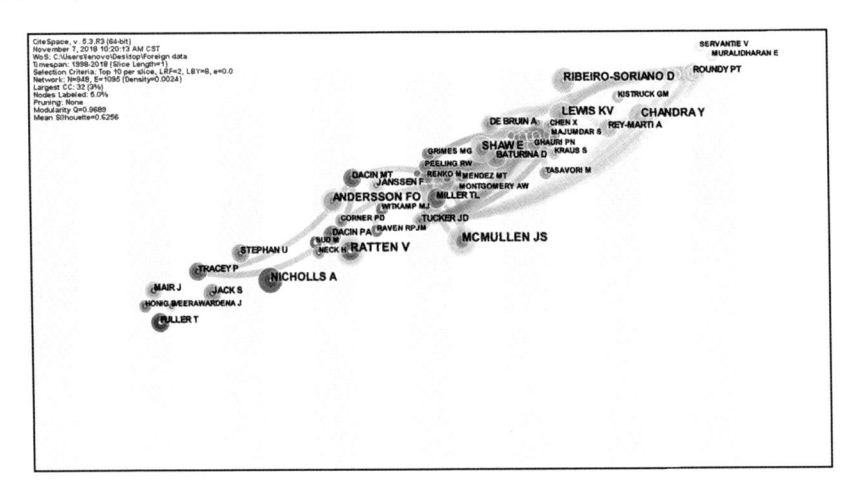

图 1-4　国外公益创业研究的学者分布

由图 1-4 可知，国外开展公益创业研究产出的主要学者共 34 位，公益创业研究的发文量排名上居首位的学者是 Y. Chandra（4），其后分别是

P. T. Roundy（3）、F. O. Andersson（2）、H. M. Mosammam（2）、E. Muralidharan（2）。从各时间切片来看，公益创业早年研究的合作网络有：M. Sud 与 C. T. Vansandt（2009 年），M. J. Witkamp、L. M. M. Royakker 和 R. P. J. M. Raven（2011 年），后者形成了两两合作的研究网络。近年来公益创业研究的合作网络有：Marti A. Rey 和 Soriand D. Ribeiro（2016 年），以 M. Gharibi 为核心的，M. Kazemi、S. M. Rezazadeh、H. M. Mosammam 两两合作的强关系网络（2016 年）。此外，M. Vancea、S. Becker、C. Kunze 三位学者也建立了三角结构的科研合作关系（2017 年）。

（二）研究基础

1. 文献共引层面的分析。采用 TOP‐N 分析法并纳入施引率排名前 50 的文献，时间切片为一年一次，时域为 1998—2018 年。分析时间为 2018 年 8 月 19 日，文献标签的展示占比为 5%。通过对 Web of Science Core Collection 的文献分析，可得公益创业主要施引文献的时间分布，如图 1‐5 所示。

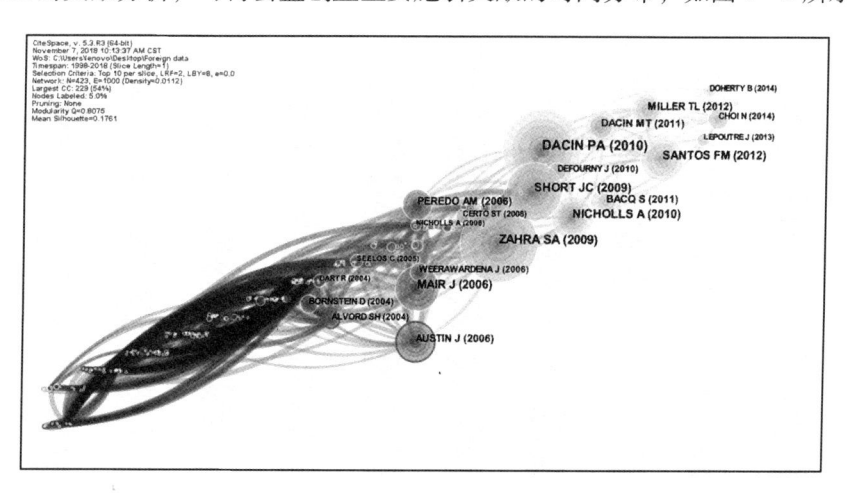

图 1‐5　国外公益创业研究主要施引文献的时间分布

由图 1‐5 可知，国外公益创业研究领域共 415 篇核心文献，被引用排名前 5（由高到低）的核心文献分别是 P. A. Dacin（2010）（排名第一，关系数 91，中介中心度 0.13）、S. A. Zahra（2009）（排名第二，关系数 85，中介中心度 0.17）、J. C. Short（2009）（排名第三，关系数 64，中介中心度 0.07）、A. Nicholls（2010）（排名第四，关系数 53，中介中心度0.08)、M. T. Dacin (2011)（排名第五，关系数49，中介中心度0.02）。从施引文献的时域来看，施引频次高的文献集中出现在2007—2013年。核心参考文献也集中于该时间段。从施引文献的色泽变化来看，公益创业领域的学术引用呈现出毗邻现象，施引文献的选择大都来自近2—3年的文献。此外，施引分布形状呈现由薄到厚的趋势，一方面这说明了该领域研究规模的扩大，另一方面也表明近年的研究内容和主题是对核心施引文献时域（2007—2013年）的一个良好继承与发展。

2. 期刊共引层面的分析。采用TOP-N分析法并纳入施引率排名前50的期刊，时间切片为一年一次，时域为1998—2018年。分析时间为2018年8月19日，期刊标签的展示占5%。通过对Web of Science Core Collection的文献分析，可得公益创业研究主要施引刊物的时间分布，如图1-6所示。

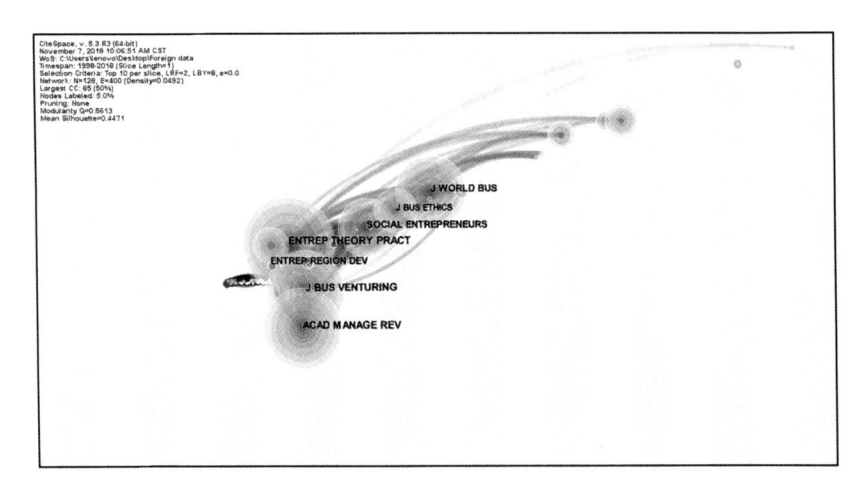

图1-6　国外公益创业研究主要施引刊物的时间分布

由图1-6可见，国外公益创业研究领域主要刊物共211个，排名前5（由高到低）的主要施引刊物分别是 *Entrepreneurship Theory and Practice*（排名第一，关系数299，中介中心度0.04）、*Academy of Management Review*（排名第二，关系数261，中介中心度0.04）、*Journal of Business Venturing*（排名第三，关系数253，中介中心度0.02）、*Journal of World Business*（排名第四，关系数222，中介中心度0.03）、*Social Entrepreneurships*

（排名第五，关系数 181，中介中心度 0.05）。通过 TOP－N 分析法，阈值是 105 的方法筛选所得的施引刊物，即是当年在公益创业学术施引中排名前 50 并且单个施引大于 105 次的刊物，由此得出该类刊物属于核心施引刊物。图 1－6 中核心施引刊物分布在 2005—2017 年，这可能说明公益创业的研究体量在该时段扩大。此外，从图 1－5 中核心施引文献的时间分布来看，施引刊物整个时域分布呈现出椭圆形放射状，一方面说明公益创业研究在后续发展中参考了更多的施引刊物，另一方面也说明核心施引刊物主要还是集中在早年开设公益创业板块的刊物中。

3. 作者施引层面的分析。采用 TOP－N 分析法并纳入施引率排名前 50 的作者，时间切片为一年一次，时域为 1998—2018 年。分析时间是 2018 年 8 月 19 日，作者标签的展示占 5%。通过对 Web of Science Core Collection 的文献分析，可得公益创业研究主要施引学者的时间分布，如图 1－7 所示。

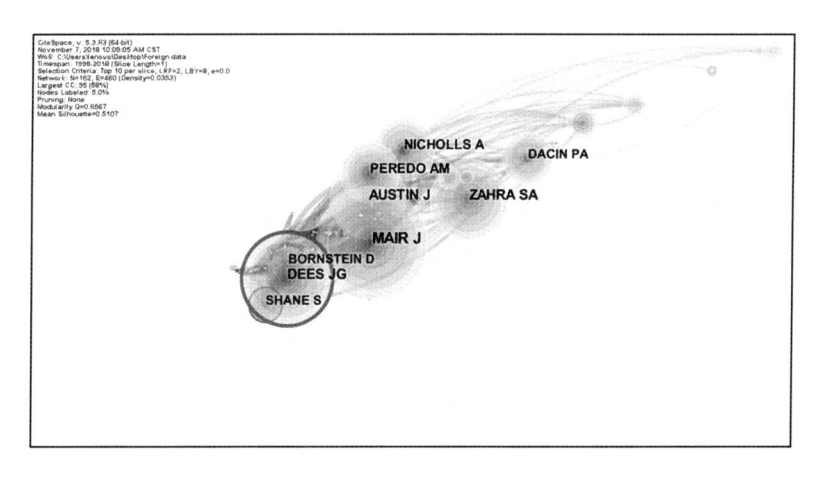

图 1－7　国外公益创业研究主要施引学者的时间分布

由图 1－7 可得，国外公益创业研究主要施引学者共 286 位，公益创业领域的施引量排名前 5（由高到低）的核心学者分别是：J. Mair（排名第一，关系数 208，中介中心度 0.09）、J. G. Dees（排名第二，关系数 174，中介中心度 0.11）、J. Austin（排名第三，关系数 151，中介中心度 0.06）、S. A. Zahra（排名第四，关系数 151，中介中心度 0.11）、A. Nicholls（排名第五，关系数 126，中介中心度 0.02）。这里我们设置的施引量的阈值为 56，也就是说，对于施引量在 56 次以上的学者，纳入了我们研究学者施引网络的分析。从时域分布来看，研究学者施引分布的时域呈现上与核心刊物的施引分布交叉程度较高，这说明了，公益创业主要学者在这一时段内（2006—2012）发表的论文成为公益创业领域研究的核心文章，通过权威杂志或学者个人的影响力，增强了其研究成果的影响，带动了更多学者加入到公益创业研究队伍中。此外，与核心刊物时域呈放射状集中不同，主要研究学者在施引时域上的分布集中程度相比更低，这说明在研究热潮带动下，又孕育出了新一批具备影响力的学者。

（三）国外研究热点主题及领域

1. 热点主题分析。采用 TOP - N 分析法并选取目标文献中出现次数排名前 50 的关键词，时间切片为一年一次，时域为 1998—2018 年。样本标签的展示占 5%。通过对 Web of Science Core Collection 的文献分析，可得公益创业研究热点主题分布，如图 1 - 8 所示。

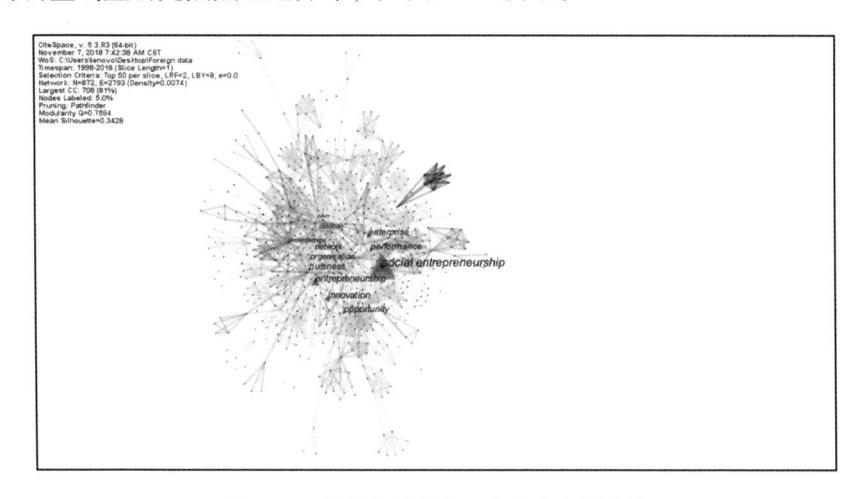

图 1 - 8　国外公益创业研究热点主题聚类

由图 1 - 8 可知，国外公益创业研究领域主要关键词共 189 个，排名前 5（由高到低）的公益创业领域的核心关键词分别为：Social Entrepreneurship（排名第一，关系数 222，中介中心度 0.06）、Entrepreneurship（排名第二，关系数 84，中介中心度 0.11）、Innovation（排名第三，关系数 65，中介中心度 0.09）、Enterprise（排名第四，关系数 57，中介中心度 0.09）、Opportunity（排名第五，关系数 55，中介中心度 0.14）。通过关键词聚类后，合并同类共得到以下八类，分别是：Personality Traits、Work、Social Entrepreneurship、Effectuation、Region、Business School、Renewable Energy、Sport Business。按照公益创业热点主题进行时间分割，得到研究热点主题的时间分布，如图1-9所示。

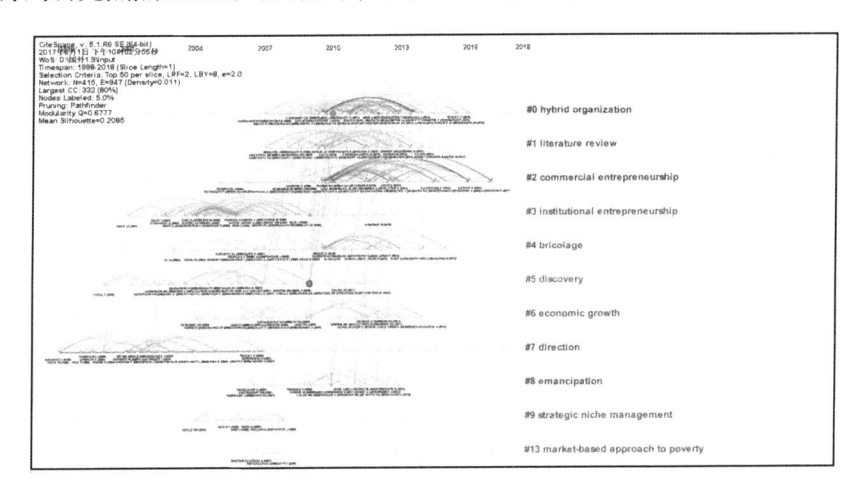

图1-9 国外公益创业研究热点主题的时间分布

从图1-9可知，公益创业研究热点主题在2005—2018年发生了扩展和转移。公益创业的研究浪潮始于2005年关于组织管理成效和创业问题的研究，其后研究热点主题集中在创业者人格特质、中小企业类社会企业。基于对市场和资源问题的关注，2010年公益创业的研究聚焦在可再生能源上。此外，随着公益创业的研究和实业的发展，2012年研究重点逐渐从经济管理领域向教育文化领域扩散。在教育领域，体现为商学院对公益创业教育模式和内涵的再挖掘；在文化领域，体现为公益创业研究在社会嵌入理论和社会网络视角下的发展。此外，2016年也出现关于公益创业模式的研究讨论。2015—2018年的研究热点呈现出对地方发展、小微经济以及政策资源等研究主题的关注。

2. **热点领域分析**。采用TOP-N分析法并选取目标文献中出现次数排名前50的领域词，时间切片为一年一次，时域为1998—2018年。分析时间为2018年8月19日，样本标签的展示占5%。通过对Web of Science Core Collection的文献分析，可得公益创业研究热点领域的时间分布，如

图 1 - 10 所示。

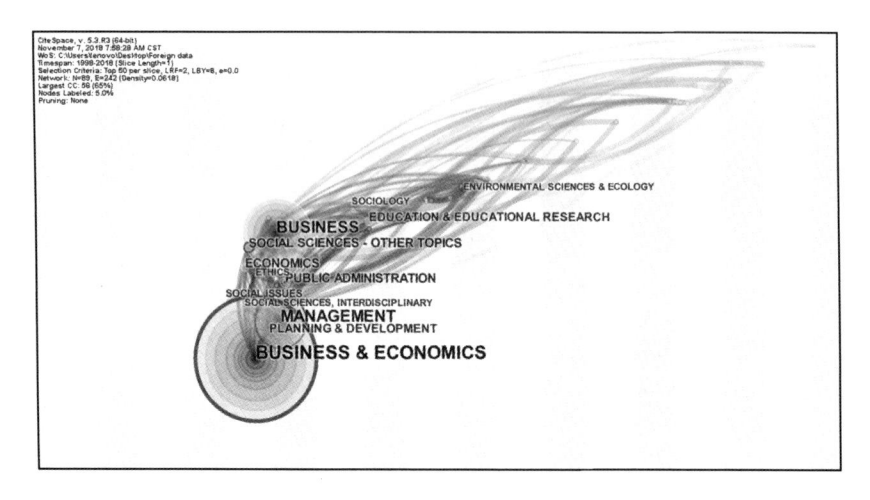

图 1 - 10　国外公益创业研究热点领域时间分布

由图 1 - 10 可知，国外公益创业研究领域主要与其他 36 个学科开展了跨学科研究，排名前五（由高到低）的研究领域分别为：Business & Economy（排名第一，关系数 377，中介中心度 0.35）、Business（排名第二，关系数 237，中介中心度 0.03）、Management（排名第三，关系数 175，中介中心度 0.15）、Public Administration（排名第四，关系数 60，中介中心度 0.07）、Social Sciences（排名第五，关系数 50，中介中心度 0.13）。从图中可见，公益创业研究领域发生了如下变化：最初，从商业、经济领域扩展到了公共管理领域（2005—2006）；然后，又发展到了社会问题、教育领域（2007—2010）；进而扩展到了能源、环境领域（2011—2016）。此外，商业和管理领域一直是公益创业的研究热点，总的来说众多研究者对公益创业在商业领域的研究价值表现出了较大兴趣。

四　国内研究现状

本节资料来源于 Chinese Social Sciences Citation Index。

（一）国内研究主体

1. 科研合作网络的机构分析。由于国内公益创业研究成果较少，采用 TOP-N 分析法无法获得足够样本点，所以这里采用 G-index 法[①]，规模因子设定为 20，时间切片为一年一次。因为 CSSCI 第一篇公益创业的文章发表于 2006 年，所以时域设定为 2006—2018 年。分析时间为 2018 年 8 月 19 日，样本标签的展示占 100%。通过对 Chinese Social Sciences Citation Index 的文献分析，可得公益创业研究影响力的机构分布，如图 1-11 所示。

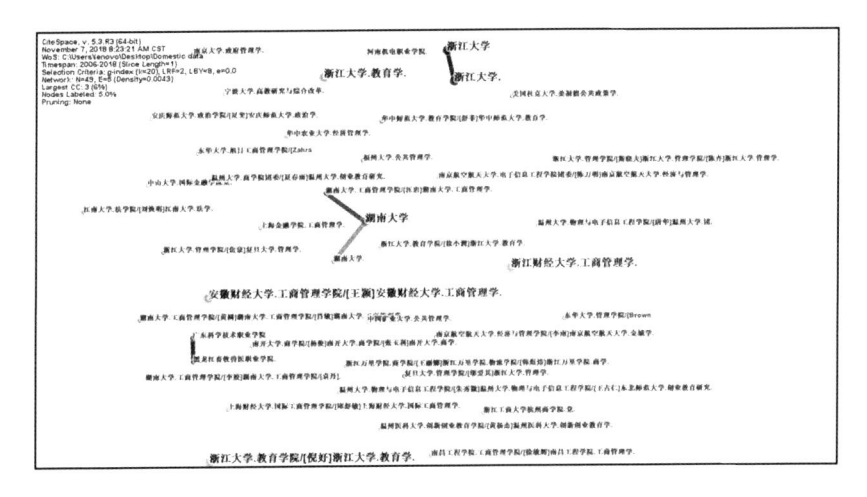

图 1-11 国内公益创业研究影响力的机构分布

由图 1-11 可知，国内公益创业领域主要研究机构共 49 个。国内公益创业研究机构的发文量排名前 5（由高到低）的分别是：浙江大学教育学院（排名第一，关系数 2），浙江大学公共管理学院（排名第二，关系数 2，中介中心度 0.3），浙江大学公共管理学院（排名第二，关系数 2，中介中心度 0.2），浙江大学管理学院（排名第三，关系数 2，中介中心度 0.15），安徽财经大学工商管理学院（排名第四，关系数 2，中介中心度 0.02），湖南大学公共管理学院（排名第五，关系数 2，中介中心度 0.00）。从合作主体的层次来看，层次较高的高校更倾向于校内学院间合作（湖南大学、浙江大学），层次较低的高校倾向于校外合作（广东科学技术职业学院与黑龙江畜牧兽医职业学院）。从机构合作的时序来看，浙

---

① Egghe, L., & Rousseau, R., "An Informetric Model for the Hirsch-index", *Scientometrics*, 2006, 69 (1): 121.

江大学公益创业研究较早（2006），其后湖南大学（2011）和广东科学技术职业学院（2011）各自开展了相关研究。

2. 科研合作网络的作者分析。同样存在样本点产出成果不足等问题，同上采用 G-index 法，规模因子设定为 20，时间切片为一年一次，时域为 2006—2018 年。分析时间为 2018 年 8 月 19 日，样本标签的展示占 100%。通过对 Chinese Social Sciences Citation Index 的文献分析，可得公益创业研究影响力的学者分布如图 1-12 所示。

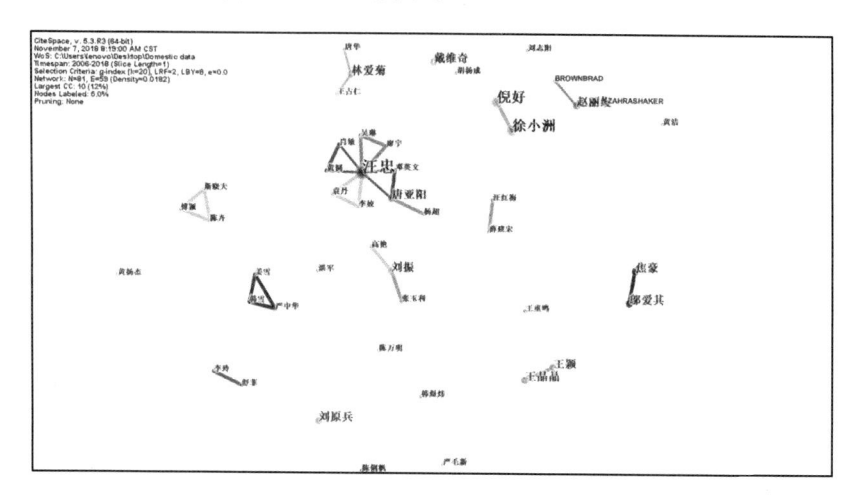

图 1-12 国内公益创业研究的学者分布

由图 1-12 可知，国内公益创业研究的主要学者共 81 位。发文量排名前 5（由高到低）的作者分别是：汪忠（排名第一，关系数 4，中介中心度 0.02）、倪好（排名第二，关系数 3，中介中心度 0.00）、徐小洲（排名第三，关系数 3，中介中心度 0.00）、林爱菊（排名第四，关系数 3，中介中心度 0.00）、戴维奇（排名第五，关系数 2、中介中心度 0.00）。从研究时序上看，公益创业的研究合作开展较早的是焦豪等（2008）和严中华（2008）等学者，严中华与韩雪、姜雪构成了稳定的合作研究关系。其后，以汪忠和唐亚阳为枢纽开展了公益创业研究的团体合作网络（2011）。随着时间推移，以刘振为中介的高艳、张玉利形成了合作研究关系。此外还存在如傅颖、斯晓夫、陈卉的学术合作关系；以林爱菊为中介的合作研究关系。

（二）研究基础

1. 文献共引层面的分析。采用 TOP - N 分析法并纳入引用率排名前 50 的文献，时间切片为一年一次，时域为 2006—2018 年。分析时间为 2018 年 8 月 19 日，文献标签的展示占 5%。通过对 Chinese Social Sciences Citation Index 的文献分析，可得公益创业研究主要参考文献的引用时间分布。

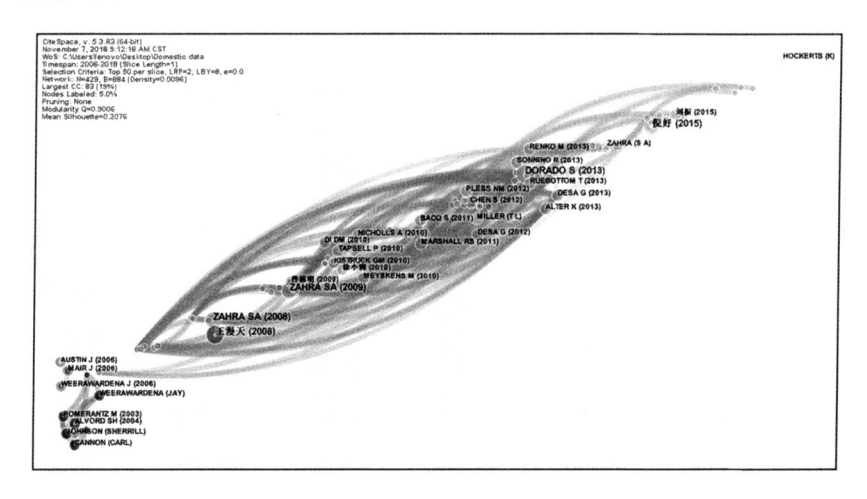

图 1-13　国内学者公益创业研究主要施引文献的时间分布

由图 1-13 可得，国内学者公益创业研究的主要文献共 429 篇，其中被引量排名前 5（由高到低）的核心文献分别是：倪好（2015）（排名第一，关系数 3，中介中心度 0.00）、Zahra S. A.（2008）（排名第二，关系数 3，中介中心度 0.01）、Zahra S. A.（2009）（排名数第三，关系数 3，中介中心度 0.03）、Dorado S.（2013）（排名第四，关系数 3，中介中心度 0.04）、王漫天（2008）（排名第五，关系数 3，中介中心度 0.00）。此外，从文献分布的地域来看，国内公益创业研究者所参考国外文献居多。早年研究的参考文献，在后续研究过程中呈现共引缺失，出现了施引网络的分离。这可能说明国内公益创业研究主题出现了较大转移，前施引文献参考价值降低。从施引的时域来看，2007 年之后施引网络存在较好的存续。这表达出公益创业领域研究主题存在较好的继承，有可能是受到各研究学派及团队的持续发展所带来的影响。

2. 刊物共引层面的分析。采用 TOP – N 分析法并纳入引用率排名前 50 的刊物，时间切片为一年一次，时域为 2006—2018 年。分析时间为 2018 年 8 月 19 日，文献标签的展示占 5%。通过对 Chinese Social Sciences Citation Index 的文献分析，可得公益创业研究主要施引刊物时域分布，如图 1 – 14 所示。

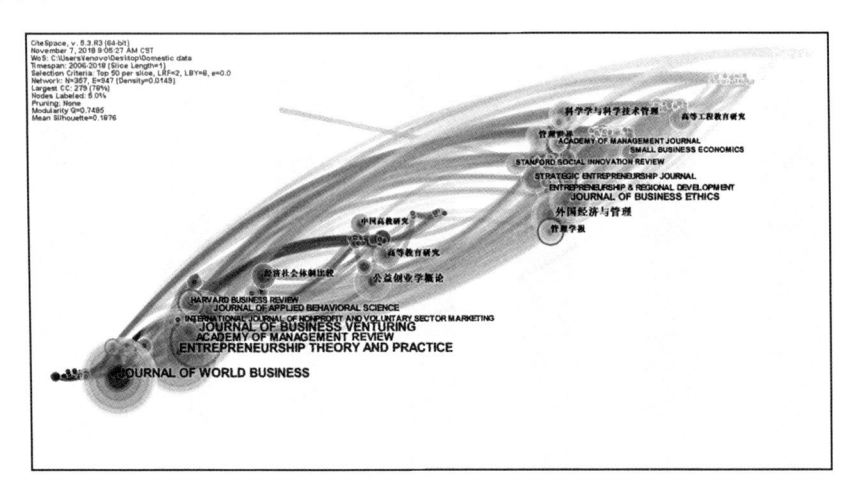

图 1 – 14　国内公益创业研究主要施引刊物时域分布

由图 1 – 14 可得，国内公益创业主要施引期刊共 357 个，其中施引量排名前 5（由高到低）的核心刊物分别是：*Entrepreneurship Theory and Practice*（排名第一，关系数 16，中介中心度 0.05）、*Journal of Business Venturing*（排名第二，关系数 15，中介中心度 0.01）、*Journal of World Business*（排名第三，关系数 15，中介中心度 0.08）、*Academy of Management Review*（排名第四，关系数 10，中介中心度 0.35）、《外国经济与管理》（排名第五，关系数 9，中介中心度 0.00）。施引刊物在地域分布上呈现与施引文献类似的特征，国外居多。此外，随着年份的增加国内学者在公益创业研究中参考的中文刊物增多，一方面可能是研究人数带来的规模增加，另一方面也是由于本土刊物的发展带来的参考价值的提升。*Journal of Business Venturing* 和 *Entrepreneurship Theory and Practice* 两个刊物在各年份都有施引，并总施引量排名前茅，表达了其国内学者在进行公益创业研究中对其持有较高关注。

3. 作者共引层面的分析。采用 TOP-N 分析法并纳入引用率排名前 50 的学者，时间切片为一年一次，时域为 2006—2018 年。分析时间为 2018 年 8 月 19 日，文献标签的展示占 5%。通过对 Chinese Social Sciences Citation Index 的文献分析，可得公益创业研究主要施引学者时域分布，如图 1-15 所示。

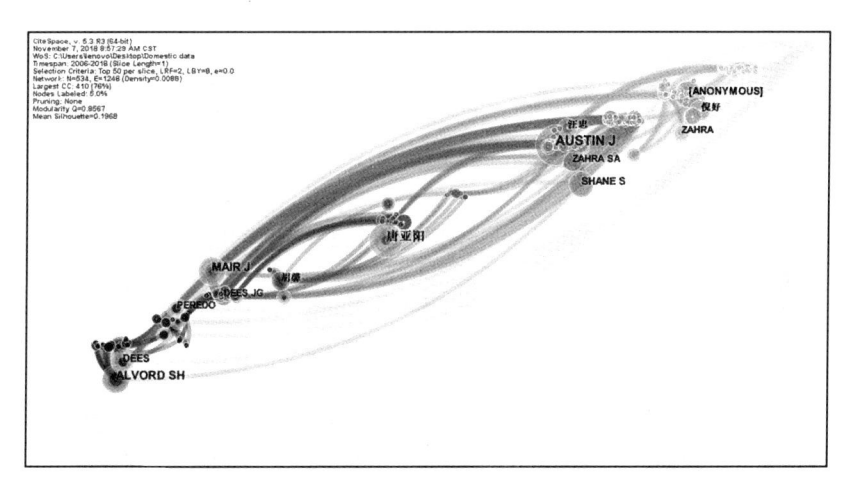

图 1-15　国内公益创业研究主要施引学者时域分布

由图 1-15 可得，国内公益创业研究主要施引学者共 534 位，其中施引量排名前 5（由高到低）的学者分别是 Austin（排名第一，关系数 8，中介中心度 0.02）、唐亚阳（排名第二，关系数 7，中介中心度 0.10）、Alvord（排名第三，关系数 6，中介中心度 0.08）、Mair（排名第四，关系数 6，中介中心度 0.05）、Dees（排名第五，关系数 5，中介中心度 0.03）。从节点树环图分布来看，学者 Dees 对我国公益创业研究再次呈现出较高影响。此外随着时间的推移国内公益创业研究中也逐渐出现了继王漫天（2007）之后的新一批有较高影响力的国内学者（唐亚阳、徐小洲）。这与我国公益创业领域的发展、国内研究学者水平提高、国内研究成果影响力的增长呈正相关。

（三）国内研究热点主题及领域

1. 热点主题的分析。采用 TOP-N 分析法并纳入出现量排名前 50 的关键词，时间切片为一年一次，时域为 2006—2018 年。分析时间为

2018 年 8 月 19 日，文献标签的展示占 5%。通过对 Chinese Social Sciences Citation Index 的文献分析，可得公益创业研究热点主题分布，如图 1-16 所示。

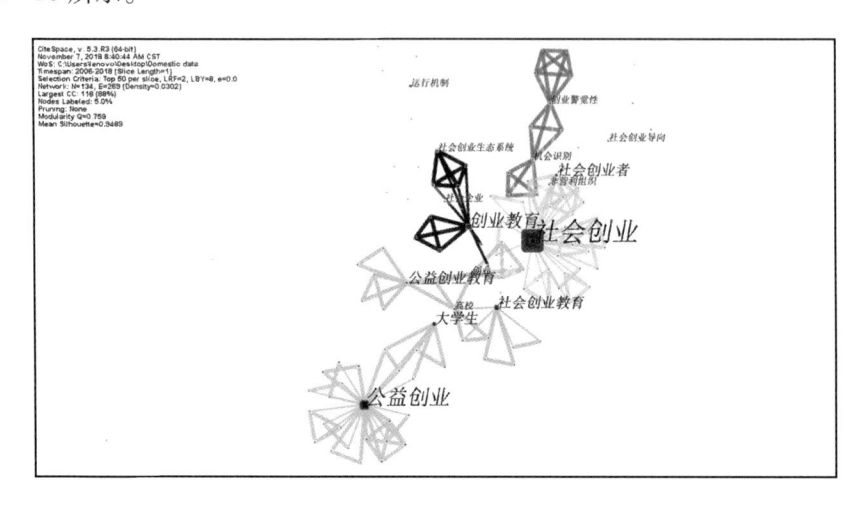

图 1-16 国内公益创业研究热点主题分布

由图 1-16 可得，国内公益创业研究的主要关键词共 134 个，其中主要研究热点主题前 5 的（由高到低）分别是创业教育（排名第一，关系数 6，中介中心度 0.37）、公益创业教育（排名第二，关系数 4，中介中心度 0.18）、大学生（排名第三，关系数 4，中介中心度 0.53）、公益创业者（排名第四，关系数 4，中介中心度 0.09）、公益创业教育（排名第五，关系数 4，中介中心度 0.13）。此外，通过关键词聚类得出国内公益创业研究的热点主题 8 类，它们分别是：社会创业、公益创业、运行机制、创业警觉性、社会创业教育、公益创业教育、社会创业导向、社会企业和公司创业。按照热点研究主题进行时区分割，可得公益创业研究热点主题的时域迁移，如图 1-17。

由图 1-17 可得，我国公益创业研究的热点主题变迁路径不同于国外公益创业研究路径。我国公益创业研究热点主题始于对非营利组织（Non-Profit Organization，NPO）的研究（2006 年），其后在 2009—2014 年，研究热点主题集中于创业社会（2010 年）、科技创新（2012 年）、创新创业（2013 年）等方面。受大众创业、万众创新政策的影响，公益创

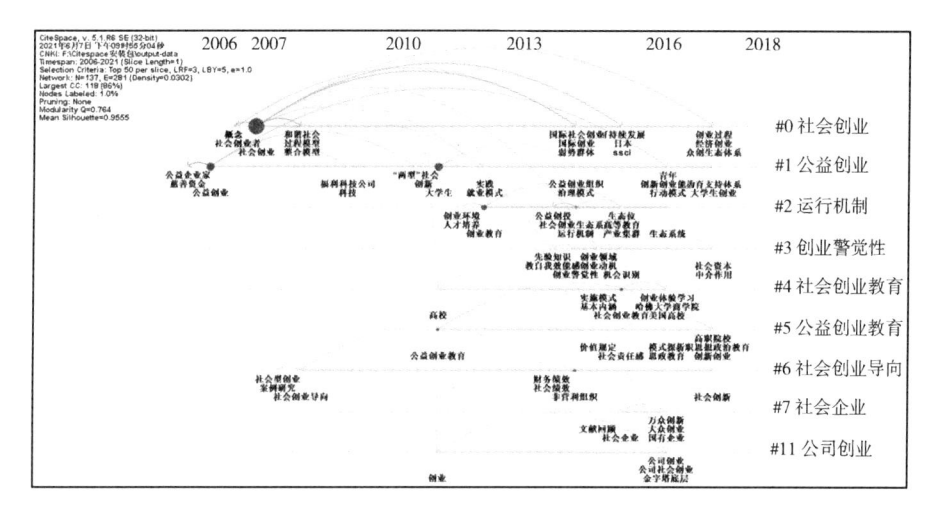

图 1-17　国内公益创业研究热点主题时域迁移

业领域的研究热点主题开始关注年轻一代，校园创业（2011年）、创业教育（2011—2015年）成为各类研究热点主题的重要组成部分。国内的公益创业学界开始对创业教育领域和高校参与的多方创业模式等研究主题表现出了更多兴趣。总的来说，国外公益创业热点主题更为关注其商业和社会价值实现，国内公益创业热点主题则更为关注公益创业人才和培养机制的研究。

2. 热点领域的分析。由 Excel 表格通过对 Chinese Social Sciences Citation Index 文献的分类号进行分析，得出国内公益创业研究热点领域分布，如图 1-18 所示。

由图 1-18 可得，国内公益创业研究早年集中在经济学领域（2006—2010年），其后逐渐在教育文化领域、社会科学领域也出现了相关研究（2010—2018年）。此外，经济领域的公益创业研究产出量基本保持在 1—3 的范围之内，并且经济领域的研究产出与科教文领域的研究产出呈现出此消彼长的趋势。而社会科学领域的研究产出和科教文领域的研究呈现出一定程度的正向相关。

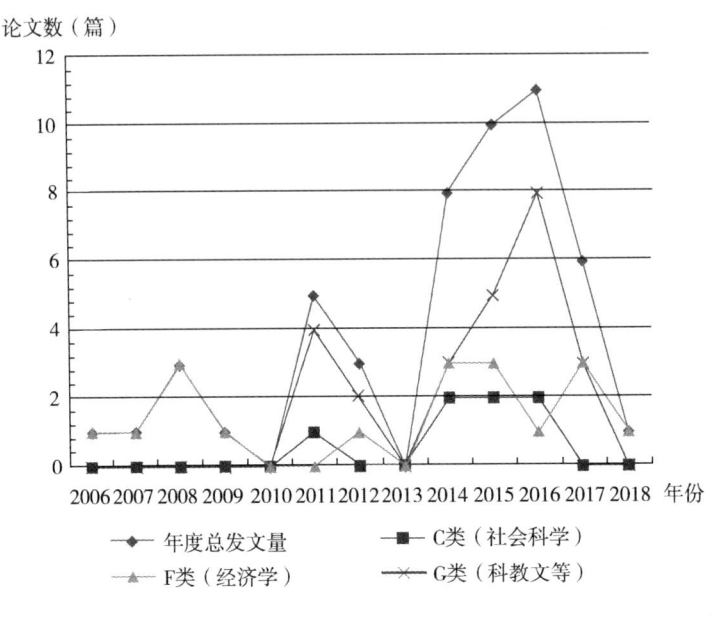

图 1-18　国内公益创业研究热点领域分布

五　结论与讨论

总的来说，中国公益创业的现状与英美发达国家相比，呈现出起步晚、规模小和发展环境不成熟等。无论是学术领域（机构数量、研究人数、刊物质量、成果影响力），还是实业领域（融资便利、政策推行、文化包容、市场体量）都还存在较大差距。在世界经济核心竞争力向创新要素转移的背景下，中国作为第二大经济实体面临着产业结构调整。中国经济发展正经历着数项考验：从教育体系来看，高校的社会功能能否顺利实现？输出人才是否适应新社会竞争的素质要求？从市场竞争来看，在发达网络物流背景下，面对卖方市场的市场格局，中国企业的产品是否经得起顾客质优量实的考验？从文化领域来看，信息开放时代，文化扩散带来的价值碰撞、适者生存带来的文化殖民是否能保有社会主义核心价值观的长存？

公益创业的价值内涵具备解决这些问题的先天优势。首先，是公益创业的双重属性。以机遇发掘、企业创建为典型特征的公益创业，在解决市场创新问题的同时解决了社会问题，实现了其公益性和经济性的双重属性。其次，是公益创业的协同属性。公益创业过程调动了多方组织（政府、企业、高校、第三方机构）实现了资源整合，在资源互补和强化的过程中创新性地缔造了新实业。再次，是公益创业的文化属性。社会问题的本质是文化背景下的道德问题，公益创业在解决社会问题的过程中响应了问题所反映的文化内涵和道德标杆。此外，公益创业相关主体多元性，也使得社会的核心价值观借由公益创业企业向消费者、竞争者、供应者、监管者等利益相关者的其他主体实现了价值传递，使他们同样受到社会问题内含的核心价值的感召。最后，是公益创业的同一属性。作为公益创业根本实现主体——公益创业者，他们体现了教育领域的人才培养（加工阶段）和经济领域的自我实现（检验阶段）的内在统一。不同的社会系统作用于公益创业的不同阶段，以公益创业者为媒介，共同促进了公益创业的发展。总的来说，公益创业提升了民众的创业能力、企业的创新能力、市场的创新创业实力，促进了社会主义核心价值观的弘扬和传递，有助于中国产业转型期的平稳过渡。

随着中国政府对公益创业的重视，近年来该领域的发展呈现百花齐放、日新月异的态势。具体表现为以下几个方面：第一，新的组织在建立（如零点公益、青年恒好、滴水恩），扩大了公益创业的体量和影响力；第二，新的模式在形成（如：授人以鱼—授人以渔、第三方支付、资源置换），革新了市场原有的竞争格局和商业理念；第三，新的研究在开展（如 NPO、创新社会、公益创业教育、结构性创新），深化了理论和应用的螺旋式发展；第四，新的教育模式在开展（如浙江大学—四位一体、湖南大学—产学研创、北京师范大学—京师品牌、武汉大学—人权蓝皮书）。通过搭建和完善社会创新人才培养体制、加强企业社会责任、科研转化机制和产权保护机制的监督，近年来中国公益创业的发展实现了公共管理和人才培养上的有机统一。

通过借鉴国外公益创业的市场经验和教育经验，中国要实现公益创业的可持续发展，应做到以下几点：首先，实现研究的国际化。基础设施上圈定公益创业研究的"经济特区"，成果交流上构建传播分享的"学术阵地"。其次，实现实业的多元化，在市场经济的主旋律下，联合"商业企业、公益创投（VP）、商业投资（PC）、非营利组织（NPO）、非政府组织（NGO）、事业单位、高校、政府"多主体配对交互下，创新公益创业商业模式、组织形式、利益共享模式、社会责任共担模式。进一步实现道德价值和市场价值深层融合，达成公益创业领域的价值实现。最后，实现教育的协同化，将德育教育、职业教育与高校公益创业教育深度融合。依托各级政府的政策支持，构建"产学研创"的公益创业孵化模式、搭建起"高校—企业—NPO—政府"——"四位一体"的生态系统通过公益创业教育实现人才的"社会化"，促进其职业生涯规划，使培养的人才具备创新精神、创业能力、社会责任感。

第三节 公益创业的发展与现状

一 公益创业的起源

公益创业最初起源于欧美发达国家，它的出现标志着公民社会进程的一大历史性演变，说明了社会改进中的社会再分配和公民角色等出现了体制性变革。社会企业成为公益创业最初的主要表现形式。

现代形式的公益创业可追溯至工业革命时代的合作社。1761年，在苏格兰产生了最早的消费合作社——芬威克编制社（The Fenwick Weavers' Society），它是为了集体目的进行商品贸易，它为社员购买食物、书籍，并提供储蓄、贷款和教育等服务[①]。19世纪末，合作社运动成为一种全世界范围的现象。

第二次世界大战以后，欧美国家普遍实施了福利国家政策，部分发达国家建立起系列社会保障制度。这一时期的社会企业发展较为缓慢。到20世纪60年代，美国非营利组织开始尝试同企业合作，为社会的弱势群体创造一些工作机会。20世纪70年代，以孟加拉国的穆罕默德·尤努斯创办的为贫困妇女提供小额贷款业务的小额信贷银行——格莱珉银行为典型[②]，大多数国家都参照了这种模式。20世纪90年代后期，一些国

---

① 王世强：《社会企业在全球兴起的理论解释及比较分析》，《南京航空航天大学学报》（社会科学版）2012年第3期。

② 王世强：《社会企业在全球兴起的理论解释及比较分析》，《南京航空航天大学学报》（社会科学版）2012年第3期。

家对于非营利组织的慈善捐款和政府的资助都有所下降,促使非营利组织运用商业的手段开始自我造血的尝试,社会的公益性企业重新发展起来。某些特别的社会企业吸引了公众的注意力,带动更多的人加入到该领域。

欧洲社会企业于20世纪90年代就开始了新的复苏,社区企业和合作社等组织开始用商业手段促进社会变革。欧洲各国家通过政府立法来推动本国的社会企业发展,如1991年,意大利率先颁布法律,设立了"社会合作社"的法律形式。2001年,英国的布莱尔政府成立"社会企业小组",制定了社会企业发展战略;2004年,为社会企业设立了新的法律形式——社区利益公司(CIC)[①]。

二 公益创业法律与制度

关于社会企业制度环境,美国关注的是私人商业活动,而欧洲更注重政府的社会服务。

不少欧洲国家通过了相关立法,明确社会企业的法律身份,为公益创业提供良好的制度环境。对其在所有权、治理模式、利润分配和税收等方面作出了具体规定,以确保法律方面的合法性。如英国制定的《2005年社区利益公司条例》,主要采取对社区利益的检验方式,以判断是否能够称该组织为社会利益公司。意大利通过《社会合作社法》、法国通过《集体利益合作组织法》等都对社会企业作出了具体的规定。在西欧,大多数社会企业的法律形式是非营利协会或合作社的形式,并且从法律上允许这些非营利协会或合作社有一定自由通过公开市场出售商品和提供服务。

美国虽然没有社会企业的专门法律,但是联邦政府还是推出一些类似的税务优惠计划。在美国,主要是私营机构提供财政上的支持,来开展公益创业教育培训和相关科学研究等。

[①] 王世强:《社会企业在全球兴起的理论解释及比较分析》,《南京航空航天大学学报》(社会科学版)2012年第3期。

三 国际公益创业的发展与现状

（一）欧洲

经济合作与发展组织（Organization for Economic Co-operation and Development，OECD）认为，公益创业是指任何为公共利益而进行的私人活动，并依据企业策略，为解决社会排挤与失业问题带来创新性的解决办法，实现特定经济或社会目标，而非追求利润最大化。

（二）英国

英国的公益企业政策，最早发布于20世纪80年代，它是为了解决不断升高的失业率，让弱势群体能够获得劳动机会，减少他们对社会福利的依赖，减轻政府负担。英国政府让弱势群体以兼职的方式进入合作社、公益企业等工作，并通过一定的职业培训，让他们在就业市场具有一定的竞争力，再加上政府给予的补贴，能够缓解居高不下的失业率。为了更有效地发展公共服务，民间合作社与政府机构在1998年合作成立第一家公益企业——伦敦社会企业，在东伦敦大学成立公益企业研究所，并发行第一本公益企业期刊。

根据英国公益企业联盟2013年的一份调查报告显示：目前，英国约有7万家社会企业，它们创造就业机会，在劳动力市场上雇用了将近100万人，对英国经济的贡献高达187亿英镑[1]。它产生的经济效益优于传统中小企业，而且是在国际金融发展不景气的情况下产生的。

（三）西班牙

根据中国香港立法会2007年访问西班牙公益企业的报告中指出，在2006年，西班牙有超过51500家公益企业，这些企业聘用的雇员超过240万人，占西班牙总就业人口的25%，仅2004年的营业额就超过870亿欧元[2]，占西班牙国内生产总值的7%以上。公益企业通过工人合作社、互助社团、特别就业中心、社会介入机构、残疾人士协会和其他法律形式

---

[1] 张军果、张燕红、甄杰：《社会企业：内涵、欧美发展经验及其启示》，《管理纵横》2015年第4期。

[2] 源自香港特别行政区立法会秘书资料研究及图书馆服务部。

存在的社会经济公司等形式来运作。

（四）美国

美国公益企业可以进行类似商业的活动，也就是将市场的机制引入社会福利的领域，这被称为福利市场化，而这个福利市场化有两种可能解释：一是将私人企业引入"社会市场"，二是非营利组织从事商业活动，从而成为公益企业。因此，美国的公益企业可以包含企业的非营利化、非营利组织的商业化两个方面。

根据公益企业联盟统计，美国现在自称为公益企业的数量其实不多，仅有 5000 多家，而太平洋社区创投公司（Pacific Community Venture）进行的美国"好社会企业调查"（The Great Social Enterprise Census），调查美国境内的公益企业现况，收到了来自 28 个州共 200 家公益企业的回复，结果显示，仅仅 200 家公益企业，它们的年收益就已经超过 3.7 亿美元，雇用了超过 15000 名的员工，并呈现下列特点：

①超 40% 的社会企业的员工不到 5 个人，只有 8% 以上的社会企业拥有超过 100 个员工。②45% 的社会企业的收益不到 25 万美元；而 22% 的社会企业收益超过 200 万美元。③社会企业中有 35% 是非营利组织，而有 31% 是一般股份有限公司（regular "C" corporations 9）或是有限责任公司（Limited liability company, LLCs 10）。④20% 的公益企业致力于美国的经济发展、16% 的致力于劳动发展、12% 的致力于能源与环境保护，11% 的致力于教育议题，而 7% 的公益企业则是跨国工作。⑤60% 的美国公益企业是 2006 年前创立的，而 29% 的公益企业是 2011 年之后创立的。

（五）韩国

公益企业在韩国的发展来源于其社会本身的迫切需求。它对韩国的经济发展产生了巨大的影响，成为解决社会就业问题关键的转折。1998 年，韩国政府针对飙升的失业率，开出"公共劳动事业"救急处方；2000 年根据《国民基本生活保障法》实施了"自主事业"计划；2003 年卢武铉政权下的劳动部投入 73 亿韩元支持"社会就业岗位创业"等项目[①]。尽管上述措施在短期内缓解了就业矛盾，但始终具有较强政府依附性。在此背景下，公益企业逐渐获得政府和市民社会的认可，构建制度体制

---

① 金仁仙：《韩国社会企业发展现状、评价及其经验借鉴》，《北京社会科学》2015 年第 5 期。

支持社会企业的发展成为政府的任务。2005年韩国国会和劳动部开始探讨社会企业的法制化实施路径。《社会企业育成法》于2007年制定。该法致力于"通过支持社会企业的建立、运行和发展,完善国家社会服务,创造社会新岗位,促进社会和谐和提高国民生活质量"。韩国政府将自主事业、公共劳动事业和社会职业事业等为弱势群体供职的实体转化为了具有法律保障的"社会企业",从而推动了公益创业的发展。韩国成为亚洲唯一通过法律形式来支持公益企业发展的国家。截至2014年7月,韩国的公益企业已有1124家,是法律颁布之初企业数的22倍。公益企业已成为韩国经济可持续发展的重要力量。

(六)日本

20世纪90年代,由于地区事业和非营利组织等多元化社会主体的发展,使得日本的公益创业建设取得了一定成就。"公益创业"的概念来源于欧美国家,2000年左右传入日本,2005年开始真正得到普及。近年来,日本已在公益创业领域取得了丰富的理论和实践经验。据英国政府的调查(2013),公益企业在日本国家总体经济中占比已达到英国的水平,而在吸纳劳动力方面比英国更为显著,但在经济规模、企业总数等方面与英国相比尚存在不足[1]。日本公益创业只在短短十多年时间里发展如此迅速,主要原因是政府部门、公民社会和市场部门等多方力量的驱动。日本政府同时积极实施了一系列政策推动初创社会企业的成长。不过,日本政府目前仍没有出台与社会企业相关的专门法律,只是不断改革、完善现有的法人制度,提供了适合社会企业和公益创业家的行动准则。

综上所述,国际公益创业发展较早,而且势头迅猛,无论是影响力还是发展水平,都整体较高。

四 中国公益创业的发展与现状

(一)公益创业在我国的实践难题

公益创业在我国才刚刚起步,目前学界也没有一套系统的实践指南,

---

[1] 金仁仙:《日本社会企业的发展及其经验借鉴》,《上海经济研究》2016年第6期。

主要是靠创业者自己的探索。在此情况下,我国公益创业实践及发展面临以下难题。

1. 人才资源不足。公益创业者主体是一群有着强烈社会使命感的人。他们以为"社会服务"为目标,义无反顾地投身于公益创业的事业中。只是这样的人通常只有极少数!因为从事公益创业的人,往往工作强度很大且薪酬不高。有的人投身公益创业的动机不纯,导致公益创业者素质的参差不齐,无法吸引真正的高素质人才进入该行业,导致该行业缺乏技术人才。

郑晓歌、浦汉淞[①]认为,如何培养人才是公益创业目前面临的问题之一。我国公益创业团队的专业性不强;公益创业教育资源不足;针对公益创业人才培养的高等教育远远无法满足社会要求;公益创业人才的创业创新精神、风险意识、社会使命感和运营管理知识缺乏。

2. 法律法规不健全。目前中国的基金会、民办非企业单位和社团等非营利组织管理条例趋于完善,但是,民间组织相关的立法工作仍处在起步和探索阶段,相关法律法规较为缺乏。因此,官方背景的公益组织相较于民间公益组织有着明显优势,致使这两类组织发展的差距越拉越大。

刘晨和汪泳[②]指出,目前,我国在公益创业的政策制定环节上显得十分薄弱。大多数地方政府部门并没有真正针对公益创业的扶持政策。只有北京、上海和深圳等发达城市的政府部门对公益创业会有一定的配套政策。

3. 大众认知较低。一是普通企业参与公益的方式主要偏向于给公益组织提供一定资金,其实质上是一种企业的慈善行为。二是假慈善之名聚敛钱财的事件不时发生。三是公众对公益创业还不够熟悉,未得到广泛认可,不愿意捐钱给民间公益组织。

王漫天和任荣明[③]认为,中国公益事业的现状是慈善远远没有成为公

---

① 郑晓歌、浦汉淞:《公益创业研究评述及对我国的启示》,《市场周刊·理论研究》2014年第11期。
② 刘晨、汪泳:《公益创业在中国发展的环境因素浅析》,《现代交际》2012年第8期。
③ 王漫天、任荣明:《公益创业及其在中国的发展》,《安徽师范大学学报》(人文社会科学版)2008年第2期。

民或企业对自己的道德要求,回馈社会在企业文化里也常常是缺位的。有时,企业非主动承担的社会责任可能来自外界压力或者将低成本、高曝光的活动作为一种企业营销手段。

4. 资金来源有限。公益创业起步阶段,企业并不能很快进行运营,往往需要资金的投入。资金的主要来源包括政府拨款和社会捐助。政府拨款往往门槛高、条件严格,难以申请;社会捐款则存在很大不稳定性和随机性。

(二) 公益创业在我国的发展前景

随着公益创业在国外的蓬勃发展,中国的公益创业必然会逐渐发展起来。目前,已有不少国际公益创业组织进入我国,来传递公益创业理念和推广组织的公益创业计划。如今的公益创业已不再是个体行为,而是群体性活动,特定文化背景的集体对公益创业会产生重要影响。

厉以宁[①]指出,中国将进入以自愿捐赠、募集和资助等慈善公益方式对社会资源和社会财富进行的第三次分配。他认为市场和政府调节实现的前两次收入分配在社会协调与发展方面仍旧会留下一个空白,需要第三次收入分配来进行调节,即个人出于自愿,在习惯与道德的影响下把可支配收入的一部分或大部分捐赠出去。第三次分配来自人们的自觉行动,它所发挥的影响力是市场和政府调节无法取代的。

总体上讲,公益创业值得在中国推广,同时也要符合中国实际。公益创业主要的出发点是以社会价值为主,实现社会价值、兼顾企业经济价值,构建适合中国实际的公益创业模式。

---

① 厉以宁:《宏观经济调控和运行》,《党校科研信息》1994 年第 19 期。

第二章 公益创业生态内涵及理论基础

第一节 基本概念的界定

一 什么是创业

(一) 国外关于"创业"的定义

创业（Entrepreneurship）一词，源于法语的"Entreprendre"。法国学者理查德·坎蒂隆（Cantillon）于1755年最早提出了"创业"概念。杰夫里·提蒙斯（Jeffry A. Timmons）认为"创业"是指具有一定领导力的人，对所处领域的整体现状进行了解，然后结合自己思考，对将来进行预判，抓住机会和可利用资源从事商业活动。科尔（Cole）1968年提出了"创业"是创办以赢利为目的的公司，并通过持续性经营活动尽可能维持其生存和发展。广泛认同的是，斯蒂文森（H. H. Stevenson）对于创业概念的表述是"一个独立个体不因当前所拥有资源的约束，不断寻求新机会的过程"[1]。熊彼特（Schumpeter）认为，"创业"就是实现创新的过程，这个过程主要包括新产品、新工艺、新材料、新市场及制度创新等[2]。"创业过程"包括了机会识别、概念开发、资源确定和获取、启动和创业成长、创业收割五个不可或缺的方面。目前有两种最具代表性的论点：首先，哈佛商学院的观点，"创业"是摆脱当前资源的约束，发掘新机会和利用新资源

---

[1] 霍华德·H. 斯蒂文森等：《企业风险与企业家》，机械工业出版社1998年版，第61页。
[2] Schumpeter, J. A., *The Theory of Econonmic Development*, Cambridge：Harvard University Press, 1934, p. 79.

的组合创造、产生新价值的过程。其次,百森商学院的观点是,"创业"是集体或个人在对周围事物感知的基础上,经过自身的思考、推理及判断,通过行动解决所面临问题的过程。

(二) 国内关于"创业"的定义

李志能等认为"创业"是一种识别和利用机会,并创造出独特产品或服务,实现其价值的过程[①]。雷家骕等认为"创业"是发现机会,并利用机会重新优化组合生产要素,从而获得商业成功的活动[②]。刘键钧认为,"创业活动"是一个动态过程,需要构建起企业制度体系,特别是企业的组织管理体系,以适应产品和营销模式创新的需要[③]。

因为存在着不同领域、不同研究视角和不同环境,现阶段,国内外学者对"创业"的内涵未能形成统一意见。本书认为,"创业"是个人或组织突破旧观念的约束,发现或创造新机会,并对自身资源进行优化组合,融合各类生产要素,创造出新的经济价值和社会价值的活动的过程。

二 什么是创业者

创业者一词源于法语的"Entrepreneur",原意为"风险承担者"。最早将此引入经济管理文献的是康迪隆,他认为,"创业者"是在从事生产和商品交换流通中,并愿意承担一定风险的人[④]。杰弗里·蒂蒙斯等认为,创业核心驱动力是商业机会,创业过程主导者是创业团队(或创始人),创业成功的保障是所拥有的各类资源;创业过程就是创业者、商业机会和资源三因素不断寻求平衡的结果。创业者必要的工作是对所带领的创业团队适应能力的认知和把握,并对商业机会作出理性的分析与判断,对可能风险的预知与规避,对所拥有资源的合理配置与利用[⑤]。

[①] 李志能、郁义鸿:《创业学》,复旦大学出版社2000年版,第15页。
[②] 雷家骕、冯婉玲:《高新技术创业管理》,机械工业出版社2001年版,第5页。
[③] 刘键钧:《创业投资原理与方略:对风险投资范式的反思与超越》,中国经济出版社2003年版,第50页。
[④] Richard, C., *Essai sur la Nature du Commerce en Général*, New York: Kelley Publishers, 1755, p. 34.
[⑤] [美] 杰弗里·蒂蒙斯、小斯蒂芬·斯皮内利:《创业学》,周伟民、吕长春译,人民邮电出版社2005年版,第123页。

据此,"创业者"可以定义为创业活动和创业过程的主心骨,是充满自信、有胆识和高度责任心的领导者,具有思考、推理、判断、组织和决策等能力的人。

三 什么是公益创业

公益创业(Social Entrepreneurship,SE),最早由美国人比尔·德雷顿(Bill Drayton)于1980年提出。美国人迪斯(Dees J. Gregory)对"公益创业"的定义是指社会组织或个体在履行社会责任的使命激发下,不断追求效率与创新,并实现社会价值,适应社会需要,不受有限资源约束,创建新组织,并为社会提供新产品或新服务的创业活动[1]。Fowler(2000)的观点是,"公益创业"是能够保障社会利益的多元经济结构关系、组织机构与实践的产物。一般分为"综合性公益创业""经重新诠释的公益创业""辅助性公益创业"三种类型。牛津大学的公益创业研究中心认为,公益创业是机构、个人和网络通过捕捉新机会、挑战传统机构、解决社会机构供应不足或者应对社会环境的产品分配不均的产物[2]。汤普森认为,公益创业是一种用与众不同的方式创造社会资本的过程。Sullivan Mort(2010)提出公益创业是不断寻找和识别创业机会的过程,且最终建立起社会组织持续性的社会创新[3]。Mair和Marti认为,公益创业是用来描述因社会动机创建社会企业的公益创业家的一个动态的过程或行为[4]。Tan等认为,创业家的利他主义程度是公益创业与一般创业行为不同之处[5]。能够创造社会价值是大多数文献提到的定义。此外Austin(2006)

---

[1] Dees J. Gregory, "The Meaning of Social Entrepreneurship", *Social Entrepreneurship Funders Working Group*, 1998, p. 15.

[2] The Skoll Centre for Social Entrepreneurship at Oxford's Said Business School, "What is a Social Entrepreneur?", http://www.sbs.ox.ac.uk/skoll/What is + social + entrepreneurship.htm.

[3] Mort, G. S., Weerawardena, J., & Carnegie, K., "Social Entrepreneurship: towards Conceptualisation", *International Journal of Nonprofit and Voluntary Sector Marketing*, 2010, 8 (1).

[4] Johanna Mair, Ignasi Marti, "Social Entrepreneurship Research: A Source of Explanation, Prediction, and Delight", *Journal of World Business*, 2005, 41 (1).

[5] Tan, W. L., Williams, J. J., & Tan, T. M., *Social in Social Entrepreneurship: Altruism and Entrepreneurship*, Partners in Social Entrepreneurship, Resource, Quarterly for Faculty Networking, Centre for Social Initiative and Management (CSIM), 2005, p. 105.

认为经济的可持续性同样是公益创业的主要特征[1]。Dacin 等（2010）在归纳大量文献对于公益创业的定义后，将其确定为四个关键因子：公益创业家特性、营运部门、过程及资源的使用、主要任务与成果[2]。目前最常见的定义是 Dees（1998）提出的"公益创业家在社会领域扮演着变革的推动者的角色"，主要特征包括接受使命并创造可持续的社会价值；不断地辨识和追求新机会；进行持续的学习、适应和创新的过程；大胆行动不被有限资源所限制；对于服务的团队和结果表现出高度的责任感[3]。

陈劲等认为公益创业是一种在社会、经济和政治等环境下持续产生社会价值的活动[4]。邬爱其等认为，公益创业是以追求社会价值兼顾商业价值为目的的创业活动，既包括了营利组织履行社会责任，也包括非营利组织创业活动[5]。胡馨认为，公益创业追求效率、创新和社会效应，同时也在努力创建一个有竞争力、持续发展的实体[6]。汪忠等认为，公益创业是一种涉及促进公共利益的创新立业活动，是一项持续产生社会价值的事业，其通过持续的创新和学习过程、不受当前资源稀缺限制的大胆行动、不断发掘机会来达到社会目的[7]。严中华认为，公益创业有广义和狭义之分，广义上的公益创业是指组织或个人以创造社会价值为目的，通过创新的方法识别和利用机会，充分利用各类新发明、新技术或稀缺资源来创造或分配社会价值的过程。既指一些商业企业利用资源来解决社会问题，也指非营利机构支持特殊群体创办起来的企业。狭义上的公益创业主要是指非营利机构通过商业机制与市场竞争获得的经济收益来

---

[1] Austin, J. E., *Three Avenues for Social Entrepreneurship Research*, UK: Palgrave Macmillan, 2006, p. 22.

[2] Dacin, M. T., Munir, K., & Tracey, P., "Formal Dining at Cambridge Colleges: Linking Ritual Performance and Institutional Maintenance", *Academy of Management Journal*, 2010, 53 (6).

[3] Dees, J. G., "Enterprising Nonprofits", *Harvard Business Review*, 1998, 76 (1).

[4] 陈劲、王皓白：《公益创业与公益创业者的概念界定与研究视角探讨》，《外国经济与管理》2007 年第 8 期。

[5] 邬爱其、焦豪：《国外公益创业研究及其对构建和谐社会的启示》，《外国经济与管理》2008 年第 1 期。

[6] 胡馨：《什么是"Social Entrepreneurship"（公益创业）》，《经济社会体制比较》2006 年第 2 期。

[7] 汪忠、黄圆、肖敏：《公益创业实践促进湖南"两型"社会建设研究》，《湖南大学学报》（社会科学版）2011 年第 3 期。

维持发展①。

目前，国内外学术界对"公益创业"尚未有统一的权威定义。本书认同严中华关于"广义的公益创业"的界定。

四 什么是公益创业者

Social Entrepreneur 即"公益创业者"或者"社会企业家"。国内外不同组织或学者对其概念的界定有所不用。

（一）国外不同组织和学者对"公益创业者"的定义

维基百科对于"公益创业者"的定义，是指那些认识到社会问题的人以改变社会为最终目的，利用企业家精神、多种方法来组织和管理企业。

来自斯科尔基金会（Skoll Foundation）的定义，"公益创业者"既是社会变革行动者，也是带给人类福祉的改革倡导者。

法国经济学家巴迪斯特·萨伊（Batist Say），认为，"公益创业者"是指那些为了创新而愿意承担风险和不确定性的人。

美国学者彼得·德鲁克（Peter Drucker）认为，"公益创业者"是一类特别的经济参与者，是那些将经济资源从较低领域转入更高生产力和更高产出领域的人。

加拿大公益创业者研究中心认为，公益创业者精神主要体现在两方面：其营利部门的活动重视社会参与，表彰在此方面表现出色的成员；倡导企业积极参与非营利性活动，以提高组织效率和树立可持续发展的中长期战略。

最常见的是 Dees 的定义，"社会企业家"是指在社会领域扮演变革的推动者的角色，他们接受使命并创造可持续性的社会价值；辨识、不断地追求新的机会；进行持续创新、适应和学习；大胆地行动不被有限的资源所限制；对于服务的组织和结果表现出高度的责任感。②

（二）国内不同组织和学者对"公益创业者"的定义

陈劲等认为"公益创业者"是具有正确价值观，能够将现实问题

---

① 严中华：《公益创业》，清华大学出版社 2008 年版，第 3 页。
② Dees, J. G., "Enterprising Nonprofits", *Harvard Business Review*, 1998, 76 (1).

同前瞻性的伟大愿景结合起来的创业者。[1] 何文认为,"公益创业者"是从社会的需求出发,发现社会问题,并能够用创新方法去解决问题的人。严中华认为,"公益创业者"既是社会革新发起人,也是社会企业创办者[2]。

五 什么是社会企业

对于社会企业的界定,各国有很大的不同。主要观点如下:

(一) 国外对"社会企业"的定义及分类

欧洲经济合作与发展组织认为:社会企业是具有企业精神及策略,通过可能形成公共利益的活动,实现一定的经济目标、社会目标,且有助于解决社会问题,而非不追求利润最大化的组织。

Kerlin[3]认为,美国和欧洲因历史、体制和法律环境等思想因素的不同,社会企业关注的方向有所不同,美国注重非营利部门的商业化,并提倡私人部门提供公共福利;欧洲注重在集体创业及组织层面进行分析。Dees认为,体制模糊的形成是由于社会企业家所面临的社会目标和经济目标双重底线[4]。当经济目标和社会目标双低时,不会存在任何组织形式;当经济目标高,而社会目标低时,会以营利组织形式存在;当社会目标高,而经济目标低时,则以非营利组织形式存在;当经济目标和社会目标均高时,则会产生体制模糊。如图 2-1 所示。

对于组织形式,文献存在诸多争论,从营利组织[5]、混合型[6]或跨部门组织[7]

---

[1] 陈劲、王皓白:《公益创业与公益创业者的概念界定与研究视角探讨》,《外国经济与管理》2007 年第 8 期。

[2] 严中华:《公益创业》,清华大学出版社 2008 年版,第 48 页。

[3] Janelle A. Kerlin, Social Enterprise in the United States and Europe: Understanding and Learning from the Differences, *International Journal of Voluntary and Nonprofit Organizations*, 2006, 17 (3).

[4] Dees, J. G., "Enterprising Nonprofits", *Harvard Business Review*, 1998, 76 (1).

[5] Murphy, P. J., Coombes, S. M., "A Model of Social Entrepreneurial Discovery", *Journal of Business Ethics*, 2009, 87 (3).

[6] Ana María Peredo, Murdith McLean, "Social Entrepreneurship: A Critical Review of the Concept", *Journal of World Business*, 2005, 41 (1).

[7] Mort, G. S., J. Weerawardena, and K. Carnegie, "Social Entrepreneurship: Towards Conceptualization", *International Journal of Nonprofit and Voluntary Sector Marketing*, 2003, 8 (1): 76-89.

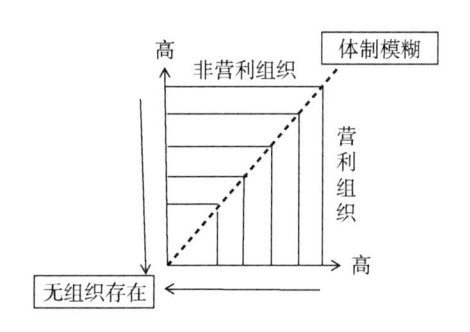

图 2-1 动机目标和组织形式选择

和非营利组织①都各有不同学者的支持。但很少有人研究营利组织，可能考虑到营利与社会目标之间的冲突。本书便是主要以营利组织为研究对象，探究其如何平衡营利与社会目标之间的关系，实现社会目标、保障社会价值的可持续性。

美国学者迪斯提出"社会企业光谱"的概念，从主要动机、目标、方法和主要利益关系人等方面，分析了传统非营利组织、私人企业和社会企业三方之间的关系②。社会企业是非营利组织与私人企业之间的连续体和连接点。金·阿特洛（Kim Alter）提出的"可持续发展光谱"，更为详细地描述了三方趋势变化：传统营利企业（商业企业）与传统非营利组织（慈善组织）两者在参与社会变革中，虽然最初目标有所不同，但是为了两种组织形态"可持续发展"的需要，而逐渐趋向"社会企业"，处于一种中间形态③。

Alter 社会企业根据不同的方式可以分成三种：以使命为中心型、与使命相关型、与使命无关型。以使命为中心型的社会企业服务对象和想解决的问题是一致的。与使命相关型的社会企业从事的经营活动与组织本身的宗旨有密切的关系。与使命无关型的社会企业比较注重企业营利及发展的可持续性。

---

① Johanna Mair, Ignasi Martí, "Social entrepreneurship research: A source of explanation, prediction, and delight", *Journal of World Business*, 2005, 41 (1).
② Gregory Dees, J., & Cramton, P. C., "Shrewd Bargaining on the Moral Frontier: Toward a Theory of Morality in Practice", *Business Ethics Quarterly*, 1991, 1 (2).
③ Alter, K., "Social Enterprise Primer for Development Professionals", *The Japan Institute of Energy*, 2004.

（二）国内对"社会企业"的定义及分类

阿拉善（SEE）认为，"社会企业"应符合三个基本条件：不以营利为唯一目的，社会价值列第一位；开发被忽略的资源，以开展社会服务获利；重视员工、客户等多方利益的良好经营。

唐亚阳等认为，根据公益创业的动机可分为机会型公益创业、就业型公益创业；根据公益创业的主体则可分为大学生公益创业、失业者公益创业和兼职者公益创业；根据公益创业的周期则可分为初始创业、二次创业和连续创业[①]。

湖南大学公益创业研究中心认为：公益创业强调创业时兼顾社会公共利益，按照公益创业组织实践的主体或者服务领域，公益创业类型可分为兼顾社会利益的非营利组织、兼顾社会利益的营利组织、志愿公益活动和生态网络混合型四类[②]。

六 什么是公益创投

起源于欧美发达国家的公益创投（Venture Philanthropy），是一种全新的慈善投资模式和公益伙伴关系，其资助方与公益组织合作的重要特征是长期性和参与性。公益创投强调的是资助方与受资助方不再是单纯的捐赠关系，而是长期的、深入参与的新型合作伙伴关系。这样的关系带来的是双方共赢，即：被资助方更快成长，资助方更加高效地达成最初设定的社会目标[③]。

七 什么是科技公益创业

随着公益创业的产生和发展，科技公益创业即通过科技创新满足社会需要，作为公益创业的一种特殊类型也得到一定的发展。它处于公共、经济、技术和社会的交叉点，对于改造社会、满足社会需求方面具有不

[①] 唐亚阳等：《公益创业学概论》，湖南大学出版社2009年版，第105页。
[②] 中国青年报社：《中国青年公益创业报告》，清华大学出版社2015年版，第5页。
[③] Küenzl, J., Schwabenland, C., Elmaco, J., Hale, S., Levi, E., & Chen, M. et al., "International Encyclopedia of Civil Society", *Reference Reviews*, 2010, 24 (8).

可忽视的作用。美国一些比较活跃的大型慈善组织正致力于以科技的手段达到解决社会问题的目的。如：吉姆·佛拉确德曼在1999年创办的福利高科技公司便充分利用了科技手段为改变弱势群体生活、学习和工作中的困境而努力等。

八 什么是社会嵌入及嵌入式关系

社会嵌入是指企业融入本地社会情境，为追求持续发展创建长期稳定性嵌入式关系的一种行为。企业的这种社会嵌入网络可以为嵌入其中的全体成员带来价值。嵌入式关系则是嵌入行为的载体，不再是纯粹的商业关系，还有信息互惠的意义。郝秀清等[1]首先将社会嵌入分为空间嵌入和时间嵌入。其次，特定时间和空间范畴内，有主体与客体之分。再次，可从结构嵌入和关系嵌入两个维度来具体描述。其中结构嵌入是指该网络的整体特征；关系嵌入是指该网络中双边关系的具体特征。

九 什么是社会生态系统

社会生态系统理论强调人与社会生态系统的各要素之间在环境中相互作用，对人类行为具有重要影响。人们参与的社会生态系统可分为微观系统、中观系统和宏观系统，这三个系统的相互作用对人类行为具有重要影响。其中，微观系统中的生物因素、心理因素和社会因素的互动，是评估人类行为的一个重要方面；中观系统是指各微观系统间的联系和相互关系；宏观系统是指各系统中存在的文化、亚文化和社会环境。系统的模式状况全面反映了各系统间的互动关系[2]。

---

[1] 郝秀清、张利平、陈晓鹏、仝允桓：《低收入群体导向的商业模式创新研究》，《管理学报》2013年第1期。

[2] 师海玲、范燕宁：《社会生态理论阐释下的人类行为与社会环境——2004年查尔斯·扎斯特罗关于人类行为与社会环境的新探索》，《首都师范大学学报》（社会科学版）2005年第4期。

十　什么是公益创业生态系统

公益创业生态系统，是以政府、非政府组织、非营利组织、公益企业（亦称社会企业）或商业企业等为主体，在一定社会范围内形成的基于共同价值取向、共同使命、协同配合和共同发展的社会创新体系。该系统具有"以履行社会责任为价值取向和能量源泉，以解决社会问题、完善社会整体福利为最终目标，以创新、发展为助推器"等突出特征，区别于传统的创业系统和慈善公益系统[①]。

十一　政府和高校双主导型公益创业生态系统

基于前期的研究基础及新的研究目标需要，本章提出了"政府和高校双主导型公益创业生态系统"这一概念，是指在政府及高校的主导下，以成长型社会企业或新兴科技型商业企业为主体的，一定社会范围内形成的基于共同目标、协同配合和共同发展的社会创新及经济创新体系。该系统的显著特征是以地方创业园或国家大学科技园为载体，汇集优势资源，以公益服务惠及新兴科技型企业主体，其终极目标是通过助力新兴科技型企业成长，促进社会创新、科技进步，推动国家及地方实体经济的可持续发展，有别于传统慈善公益和创业系统。一般分为三种类型：政府主导型地方创业园、高校主导型大学生创业园、政府和高校双主导型国家大学科技园。

第二节　公益创业生态模型

一　公益创业基本模型简介

（一）公益创业意向形成过程模型

马赫（Mair）、诺波（Noboa）从创业意向的形成入手，探索了公益

[①] 向敏、申恒运、陈双双：《公益创业生态系统模式建构及解析——以温州为例》，《未来与发展》2013年第5期。

创业的一般流程。该模型排除了其他情境变量因素的影响，只选取了公益创业者的个人变量因素，探讨了公益创业意向形成的机理[①]。

（二）公益创业三阶段过程模型

迪斯、爱莫森（Emerson）和伊考米（Economy）认为，公益创业可以分为三个阶段：过渡阶段、变革阶段和稳定阶段。据此构建的公益创业三阶段过程模型，描述了公益创业过程、各阶段的主要特征、创业者角色和主要任务[②]。

二 公益创业生态模型简介

（一）公益创业的机会发展模型

古柯（Guclu）、迪斯和安德森（Anderson）认为，机会创造与开发不只需要灵感、洞察力和想象力，还需要客观的研究和严谨的逻辑分析。据此，他们构建起了公益创业识别、开发和创造机会的二阶模型[③]。

（二）公益创业的社会识别和评估过程模型

罗宾逊（Robinson）通过分析商业计划和对案例的深度研究等，构建了公益创业识别机会和评估过程模型。认为公益创业是一个逐步发现机会和排除障碍的过程。公益创业机会存在于客观现实中，却不能被每个人感知到和把握住。原因主要在于，这些机会是嵌入在特定的社会结构中，而这些社会结构必然会受到各种因素的影响，如经济的、文化的、社会关系、规则和制度等。同时，能否发现和把握住这些机会，取决于公益创业者的个人经验、工作经历及拟进入的市场特征和社区特征[④]。

[①] Mair, J., Noboa, E., *Social Entrepreneurship and Social Transformation: An Exploratory Study*, University of Navarra-IESE Business School Working Paper Series 955, 2006.

[②] Dees, G., Emerson, J., Economy, P., *Strategic Tools for Social Entrepreneurs: Enhancing the Performance of your Enterprising Non-profit*, New York: John Wiley & Sons, 2002.

[③] Guclu, A. J., Dees, G., Anderson, B., *The Process of Social Entrepreneurship: Creating Opportunities Worthy of Serious Pursuit*, (http://www.caseatduke.org/documents/seprocess.pdf).

[④] Robinson, J. A., *Navigating Social and Institutional Barriers to Markets: How Social Entrepreneurs Identify and Evaluate Opportunities*, New York: Palgrave Macmillan UK, 2006.

（三）公益创业过程的影响因素模型

沙瑞（Sharir）和乐勒（Lerner）通过文献研究和实地调研，开发出公益创业过程的影响因素模型。该模型认为，新开创的社会事业一般要经历机会识别、发现、探索和开发等阶段，并受到个人因素、组织因素、环境因素和流程因素的影响。[①]

（四）公益创业的社会学模型

威尔德纳（Weerawardena）和莫特（Mort）运用社会学"实地理论"和案例研究方法构建公益创业模型，指出公益创业核心要素包括创新性、前瞻性和风险管理；核心约束包括使命、环境与可持续性[②]。

（五）公益创业生态系统模型

向敏等认为，在以"社会责任"为核心，以政府、非营利组织、社会企业和高校等为主体，建立起来的三级公益创业生态系统中，全球公益创业生态系统属于宏观系统，在文化、意识形态层对中观系统和微观系统产生影响；中国公益创业生态系统属于宏观系统的一部分，其作用在于对宏观系统施予的影响做出反应，并对微观系统施以经济、政治、法律和制度等方面的影响；某一地区的公益创业生态系统属于中国公益创业生态中观系统的一部分，通过微观系统内部各要素之间的互动，对宏观系统和中观系统施予的影响做出反应，并对宏观系统和中观系统的可持续发展，产生推动或阻碍作用[③]。

第三节　主要理论

随着大数据、云计算和移动互联网等新技术的出现，商业模式的更新迭代成为新常态，不断颠覆着传统行业，创造了许多的新机遇，带给有梦想的人以新希望。当今世界，创业已然成为国家和地区经济发展的

[①] Sharir, M., Lerner, M., "Gauging the Success of Social Ventures Initiated by Individual Social Entrepreneurs," *Journal of World Business*, 2006.

[②] Jay Weerawardena, Gillian Sullivan Mort, "Investigating Social Entrepreneurship: A Multidimensional Model", *Journal of World Business*, 2006.

[③] 向敏、申恒运、陈双双：《公益创业生态系统模式建构及解析——以温州为例》，《未来与发展》2013年第5期。

强劲力量。创业领域的种种新事物不断涌现,越来越引起学术界的兴趣和关注。许多学者分别从不同学科、不同角度、不同层面,形成了创业领域相关理论。主要介绍如下。

一 以"创业者"为主要研究对象的创业理论

早期创业理论的研究对象主要集中于"创业者",如英国经济学家马歇尔认为创业中必须具备的能力是能预测生产和消费趋势,对团队成员进行有效领导、对局势的自如把控等[1]。熊彼特认为,创业者的首要职能是对于生产要素进行有效的新整合,并非主要参与产品发明或创造利用条件发展企业,而是能够调动创业团队成员有效完成这些任务[2]。Mcclelland 在自己的成就需求理论中全面剖析了创业者特质,阐述了创业者和非创业者个性特征的诸多不同[3]。Schere 总结了创业者个性特征和心理特征,认为创业者对机会有敏锐的感知力和较强烈的成就需要;对不确定、高风险的事务有特别的偏好,而非创业者并不具备这些特征[4]。Paul 等将创业者分为初级、中级和高级三类[5]。Suzuki 等对创业者的教育背景和价值观等个体因素进行了分析[6]。

随着创业活动广泛深入开展,学者们逐步从单一的创业者维度发展为对创业理论多维度阐释[7]。

二 基于"多种影响因素"的创业理论研究

随着创业实践和创业理论研究的逐渐深入,学者开始注重社会资源、

---

[1] [英] 马歇尔:《经济学原理》,朱志泰、陈良璧译,商务印书馆1983年版,第58页。

[2] Schumpeter, J. A., *The Theory of Econonmic Development*, Cambridge: Harvard University Press, 1934, p. 79.

[3] Mcclelland, D. C., *The Achieving Society*, Princeton: D Van Nostrand, 1961, p. 153.

[4] Schere, J., "Tolerance of Ambiguity as a Discriminating Variable between Entreneurs and Managers," *Academy of Management*, 1982, p. 404.

[5] Paul, W., Mike, W. N., "Novice, Portfolio and Serial Founders: Are they Different?", *Journal of Business Venturing*, 1998, 13 (3).

[6] Suzuki, K., Kim, S. H., Bae, Z. T., "Enterpreneurship in Japan and Silicon Valley: a Comparative Study", *Technovation*, 2002, 22 (10).

[7] 段丽:《风险控制视角下的公益企业创业管理研究》,博士学位论文,湖南大学,2015年。

人力资源和战略要素等的有机整合。德鲁克认为，创业是一种行为和系统性工作[1]。Gartner 主要从创业者的心理控制、风险倾向和成就需要入手，构建起一个动态创业模型[2]。Wickham 构建的创业模型创新性地导入了资源和机会，主要强调了创业者的核心地位，创业者发挥的主导作用，通过创业者协调来实现所有要素的动态平衡[3]。Sahlman 的环境中心创业模型，主要强调人与机会、资源环境和交易行为等的互动关系[4]。Timmons 提出创业三要素模型，包括了团队、机会和资源[5]。

三 企业生命周期理论

美国著名管理学家伊查克·爱迪思（Adizes）是最早提出企业生命周期理论中代表人物之一。他将企业生命周期分为十个阶段，包括孕育期、婴儿期、学步期、青春期、盛年期、稳定期、贵族期、官僚初期、官僚期以及死亡期等，认为企业发展的每个阶段都可用灵活性、可控性两个指标衡量[6]。

四 生命历程理论

生命历程理论最早由美国人埃尔德（Elder）于20世纪60年代提出。[7] 它是对生命周期理论、生活史理论和毕生发展理论三种理论的继续和发

---

[1] Peter, F. Drucker, *Innovation and Entrepreneurship: Practices and Principles*, London: Heinemann, 1985, p. 184.
[2] Gartner, W. B., "A Conceptual Framework for Describing the Phenomenon of New Venture Creation", *Academy of Management Review*, 1985, 10 (4).
[3] Wickham, P. A., *Strategic Entrepreneurship: A Decision-making Approach to New Venture Creation and Management*, Boston: Pitman Publishing Inc., 1998, pp. 203–208.
[4] Sahlman, W. A., *The Entrepreneurial Venture: Readings Selected*, Boston: Harvard Business School Press, 1999, p. 145.
[5] Timmons, J. A., Spinelli, S., *New Venture Creation: Entrepreneurship for the 21st Century with Power Web and new Business Mentor CD*, Singapore: Irwin/McGraw-Hill, 2003, p. 59.
[6] Adizes, I., "Corporate Lifecycles: How and Why Corporations Grow and Die and What to do About It", *Long Range Planning*, 1988, 25 (1).
[7] ［美］埃尔德：《大萧条的孩子们》，田禾、马春华译，译林出版社2002年版。

展。主要探讨的是个体与社会的关系和发展之间的连接点；主要观点中的关键元素包括个人发展轨迹、年龄阶段性、个人主动性、特定期间的角色转变和社会期望等。

五 企业社会责任理论

克拉克（1916）在《经济责任基础之变革》中首次提出企业社会责任（CSR）的思想，他认为，社会责任的大部分应该属于企业的责任。弗里德曼（Friedman）则从整体社会效率的视角出发，认为企业只有一种社会责任，即在遵守法律法规前提下，通过自身现有资源努力增加利润的生产和经营活动。他反对企业承担除了增加经济利益以外的社会责任[1]。

20世纪90年代，企业社会责任理论研究逐渐利用一些经济学的理论、工具。如Baron的"战略型企业社会责任概念"[2]；Lantos的企业社会责任"三分类"模型（企业道德性责任、慈善性责任和企业战略），他认为，企业社会责任战略是企业产品建设的重要内容，开拓新市场的同时提升了企业的社会声誉，企业社会责任是能够提高企业财务绩效的一种战略性资源[3]。

现有文献中，绝大多数的中国学者对企业社会责任概念的解释主要基于利益相关者理论，并认可企业社会责任。卢代富认为，企业社会责任本质上是企业经营者同外部利益相关者在利益关系上对企业发展经营机制的重构[4]；陈迅等将企业社会责任分为基本责任、中级责任和高级责任三个层次[5]。刘俊海认为，企业社会责任是指企业在为股东盈利的基础

---

[1] Friedman, M., *The Social Responsibility of Business is to Increase its Profits*, New York: Times Magazine, 1970, p. 13.

[2] Baron, D. P., "Private Politics, Corporate Social Responsibility, and Integratedstrategy", *Journal of Economics & Management Strategy*, 2001, 10 (1).

[3] Lantos, G. P., "The Boundaries of Strategic Corporate Social Responsibility", *Journal of Consumer Marketing*, 2001, 19 (3).

[4] 卢代富：《公司社会责任与公司治理机构的创新》，《公司法律评论》2002年第11期。

[5] 陈迅、韩亚琴：《企业社会责任分级模型及其应用》，《中国工业经济》2005年第9期。

上最大限度地增加社会利益①。

现阶段，国内外学者对于企业社会责任、利益相关者理论等方面的研究，成为本次公益创业生态研究的重要理论基础。企业社会责任理论认为企业经营者首先是经济人身份，追求的是利润最大化；其次是社会人和道德人。本书中的公益创业者首先应该是社会人身份，以社会责任为第一使命；其次是经济人身份，通过商业的手段来达到实现社会价值、履行社会责任和完成使命的终极目标。因此，公益创业与传统企业管理相比，在创业理念、价值认同、经营目标政策支持、环境资源、风险特点和绩效评价等方面有着明显区别。

六 利益相关者理论

弗里曼（Freeman）最早提出了利益相关者理论，他认为，某个组织的利益相关者可能直接、间接地影响到组织目标的顺利实现。主要包括股东、员工和债权人等，利益相关者同企业行为会互相影响，所以组织在追求股东利益最大化时，也要充分考虑其他相关利益群体的权益和诉求，履行组织的社会责任②。利益相关者理论将社会责任看成利益相关者的责任，一定程度上忽略了企业行为的社会属性。

七 社会嵌入理论

社会嵌入理论（Social Embeddeness）起源于20世纪40年代，Polanyi提出了"嵌入"概念，认为人类的经济行为嵌入在各种社会关系中，且行为动机受到各种非经济因素的制约，而非完全受理性因素的影响③。20世纪80年代，以Granovetter为代表的学者将社会嵌入研究推向一个新阶段④，

---

① 刘俊海：《关于公司社会责任的若干问题》，《理论前沿》2007年第22期。
② Freeman, R. E., *Strategic Management: A Stakeholder Approach*, Boston: Pitman Publishing Inc., 1984, p. 8.
③ 转引自黄中伟、王宇露《关于经济行为的社会嵌入理论研究述评》，《外国经济与管理》2007年第12期。
④ 转引自易法敏、文晓巍《新经济社会学中的嵌入理论研究评述》，《经济学动态》2009年第8期。

逐渐发展成为新产业区域理论和新经济社会学等学科基础，广泛运用于企业网络、企业创新、战略联盟和产业集群等方面的研究。从社会嵌入视角观察影响企业发展的关键因素，如商业模式、内外资源、产品、技术和文化等，可以通过经济和社会情境两个不同方面去理解企业行为。现有的社会嵌入理论强调了社会因素对经济行为影响，关于影响机制和路径系统分析却较为缺乏，已有结论也各有不同[1][2][3]。

社会嵌入理论已发展了60多年，研究者们较为一致的观点是经济行为主体（包括个人和组织）所嵌入的特定社会网络对其经济行为及行为结果都可能产生较大影响。社会嵌入网络虽然为行为主体提供了竞争上的主要优势，同时也制约着该主体的行为模式。

八　社会网络理论

社会网络是由一群参与行动者组成的结构，成员之间存在一个或者多个关系联结，其中节点可代表网络中的这些成员，而联结则描绘出节点间的相互关系[4]。

20世纪70年代末80年代初，西方发达国家普遍处在经济萧条时期，一些中小企业聚集地区增长势头却非常迅猛。这引发了一些社会学家、经济地理学家的关注，他们开始从"企业集群""社会网络""区域创新网络"等视角展开研究，发现这些区域成功的共性是：区域内的企业既高度分工，又紧密合作；而且这些企业与一些中介机构、金融机构、大学和政府机构等建立起各种联系。这些创新主体相互独立、相互依存，形成了高度合作、灵活多变的企业生存与发展网络。

社会网络分析是一种连续微观、中观和宏观层面的社会学理论研究

---

[1] Coleman, James, S., "Social Capital in the Creation of Human Capital", *American Journal of Sociology*, 2010, 94.

[2] Burt, Ronald, S., "Social Contagion and Innovation: Cohesion Versus Structural Equivalence", *American Journal of Sociology*, 1987, 92 (6).

[3] Mesch, G., & Talmud, I., "The Quality of Online and Offline Relationships: The Role of Multiplexity and Duration of Social Relationships", *The Information Society*, 2006, 22 (3).

[4] Wellman, Barry & Berkowitz, Stephen, "Social Structure A Network Approach", *The American Political Science Review*, 2003.

工具，主要随着时间改变社会目标之间的联结，找到组织之间的静态与动态交叉点，源于人类学、社会学和角色理论三大学派。社会网络性质包括交易内容、连接特性和结构特性三个方面。其中，"交易内容"包括情感交换、影响力交换、资讯交换和产品或服务交换。"连接特性"则与联结强度、互惠程度、彼此期望清晰度和角色的多重性具有相关性。"结构特性"有四个层级，即外部网络、整体内部网络、网络内群聚和处于网络中特定节点的个体。

一个企业、一个产业及一个经济区域能否成功的关键在于是否具备适合自身发展的创业网络。这种网络主要包括三种形态：企业网络、社会网络和人际关系网络。其中，企业网络主要指企业与产业价值链上的上下游企业间的纵向联系及与同类公司间的横向联系；社会网络则指企业与所有非企业性质的机构、组织间的联系；人际关系网络即"社会资本"，指个人与亲人、朋友、同事等的联系。其中"社会网络"在沟通、获取信息以降低不确定性因素等方面，在防止机会主义行为的风险方面，具有明显的优越性[①]。而国家大学科技园及地方创业园正是将初创业者与各种社会网络连接起来的有效平台。

九 绩效评价理论

绩效评价是指组织为实现其特定的目的，依照预先确定的标准和一定的评价程序，运用科学的评价方法、按照评价的内容和标准对评价对象的工作能力、工作业绩进行定期和不定期的考核和评价，以此来寻找差距、分析组织行为低效的原因，从而改善组织效率，提高组织的管理水平。

20世纪初，传统的绩效评价主要以标准化和工时为研究对象。随着经济的发展，不少学者利用已有学科成果，融合了过程、结果和组织整体战略，形成了特色鲜明的绩效评价理论体系。典型代表主要有基于战略管理的绩效评价理论。该理论在财务评价指标基础上，融入

---

① 钱平凡、李志能：《孵化器运作的国际经验与我国孵化器产业的发展对策》，《管理世界》2000年第6期。

了非财务的关键因素，如风险决策、社会公众满意度、创新能力等，实现组织管理绩效的综合评价。由于公益创业具有社会性和商业性双重属性，对公益创业项目的绩效评价，必然要从社会性与商业性两个层面来考虑，以便更好地服务组织目的，创造出更多的社会价值和商业价值。

十　比较优势理论

比较优势是每个国家、每个地区、每个企业或每个人都生产或提供自己最擅长的产品、服务，通过交换可以使各方获得更大利益。创业者的比较优势在于拥有发展前景的科技项目或创意、实施项目的技术能力和对市场的敏锐性。创业者的比较劣势在于缺乏创业资金、管理经验、社会影响力小、信用度较低、市场能力较弱、市场开拓较为困难等。依据比较优势原理，若能将创业者与国家科技园、创业园结合起来，通过园区提供的优质服务和扶持环境，可以使创业者能够专注于产品生产、技术研发和市场营销等活动，也就是双方都做自己最擅长的事，可以促进形成最优化的创业生态结构，从而提高创业成功率，共享创业硕果。

十一　国家创新系统理论

经济合作与发展组织1997年提出，国家创新系统（National Innovation System）主要由企业、大学、科研机构、政府部门和中介机构等构成。企业是创新的主体，大学和科研机构是重要的知识库和技术创新源。中介机构是知识流动的重要一环，是政府推动知识技术扩散的重要途径。

十二　产业集群理论

产业集群指的是在某个特定领域，地理位置较为集中且相互联系的公司及机构集合，如：专业化基础设施的提供者及机器、零部件、服务等专业化供应商。在集群内部可以获得高级人才、先进设备、新产品、新技术、低场租费等。国家大学科技园和创业园的出现能够形成初创企业之间的网络关系。Lichtenstein 认为[1]，这个内部关系网络的存在，主要有三种优势：首先是手段效益。园区内企业可以联合起来确认产品价格，争取到销售或购买上的价格优势。其次是情感心理支持。创业者在初创阶段，没有可借鉴的经验及模式，面临市场的严峻考验，承受着巨大压力。通过园区聚集、抱团可获得相互支持、彼此鼓励。最后是发展效益。园区内部网络的构建，有利于技术合作和经验交流等。

十三　博弈理论

Aumann 提出[2]，博弈论是研究互动决策的理论，是指各方行为主体决策时互为影响，每位行为主体在作出决策时均需要考虑到将其他主体的决策纳入其中考虑，在多次迭代考虑中作出最后决策，选择对自己最有利的战略。

《孙子兵法》就是中国古代的一部博弈论代表著作。近代博弈论的产生以冯·诺伊曼（Von Neumann）于 1928 年提出的博弈论基本原理为标志。摩根斯坦将二人博弈扩展到多人博弈结构，形成了博弈论的理论基础，并提出了系统性博弈理论，通常认为是博弈论的起点[3]。

纳什提出"纳什均衡"的概念，成为大多数的现代经济分析的关键概念和出发点[4]。合作博弈（Cooperative Games）思想也在这一时期出现，主要由 Shapley[5] 和 Gillies[6] 提出了合作博弈的基本概念。20 世纪 70 年代

---

[1] Lichtenstein, G., & Lyons, T. S., "Lessons from the Field: Mapping Saskatchewan's pipeline of Entrepreneurs and Enterprises in Order to Build a Provincial Operating System for Entrepreneurship", *Community Development*, 2012, 43 (1).

[2] Aumann, Robert J., *Advances in Game Theory*, Princeton University Press, 1964.

[3] ［德］冯·诺伊曼、［美］摩根斯坦：《博弈论与经济行为》，王文玉、王宇译，生活·读书·新知三联书店 2004 年版，第 335 页。

[4] Nash, J. F., "Equilibrium Points in N-person Games", *Proceedings of the National Academy of Sciences*, 1950, 36 (3).

[5] Shapley, L. S., *A Value for N-person Games*, Princeton: Princeton Universtiy Press, 1953, p.165.

[6] Gillies, D. B., *Solutions to General Non-zero—um Games*, Princeton: Princeton University Press, 1959, p.47.

是博弈论发展的重要阶段，海萨尼（Harsanyi）[①] 提出的不完全信息博弈理论是博弈论发展史中具有里程碑意义的成果。20 世纪 80 年代是博弈论的框架逐渐形成的阶段。Bernheim[②] 提出了在非合作和合作博弈中的均衡选择标准和理论，使博弈论在经济学中得到广泛应用。

十四　社会生态系统理论

社会生态系统理论的主要观点：人与社会生态系统的各要素在环境中相互作用，对人类行为具有重要影响；人们参与的社会生态系统可分为微系统、中间系统、外层系统和宏系统，四大系统的相互作用对人类行为具有重要影响；系统内部要素及系统间的一定强度的、积极的相互联系，可以实现发展的最优化[③]。

第四节　主要研究方法

一　文献分析法

文献分析是获得关于当前世界学术研究进展真实情况的重要途径。如果要分析某个问题的研究现状，可以运用文献分析法，它主要是对各种学术期刊所发表的论文进行统计和分析，从而获取自己需要的信息。

二　比较研究法

比较研究方法是通过两个或多个事物或对象比较，以找出相似性或差异性的一种分析方法。它是按照一定的标准，通过对两个或者多个事物的观察，寻找异同之处，探寻其中规律的方法。

[①] John, C. Harsanyi, "Games With Incomplete Informtion Played by 'Bayesian' Players, I-III Part I: The Basic Model", *Management Science*, 1967, 14 (3).

[②] Bernheim, B. D., "Rationalizable Strategic Behaviour", *Econometrica*, 1984, 52 (4).

[③] 刘杰、孟会敏：《关于布郎芬·布伦纳发展心理学生态系统理论》，《中国健康心理学杂志》2009 年第 2 期。

三　问卷调查法

通过预设的多个问题，说明研究目的，以书面形式邀请研究对象作出回复，以获得有关信息资料的一种方法。主要通过对问卷结果进行回收、整理和分析，以获取相关信息。刘军指出[1]，问卷调查法以设问的方式表述问题，通过控制式测量对研究问题进行度量，是获得可靠资料的一种研究方法。

四　访谈法

访谈法指的是通过与研究者与受访对象进行面谈，来收集相关信息的一种方法。访谈法包括"结构式访谈""无结构式访谈"两类。结构式访谈一般是按标准化的程序、面向多个受访者的问答式采访。无结构式访谈的主题边界较为模糊，形式也比较灵活，研究者一般通过旁侧鼓励，激发起访谈对象发表自己的观点和看法。

五　层次分析法

本书拟通过层次分析法来确定各评价因素的权重。20世纪70年代中期，美国运筹学家Saaty教授首先提出层次分析法，它是一种定性与定量相结合的系统分析法[2]。它将一个多目标决策问题看成一个系统，然后将总目标分解成多个子目标或子准则，再进一步分解为多指标等若干层次，通过数学方法测算出最底层相对于最高层（系统目标）的重要性权值和优劣次序总排序，以作为目标、多方案优化决策的系统方法。

六　个案研究法

Yin[3]指出社会科学的研究方法主要分为实验、档案分析、调查、历

---

[1]　刘军：《公共关系学》，机械工业出版社2006年版。
[2]　Saaty, T. L., & Kearns, K. P., *The Analytic Hierarchy Process*, McGraw-Hill, 1980.
[3]　Yin, R. K., Case Study Research, *Design and Methods*, 2nd Edition, Sage Publications, Beverly Hills, 1994.

史和个案研究（Case Study）。一般来说，个案研究法是用于研究真实且发生在同一时期的现象，且对实际研究对象不作任何限制。根据研究的目的可分为三种：描述性研究有利于厘清诸多现象中的复杂关系；探索性研究通过挖掘现象发生原因，进而定义问题和提出进一步研究假设；解释性研究是引用不同的理论观点解释某一现象发生的原因和关系。

第三章 政府和高校双主导型公益创业生态案例

前一章提出"政府和高校双主导型公益创业生态系统"一般分为三种类型：政府主导的地方创业园（即政府主导型公益创业生态）、高校主导的大学生创业园（即高校主导型公益创业生态）、政府和高校双主导的国家大学科技园（即政府和高校双主导型公益创业生态）。本章将分别对这三类公益创业生态的典型案例进行介绍。

第一节 案例简介

一 研究设计

（一）案例研究法

选择案例研究法的缘由。胡馨[①]首次提出"什么是公益创业"之后，我国的公益事业在扶贫、教育、就业、医疗、环保及社会服务等领域得到了较大发展，发挥的作用越来越大。然而，当前我国开展公益创业活动的组织并不多，现有的公益创业组织在发展规模及速度等方面与欧美发达国家都还存在着较大差距；在所有制性质、组织管理和税收优惠等方面有待进一步完善；目前还无法给予公益创业统一的身份认定和相应的法律地位；传统的社会观念对公益创业的认识还存在较多误区；民众

---

① 胡馨：《什么是"Social Entrepreneurship"（公益创业）》，《经济社会体制比较》2006年第2期。

的公益意识和主体意识都不够，等等。总体来说，我国的公益创业还处于起步阶段。关于公益创业的研究较为缺乏，研究成果更是少之又少。因此，本书认为，对于中国的公益创业生态研究采取质性研究和案例比较研究较为合适。一般而言，个案研究法是用于研究真实且近期发生的现象，而且对于实际所观察的现象不作任何限制。研究目的可分为描述性、探索性和解释性三种。描述性个案研究法是当研究主题缺乏相关理论基础时，对实际所发生的复杂现象进行完整的描述，这种研究方法有助于适度厘清整个现象的复杂关系。探索性个案研究法主要运用于缺乏理论基础时，挖掘现象发生的原因与方式，以定义问题、后续研究假设，帮助研究者厘清研究主题的范围、方向和设立假设。解释性个案研究法的目的是引用不同的理论观点来解释某种现象发生的原因及关系。

特别说明：对于文献的梳理及理论的研究都是为后续的数据收集与案例分析提供研究视角和切入点。研究过程中既需要大胆假设，更需要细心求证，特别是将研究中得出的结论与已有文献进行比较分析，以提高研究结论的可靠性、有效性和普适性。

（二）案例选择

本书研究的主要目的是在具有代表性的中国公益创业集群所从事的创新创业活动中创建适合中国特色的发展模式。本书自2013年开始面向"青年创业园和留学人员创业园""国家大学科技园""高校大学生创业园"等集群主体的运营机制和商业模式等开展相关研究，并进行了较为广泛的资料收集和整理工作，形成了主要包括"社会企业""高校公益创业"两大形态的公益创业生态案例库，这些案例库成为推进研究的典型样本。本书研究案例的选取主要根据以下标准：

第一，由本书的研究问题决定。本书主要研究我国当前环境下影响公益创业集群可持续发展的关键因素及其主体的社会嵌入模式和规律。因此，案例对象必须具有行业、地区代表性。

第二，根据案例研究的一般抽样原则筛选研究对象。本书的案例抽样须遵循理论抽样的一般逻辑。根据Yin的理论抽样原则[1]，本书在案例

---

[1] Yin, R. K., Case Study Research, *Design and Methods*, 2nd Edition, Sage Publications, Beverly Hills, 1994.

选择时遵循的主要法则是：逐项复制（即被选中的案例可能产生与已有案例相似的发现）和差别复制（即被选中的案例可能产生与之前研究不同的结果，产生新的发现，进而完成理论构建）。在评估考察中除了按类别选择若干案例，同时也考虑到了行业的多样性、地区的特殊性和广泛性等。具有多样性和异质性的多个案例可以保证案例分析的严谨性及理论形成的一般意义。经过不断调研和发现、讨论与评估，最终选定两个"政府主导型公益创业"案例和四个"政府和高校双主导型公益创业"案例，作为本书的主要研究对象。典型案例的基本情况如表3–1所示。

表3–1　　　　　　　　　　典型案例基本情况介绍

类型	案例名称	情况简介	所在地
政府主导型公益创业样本	1. 北京（海淀）留学人员创业园（简称北京海淀创业园）	成立于1997年10月，是北京市人力资源和社会保障局与中关村科技园区海淀园创业服务中心共同创办的北京市第一家留学人员创业园，目前已经形成一个中心、三个平台、六项服务的完整孵化服务体系	北京
	2. 成都高新青年（大学生）创业示范园（简称成都高新创业园）	成立于1996年11月，是成都高新区党工委管委会下设的公益性科技事业服务机构，是国家人事部与地方政府共建的首家留学人员创业园	成都
政府和高校双主导型公益创业样本	1. 北京大学国家大学科技园（简称北大科技园）	于2001年5月被科技部、教育部正式批准认定为国家级大学科技园，也是目前运行面积最大、产值最高、入驻企业最多的国家大学科技园	北京
	2. 上海交通大学国家大学科技园（简称：上海交大科技园）	成立于2001年1月，依托上海交通大学的科技创新资源和人才资源的优势将高科技产业整体规划与区域经济发展相结合，构筑以科技企业为主体、产学研相结合的创新体系，是区域经济发展和技术进步的重要创新源泉之一，是一流大学实现社会功能和产学研结合的重要平台	上海
	3. 浙江大学国家大学科技园（简称浙大科技园）	创建于2001年，2018年已累计有入园新注册企业450家，注册资本20多亿元	杭州
	4. 四川大学国家大学科技园（简称川大科技园）	于2001年5月挂牌，已初步构建了创新创业服务体系、行政服务体系、投融资服务体系、中介服务体系、就业服务体系和创新创业人才培养体系	成都

资料来源：主要来自案例的官方网站。

（三）数据收集

案例研究的数据是多样的，可定性也可定量，数据收集也具有多样性，这是案例研究的主要优势。本书在数据收集工作中，严格根据不同来源数据，对一手和二手数据进行多次反复验证，尽可能反映现实情况，并建立数据资料库，将从不同渠道获得的大量资料进行存储和整理，为后续的研究打下了扎实基础。

在进行实地数据采集之前，项目组主要做了以下工作：召开多次小组会议进行讨论和收集意见，根据研究目的制定详细的访谈提纲，然后在收集数据过程中主要通过两种方式：首先，大量查阅与案例相关的网上公开资料，相关专著、论文、媒体报道，有关机构的研究报告、官方网站及宣传手册等，从而初步获得研究对象的背景资料，主要包括简介、主要成就、组织机构、主要活动、利益相关者等。其次，在此基础上，进入系统研究的第二阶段，主要采取问卷调查和代表访谈等方式收集大量的具体数据。调查问卷分电子问卷（问卷星）和纸质问卷（现场发放）两种。收集的研究资料分为初级资料和次级资料两种。初级资料收集主要通过访谈方式获得公司未来发展、合作联盟关系及运作方式等。次级资料为理论背景等学术论文的收集。主要来源有：学术论文资料库的相关学术论文、期刊；相关出版刊物及书籍；产业及企业相关网页，包括产业统计资讯、企业官网；相关产业、行业人士提供的产业资料及公司内部相关资料等。代表访谈主要有面对面访谈和电话访谈两种。访谈对象主要包括政府职能部门代表、园区管理方代表、个案公司相关人员（园内企业负责人）等。再次，第三阶段主要利用社会网络理论，分析和挖掘个案特点，了解基于个案企业的社会网络联结，认识个案企业、利益相关者和同行竞争者等在社会网络关系中的不同角色等。最后，第四阶段主要分析个案企业之间的社会网络角色对于个案企业发展的关联性、异同及影响等。

数据收集过程中多次重复了第一阶段和第二阶段的工作。项目组也会根据现场数据收集中出现的新情况、新问题或新发现，提出对访谈提纲的修正或问题补充，使得内容更加完善、更加科学合理。根据访谈记录，及时（一般为一个月内）进行了数据整理，结合已有资料，撰写调研案例报告。

（四）数据编码

借鉴扎根理论分析法[①]，本书对收集到的有关资料进行了逐级编码。主要对相关数据进行了类别分析和逐级抽取，进而形成学术概念。

（五）案例分析

已有文献虽然对收集方法进行了详细介绍，却很少关注数据分析。本书主要参考 Eisenhardt[②]，首先针对单个案例展开独立研究，进而比较不同案例的结果，也就是跨案例研究。单案例研究是将每个案例都看成一个独立的研究对象，然后一一展开较为深入的内部分析，发现有意义的结论，为后续的跨案例比较分析奠定基础。余菁[③]指出，跨案例研究的主要做法是根据研究目的，进行案例分组，首先开展组内结果分析，然后展开组间结果对比，围绕研究问题得出有效度的结论。跨案例分析的意义在于能够发现案例间的相同点和不同点，可能会出现研究者在研究开始前没有预料到的新情况，通过多案例对比，提炼不同案例的共同点，从而实现本次研究的理论构建。在案例研究过程中，项目组借用质性分析软件 NVivo13.0，提高研究的系统性和效率，把多个案例的数据放在同一个项目文件中存档，随时调取；对数以万计的文字进行编码，快速看清某个概念、范畴等资料出现在哪些案例中，得到哪些凭证支撑；案例内部分析和案例之间比较中，借助树形节点来发现不同概念的逻辑关系，以较清晰的图形来显示前后因果的框架结构，从而使大量繁杂数据得到有序管理，有助于研究工作顺利开展。

二　样本选取

在完成研究设计的基础上，接下来的重点是：根据各种途径获得的二手资料（如官网、专家评价和媒体报道等）和一手资料（如通过问卷调查、代表访谈而得的调查对象自评、访谈记录等信息），重点对各个调查案

[①] Schatzman, L. and Strauss, A., *Field Research: Strategies for a Natural Sociology*, New Jersey: Prentice Hall, 1973, p.101.

[②] Eisenhardt, K. M., "Agency Theory: An Assessment and Review", *Academy of Management Review*, 1989, 14 (1).

[③] 余菁:《案例研究与案例研究方法》,《经济管理》2004年第20期。

例的具体表现做出详细描述,为公益创业生态系统的绩效评价奠定基础。

(一) 政府主导型公益创业生态案例介绍

政府主导型公益创业生态,主要指由政府直接支持和引导下的社会组织形态,通过商业手段,它以专业的、独立的和可持续的方式,达到解决社会问题和推动社会进步的目的。这类生态模式,以北京(海淀)留学人员创业园和成都高新青年创业示范园等政府主导的地方创业园较为典型。

1. 北京海淀创业园

以下信息来自创业园官网(http://www.ospp.com)。

(1) 基本概况

北京海淀创业园是一家为留学归国人员创业提供公益服务的科技企业孵化器,1997年10月成立,是北京市人力资源和社会保障局与中关村科技园区海淀园创业服务中心联合创办的北京市首家留学人员创业园。2007年10月,该创业园成为中华人民共和国人力资源和社会保障部与北京市人民政府共建单位,是科技部、教育部、人社部和外专局确定的国家留学人员创业园示范建设试点单位。

北京海淀创业园自成立之日起,就树立了把自身建设为一所"针对特殊人群,培育明星企业和优秀企业家"学校的宗旨,在"孵化器建设就是学校建设"理念的引导下,目前已经形成"一个中心、三个平台、六项服务"的完整孵化服务体系,即围绕海淀园创业服务中心,构建企业孵化平台、科技条件平台、创业导师平台,促进创业者向企业家的转变,助力科技成果快速转化。通过先进的管理与运营模式,帮助企业"零门槛"和"零成本"创业,对项目提供全链条孵化服务。通过多种渠道投融资体系,利用特色创业辅导、创业培训活动、高端人才培养、市场对接和基金管理等服务资源,依托一流办公空间、生产车间、人才公寓和展示平台等硬件设施,形成了全方位孵化链条生态系统。

作为北京市首家留学人员创业园,该创业园以"建设世界一流孵化器"为目标,全力打造高端的孵化器,深化精品孵化服务,通过建设卓越的载体服务、创新创业文化和"政产学研"互利共赢的创业生态系统,吸引到最有潜力的创业项目及创业者,聚焦到战略新兴产业,培育出最优质的源头企业、最优秀的领军企业和企业家。与企业实现共赢,并在精品项目孵化服务过程中,优先选择最具成长性的创业项目和创业者,通过提供直接投资等深度孵化服务，分享孵化企业高速发展的成果，壮大创业园自身实力，扩大物理空间，提升创业园孵化能力，以期培育出更多优质企业。打造创业园各方行为主体的合作共赢、互利共生的创业生态系统，保持北京海淀创业园在创新创业服务行业的全球领航能力。

（2）组织构架图，如图3-1所示。

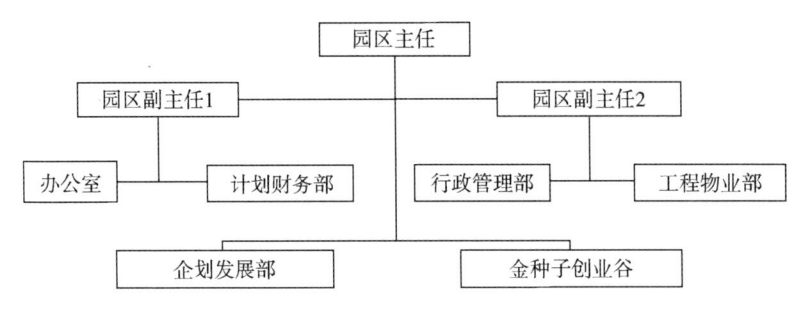

图3-1 北京海淀创业园组织构架

资料来源：笔者根据文献整理。

2. 成都高新创业园

以下信息来自创业园官网（https：//cdgxqjsc.cn.china.cn/）。

（1）基本情况

成都高新创业园于1996年11月成立，是成都高新区党工委管委会下设的公益性科技事业服务机构，是国家人事部与地方政府共建的首家留学人员创业园，隶属成都高新区技术创新服务中心（以下简称创新中心），是按照成都高新区党工委管委会和团市委要求建成的创业就业载体，中国成都留学人员创业园、中国成都博士创业园、中国大学生创业园（成都）与创新中心四块牌子、一班人马，由起步区孵化园、西区孵化园、高新孵化园三个孵化基地组成。

（2）组织构架

依托高新区，创新中心整合社会资源，建立了完善的创新孵化服务体系，相应设立了3个部门，即综合部、企业部、项目部，其中企业部增挂孵化部牌子，采用两块牌子两套人马的配置方式；项目部增挂公共技术平台管理中心牌子，采用两块牌子一套人马的配置方式。成都高新青年创业示范园组织构架，如图3-2所示。

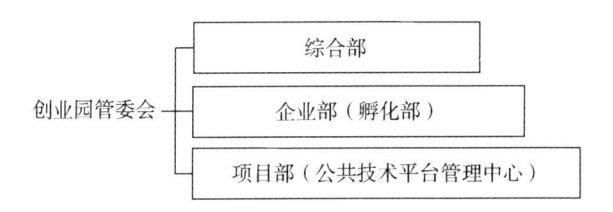

```
                    ┌─── 综合部
创业园管委会 ───┼─── 企业部（孵化部）
                    └─── 项目部（公共技术平台管理中心）
```

图 3-2 成都高新创业园组织构架

资料来源：笔者根据文献整理。

（二）政府和高校双主导的公益创业生态案例介绍

2006 年 1 月，科技部、教育部制定的《国家大学科技园"十一五"发展规划纲要》强调：大学科技园是国家创新体系的重要组成部分和自主创新的重要基地，是区域经济发展和行业技术进步以及高新区"二次创业"的主要创新源泉之一，是高等学校产学研结合、为社会服务、培养创新创业人才的重要平台[1]。依靠有利环境、政策及自我创新，逐渐形成了以北大科技园、上海交大科技园、浙大科技园和川大科技园等为主要范式的中国高校公益创业模式。

1. 北大科技园

以下信息来自科技园官网（http://www.pkusp.com/）。

（1）基本情况

北大科技园于 1992 年创立，是北京大学为响应国家的"科技兴国"战略号召，促进北京大学科技成果的产业转化而建立的，2001 年 5 月被科技部、教育部认定为国家级大学科技园，也是目前运行面积最大、入驻企业最多、产值最高的国家大学科技园。科技园以北京大学为依托，将学校的智力资源与社会资源相结合，是为产学研合作、企业孵化、科技成果转化、产业集聚等提供平台支撑和服务的机构。目前，园区已形成了以科技成果转化与项目落地为核心的基础服务业务；以孵化投资为核心的"产学研用"高端经营业务；以园区规范发展构建综合商务环境为核心的不动产开发建设业务；以北大元素与品牌形象为核心的园区运营与管理业务。

---

[1] 孙雍君、林昆勇：《大学科技园建设的功能定位》，《中国高新技术产业导报》2009 年 3 月 23 日。

经过十几年的发展探索，北大科技园已成为北京大学科技成果转化基地、科技企业孵化基地、创新创业人才培育基地、产学研合作示范基地和高科技产业化发展基地。已建分园区包括北大科技园成府园区（本部）、北大科技园南区、北京北大创业园、包头北大科技园、金华北大科技园、天津北大科技园、石家庄北大科技园、西安北大科技园等。

（2）组织构架，如图3-3所示。

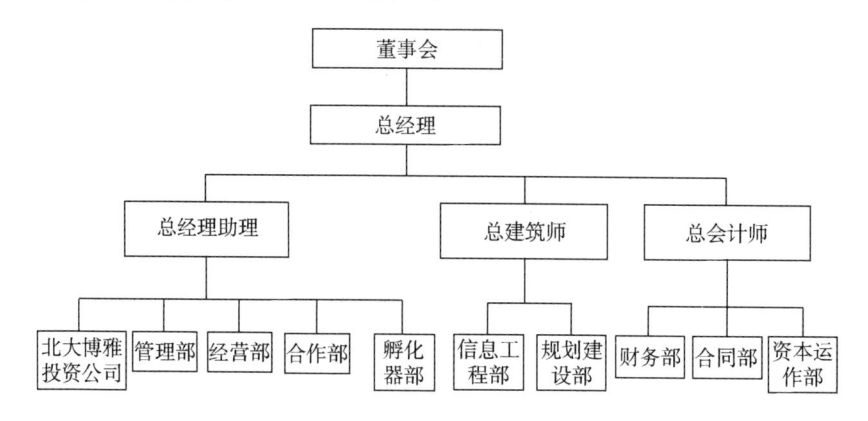

图3-3 北大科技园组织架构

资料来源：笔者根据文献整理。

2. 上海交大科技园

以下信息来自科技园官网（http://www.sjtusp.com/garden.php）。

（1）基本情况

上海交大科技园成立于2001年1月，依托上海交通大学的科技创新资源和人才资源的优势将高科技产业整体规划与区域经济发展相结合，构筑以科技企业为主体、产学研相结合的创新体系，是区域经济发展和技术进步的重要创新源泉之一，是一流大学实现社会功能和产学研结合的重要平台，它是由科技部、教育部联合命名的首批国家大学科技园，2012年被科技部、教育部认定为A类国家大学科技园，目前在上海管理八个科技园区，主要集聚电子信息和生物医药两大类高科技企业；其中两个园区是经科技部认定的国家级科技企业孵化器，三个园区被上海市认定为重点软件园区及创意产业基地。园区的使命是推动科技成果转化，培育新兴科技产业，促进区域经济发展，培养创新创业人才。主要特色包括功能健全的园区体系，专业周到的创业服务；完善富集的扶持政策，创新务实的产学结合；高端开放的国际平台，畅通多样的融资渠道；成功激越的创业氛围，博大深厚的名校支撑。

上海慧谷高科技创业中心成立于 1999 年 5 月，是由上海市科学技术委员会、上海交通大学以及徐汇区人民政府联合组建的社会公益性国家级科技企业孵化机构；上海慧谷高科技创业中心立足于为科技企业技术创新创业提供全程服务，培育科技创业企业和企业家，促进科技成果商品化和产业化；被国家科技部授予"国家高新技术创业服务中心"、中国火炬计划"先进高新技术创业服务中心"和"国家大学科技园大学生科技创业见习基地"。

上海慧谷科技企业孵化基地是上海交大科技园有限公司全额投资、上海慧谷高科技创业中心直接管理的高科技成果转化孵化基地，充分依托上海交通大学科技资源，是上海交大科技园中的国家级科技企业孵化器，是"上海国际企业孵化器""上海市级软件产业基地（软件园）""上海市创意产业园区""上海市科技创新创业服务先进集体""上海市科技创业导师工作优秀单位""上海科技创业苗圃试点基地"。

科技创业苗圃是对科技创业项目实施预孵化的创业服务项目。设立科技创业苗圃是为进一步降低科技创业门槛和成本，扩大创新创业服务对象的范围，营造局部优化的创新创业环境，鼓励以科技创业带动社会就业，鼓励科技企业孵化器、国家大学科技园和大学生科技创业基地等各类创业服务机构，依托原有的孵化设施和服务功能，为科技创业者完善科技成果（创意）、制订商业计划，为准备创业者提供免费的公共服务，帮助其将科技成果（创意）实施转化并创办企业。科技创业苗圃支持的对象是具有科技创业想法并提交正式创业商业计划的创业者（团队）和依托科技成果或特定技术，已形成较为完善的创业商业计划，但尚未注册成立企业，以创业者个人或团队形式创业的项目。通过在科技创业苗圃这一试验田，让不成熟的科技创业项目逐步完善并具有商业价值，让有创业意向的人逐渐转变为具有一定创业技能的创业人才。

（2）组织构架，如图 3-4 所示。

3. 浙大科技园

以下信息来自科技园官网（http：//zjusp.zju.edu.cn/）。

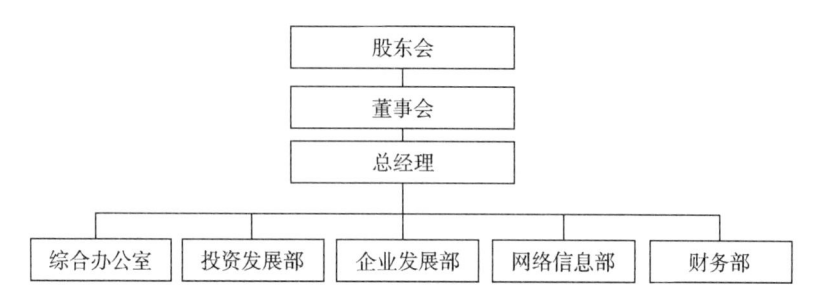

```
                    ┌─────────┐
                    │  股东会  │
                    └────┬────┘
                    ┌────┴────┐
                    │  董事会  │
                    └────┬────┘
                    ┌────┴────┐
                    │  总经理  │
                    └────┬────┘
   ┌──────────┬─────────┼─────────┬──────────┐
┌──┴───┐ ┌───┴───┐ ┌───┴───┐ ┌───┴───┐ ┌───┴───┐
│综合办公室│ │投资发展部│ │企业发展部│ │网络信息部│ │ 财务部 │
└──────┘ └───────┘ └───────┘ └───────┘ └───────┘
```

图 3-4　上海交大科技园组织构架

资料来源：笔者根据文献整理。

（1）基本情况

浙大科技园创建于 2001 年，是国家首批国家大学科技园试点园区之一，于 2001 年 5 月被国家科技部、教育部联合批准为国家级大学科技园，是国家级科技企业孵化器、国家级大学生科技创业实习基地。浙大科技园是以浙江大学为依托，充分利用浙江大学在科技、人才、实验设备和文化氛围等方面的综合资源优势，而建立的从事科学技术创新、科技成果转化与产业化、高新技术企业孵化、创新创业人才培育集聚、高技术产业发展辐射的基地。2018 年累计有入园新注册企业 450 家，注册资本 20 多亿元。

浙大科技园遵循"整合资源、搭建平台、强化服务、孵新扶强"的建设理念，为入园企业提供一流的软硬件服务；浙大科技园为入园企业提供工商注册、技术转移、项目申请、政策咨询、经营管理、法律事务（含知识产权保护）、财务税务、投融资、市场营销、培训和国际交流等方面的优质服务。目前，浙大科技园正在成为区域创新的重要源头、国家创新体系的重要组成部分和浙江大学建设成为一流大学的重要标志之一。

（2）组织构架，如图 3-5 所示。

4. 川大科技园

以下信息来自科技园官网，http://spark.scu.edu.cn/。

（1）基本情况

川大科技园创办于 1999 年 12 月，2001 年 5 月经国家科技及教育主管部门评估验收后，正式批准为国家大学科技园并挂牌。四川大学国家大学科技园依托四川大学雄厚的科研、技术、人才优势，在当地政府大力支持和指导下，已逐步构建"三基地、一中心"，即技术创新基地、高新技术企

第三章　政府和高校双主导型公益创业生态案例　　65

```
                    浙大科技园
    ┌──────────┐        ┌──────────┐
    │ 综合事务部 │        │ 区域合作部 │
    ├──────────┤        ├──────────┤
    │ 战略合作部 │        │ 技术转移部 │
    ├──────────┤        ├──────────┤
    │投融资服务部│        │创新创业培训中心│
    ├──────────┤        ├──────────┤
    │ 后勤保障部 │        │创新创业服务部│
    └──────────┘        └──────────┘
```

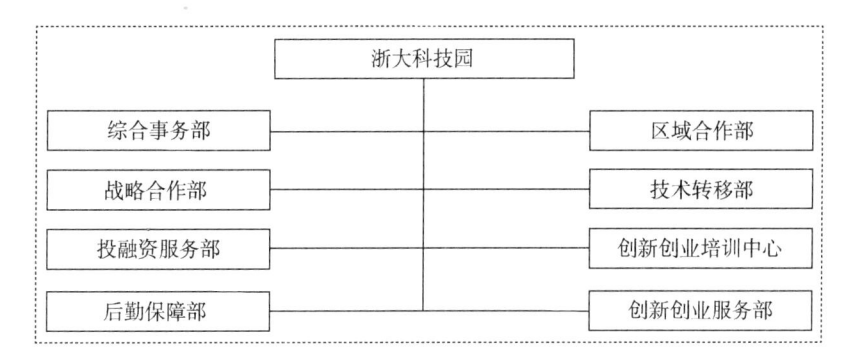

图 3-5　浙大科技园组织架构

资料来源：笔者根据文献整理。

业孵化基地、产学研结合示范基地和创新创业人才培育中心；构建了创新创业行政服务体系、中介服务体系、投融资服务体系和人才培育体系；川大科技园致力于创业企业孵化、高新技术研发、创新创业人才培养、科技成果转化等；以国际化战略为龙头，以支撑平台战略为基础，以辐射园区战略为外延，三大战略的实施为科技园迈向世界一流国家大学科技园打下坚实基础。川大科技园采用"专业化、法人化"的机制，吸引各种社会资源，转化科技成果，通过设立各种专业公司的方式来实现各种功能，努力打造出一个特色鲜明、国内外一流的国家大学科技园。目前，已成为"产学研"相结合、人才培育、创新技术和高新技术企业孵化的综合性服务机构。

（2）组织构架，如图 3-6 所示。

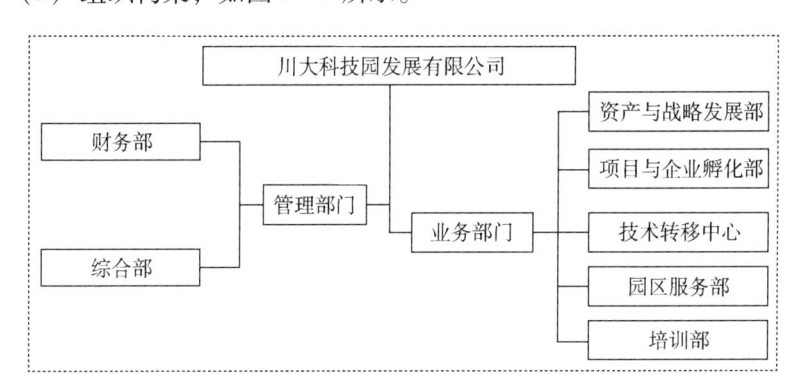

```
                  川大科技园发展有限公司
                          │
    ┌────────┐            │             ┌──────────────┐
    │ 财务部 │────┐       │        ┌───│ 资产与战略发展部│
    ├────────┤    │       │        │   ├──────────────┤
    │        │    ├──管理部门──业务部门─│ 项目与企业孵化部│
    │        │    │                    ├──────────────┤
    ├────────┤    │                    │  技术转移中心  │
    │ 综合部 │────┘                    ├──────────────┤
    └────────┘                         │   园区服务部   │
                                       ├──────────────┤
                                       │    培训部     │
                                       └──────────────┘
```

图 3-6　川大科技园组织构架

资料来源：笔者根据文献整理。

第二节 政府主导型公益创业生态案例图谱

一 北京海淀创业园生态

(一) 创业园发展及主体关系简图

创业园发展及主体关系如图3-7所示。

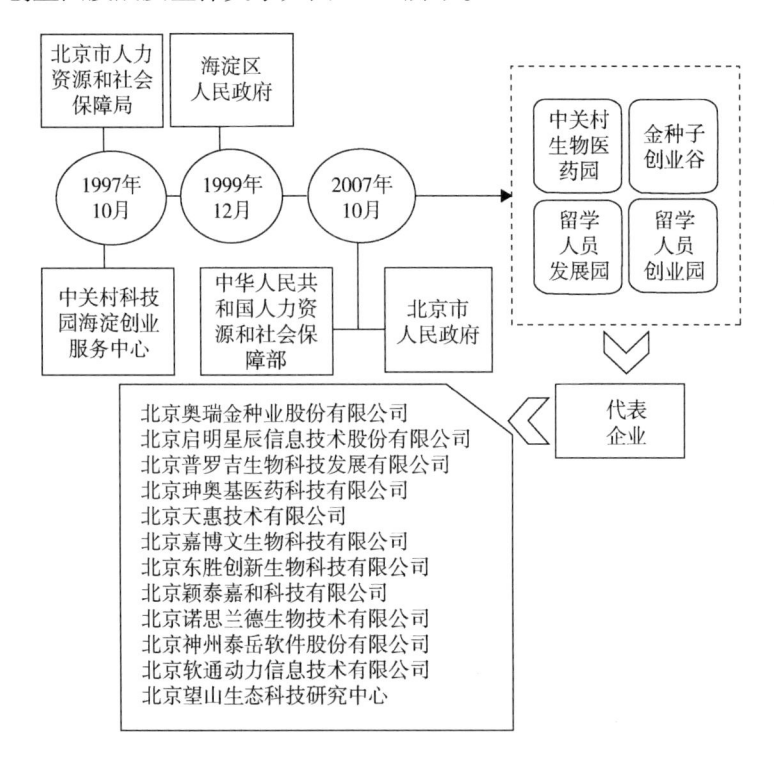

图3-7 北京海淀创业园发展及主体关系

资料来源：笔者根据文献整理、设计。

(二) 园区主体功能图谱

为"一个中心、三个平台、六项服务"的创业孵化服务体系。

1. "一个中心"，即中关村科技园海淀创业服务中心。
2. "三个平台"，即企业孵化平台、科技条件平台和创业导师平台。
3. "六项服务"，主要包括：

第三章　政府和高校双主导型公益创业生态案例　　67

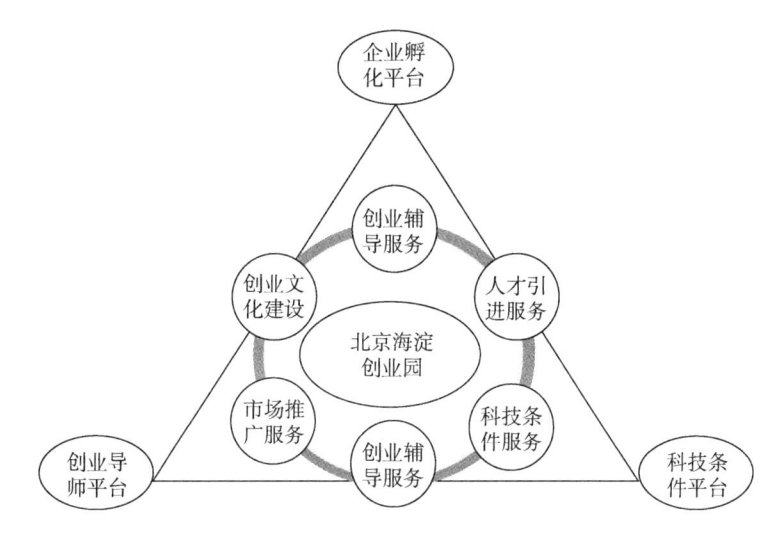

图 3-8　北京海淀创业园主体功能

资料来源：笔者根据文献整理、设计。

（1）创业辅导服务。北京海淀创业园面向园区创业企业主要通过自主举办、聘请专家和邀请企业家开设讲座等形式，在企业发展的不同阶段提供创业辅导，帮助初创企业少走弯路；通过降低创业门槛、开展创业评估和各类培训、与创业企业建立合作关系等途径，助力初创企业快速成长，推动创业者向企业家的转变；主要面向园区留学人员、创新创业企业家，开设有高端实战培训班。

（2）人才引进服务。北京海淀创业园主要结合自身资源优势，通过与地方政府职能部门进行协调，帮助企业引进短缺人才；通过搭建博士后科研工作站等，为企业引进、培育高端技术人才；通过举办各类专场招聘会，协助企业招聘应用型人才；协助解决技术人才入户北京，为企业引进和培养优秀人才。

（3）科技条件服务。北京海淀创业园利用孵化器品牌优势聚集了各项创新资源，主要在企业人才建设、建立公共实验室、研发关键设备的配备及完善知识产权的保护体系等方面，为企业的创新发展助力，支持企业的产学研合作。创业园为企业的专利申请、软件著作权和商标保护等提供奖励性补贴，还协同专业的知识产权事务所为企业提供知识产权的培训、管理和咨询。

（4）企业融资服务。北京海淀创业园主要从政府资金、债券融资及股权融资等方面帮助企业解决资金难题。2008年开始了"金种子"投资计划，面向创业园企业直接进行现金投资，通过种子期的项目支持带动外部资本加入，以期提高项目的孵化成功率，让进入创业园的每家企业都成为一粒金色种子。此外，北京海淀创业园还通过组织融资路演、项目推介会及创业咖啡吧等方式，搭建园区企业的融资渠道。

（5）市场推广服务。北京海淀创业园积极推动企业产品的应用示范工程，主要通过直接采购园区企业的自主研发产品，以满足园区硬件设施的管理需求，同时通过示范性应用，协助企业的市场推广。此外，还借助媒体宣传、展览展销和创业大赛等渠道帮助企业进行产品宣传和市场推广，加快企业创新成果转化和产业化进程。

（6）创业文化建设。多年来，北京海淀创业园始终坚持着"热情、周到、专业"的服务理念，致力于创业文化的氛围营造，为创业者、企业员工营造和谐的工作环境。通过"大手拉小手"，凝聚创业者队伍；打造"五站合一"特色工作站，开展楼宇的社会管理工作；通过创新活动载体，开展丰富多彩的园区活动。

二 成都高新创业园生态

（一）创业园发展及主体关系简图

创业园发展及主体关系如图3-9所示。

（二）园区主体功能图谱

依托成都高新区，创新中心整合社会资源，建立了完善的创新孵化服务体系（见图3-10），包括创业服务、技术平台、国际合作平台、创业文化、投融资服务、中介服务、创业导师等。

第三章 政府和高校双主导型公益创业生态案例

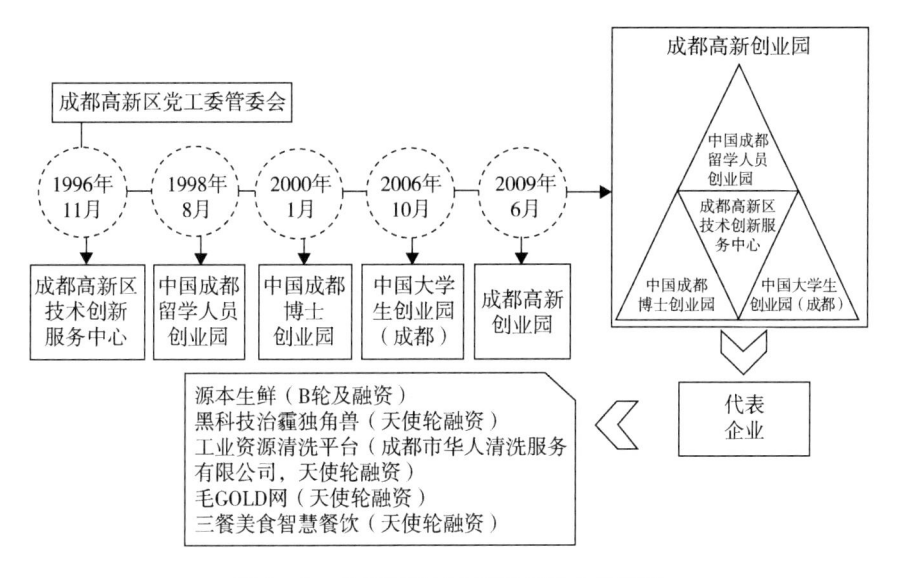

图 3-9 成都高新创业园发展及主体关系

资料来源：笔者根据文献整理、设计。

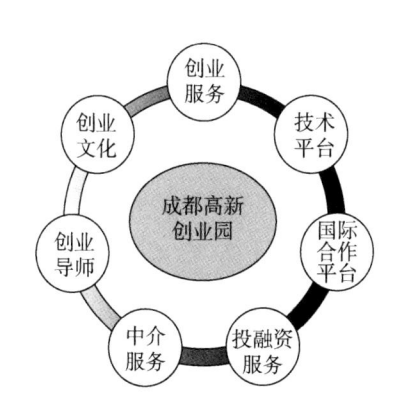

图 3-10 成都高新创业园主体功能

资料来源：笔者根据文献整理、设计。

第三节 政府和高校双主导型公益创业生态案例图谱

一 北大科技园生态

(一) 科技园发展及主体关系简图

科技园发展及主体关系如图 3-11 所示。

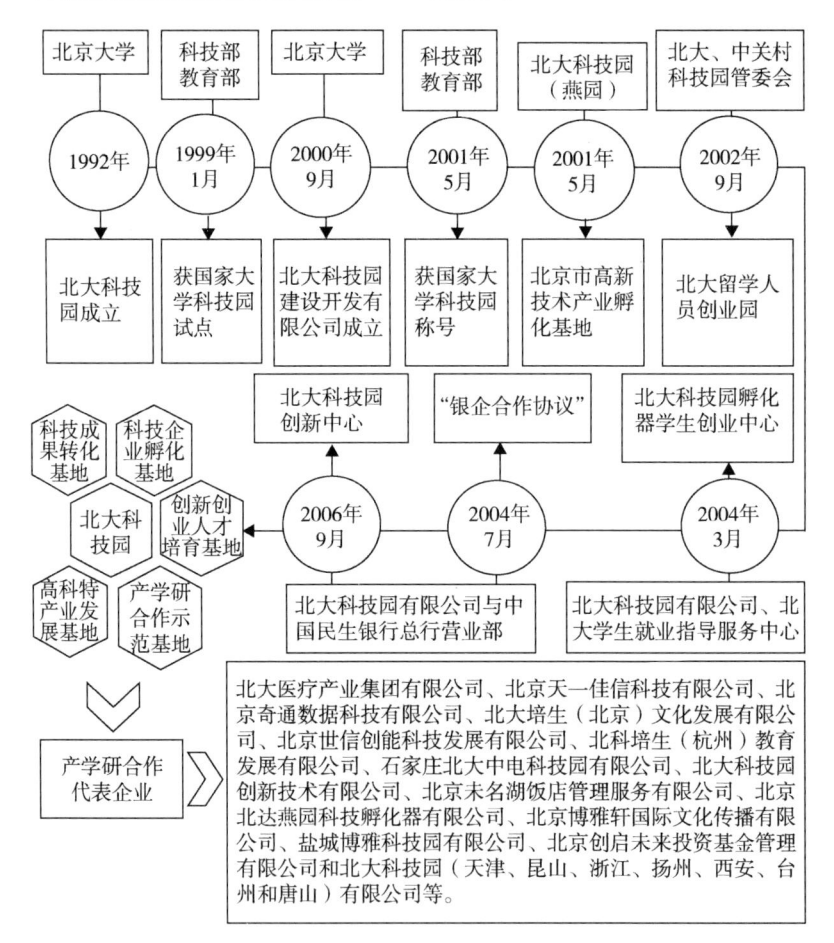

图 3-11 北大科技园发展及主体关系

资料来源：笔者根据文献整理、设计。

(二) 科技园主体功能图谱

科技园主体功能如图 3-12 所示。

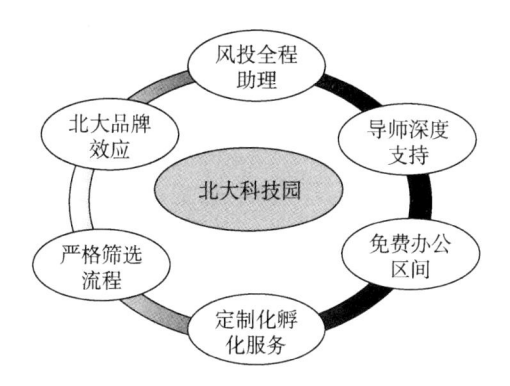

图 3-12 北大科技园主体功能

资料来源：笔者根据文献整理、设计。

1. 园区孵化服务体系

（1）创业服务。投融资、培训、行政、物业及其他公共商务。北京大学国家大学科技园孵化器积极吸纳北京大学的人文精神、管理思想和创新技术，致力于打造成中国最优秀的企业创新中心。

（2）孵化模式。融咨询辅导、融资、营销和技术转化一体的孵化模式。

（3）咨询辅导。各类讲座、专家咨询、导师结对等。

（4）融资服务。优秀企业的"种子"资金；引进外部投资或风险投资；融资担保服务。

（5）营销渠道。指导园区企业发展战略、治理结构和市场营销。

（6）成果转化。学校及科研院所的资源和技术转移中心，促进园区企业成果的转化和新技术的引进。

2. 孵化服务体系核心特色

（1）风投全程助力：多家驻场风投机构，参与筛选、全程关注和入营即投；

（2）导师深度支持：顶尖导师阵容、专属的辅导团队；

（3）免费办公区间：中关村核心区、免费办公空间、24 小时和 7 天全天候办公；

（4）定制化孵化服务：超强合作机构阵容；各类活动；

（5）严格筛选流程：队友百里挑一、创业路上共前行；

（6）北大品牌效应：北大品牌、北大校友和北大资源。

二　上海交大科技园生态

（一）科技园发展及主体关系简图

科技园发展及主体关系如图 3-13 所示。

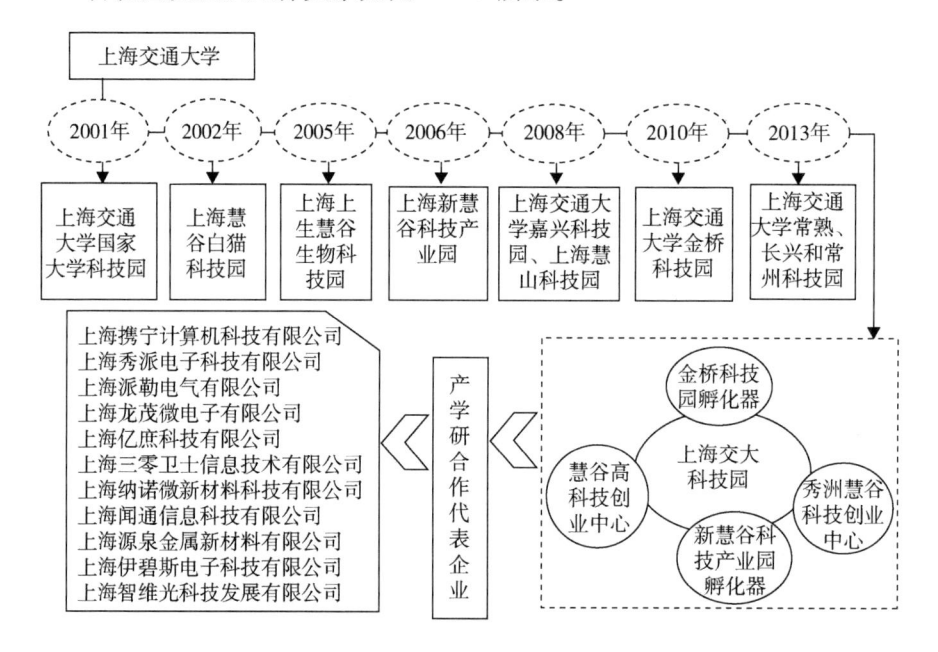

图 3-13　上海交大科技园发展及主体关系

资料来源：笔者根据文献整理、设计。

（二）科技园主体功能图谱

科技园主体功能如图 3-14 所示。

1. 经营特色：改造工业建筑，打造慧谷品牌；转化科技成果，推进产业集聚；官产学研合作，扶持科技企业；搭建投资平台，助推企业成长。

2. 功能定位：园区开发建设、科技产业投资、科技成果转化、科技

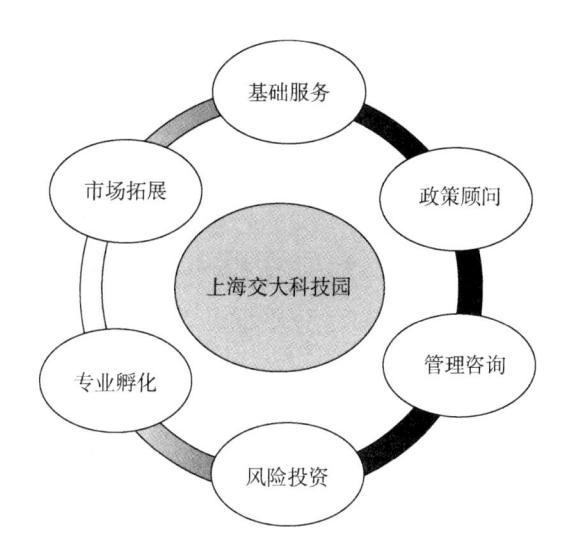

图 3-14 上海交大科技园主体功能

资料来源：笔者根据文献整理、设计。

企业培育和创新人才培养。

3. 孵化服务体系：(1) 基础服务：根据企业需要，提供多种类的办公空间、畅通快捷的宽带网络和便利的商务配套服务等，如代办企业工商执照、税务登记等"一条龙"服务。(2) 政策顾问：高新技术企业认定、高新技术成果转化和创新基金等项目申报服务，协调企业和政府的关系，落实各项优惠政策。(3) 管理咨询：提供财务管理、税务筹划、法律顾问、管理体系认证和人力资源等咨询服务。(4) 风险投资：搭建企业与投资机构的交流平台，协助企业获得发展所需资金。(5) 专业孵化：推行创业导师、企业辅导员、企业联络员"三位一体"的创业辅导体系，依托上海交大丰富的科技资源，搭建政产学研对接合作平台，推动科技成果转化。(6) 市场拓展：同政府机构、行业协会建立广泛的合作关系，为入驻企业提供市场拓展必需的支持力量。

三 浙大科技园生态

（一）科技园发展及主体关系简图

科技园发展及主体关系如图 3-15 所示。

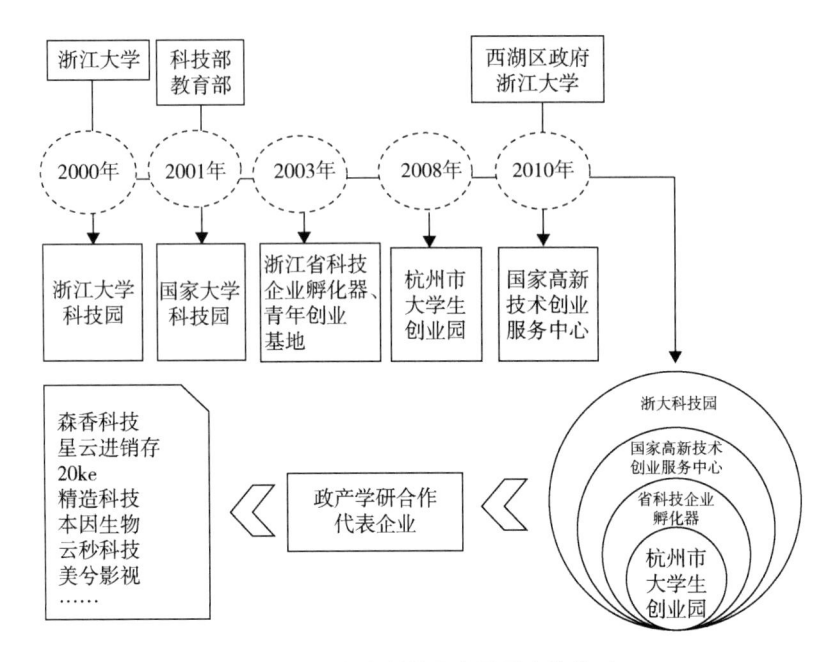

图 3-15　浙大科技园发展及主体关系

资料来源：笔者根据文献整理、设计。

（二）科技园主体功能图谱

科技园主体功能如图 3-16 所示。

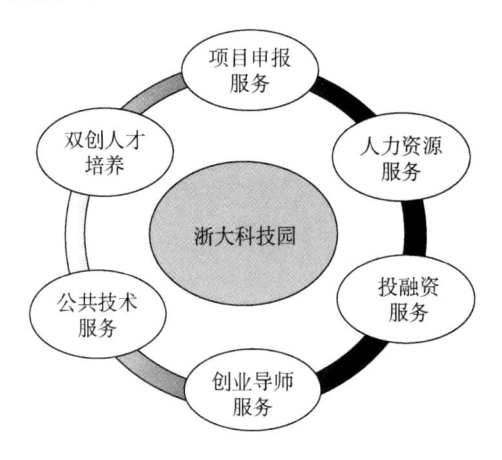

图 3-16　浙大科技园主体功能

资料来源：笔者根据文献整理、设计。

1. 园区三大功能：资本聚合、技术聚合、人才聚合。

2. 特色服务体系：项目申报服务、双创人才培养、人力资源服务、投融资服务、创业导师服务、公共技术服务。

四 川大科技园生态

（一）科技园发展及主体关系简图

科技园发展及主体关系如图 3-17 所示。

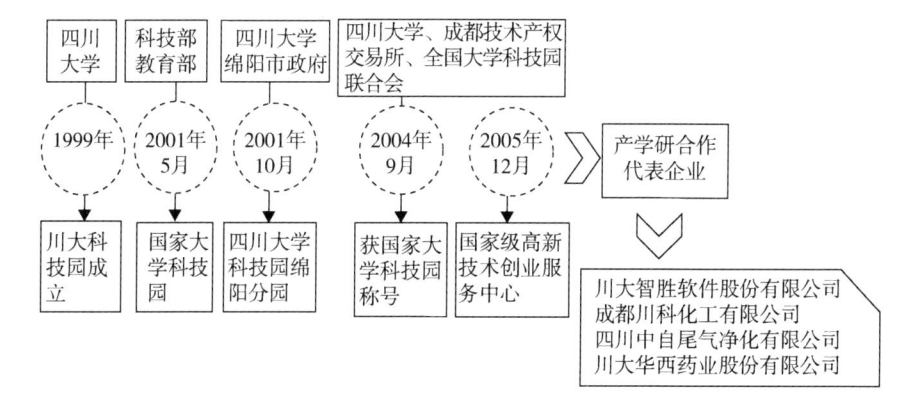

图 3-17 川大科技园发展及主体关系

资料来源：笔者根据文献整理、设计。

（二）科技园主体功能图谱

科技园主体功能如图 3-18 所示。

1. 园区三大功能：科技成果转化、高新企业孵化、创新创业人才培养。

2. 特色服务体系：行政与中介咨询服务、金融（投融资）服务、科技项目配套服务。

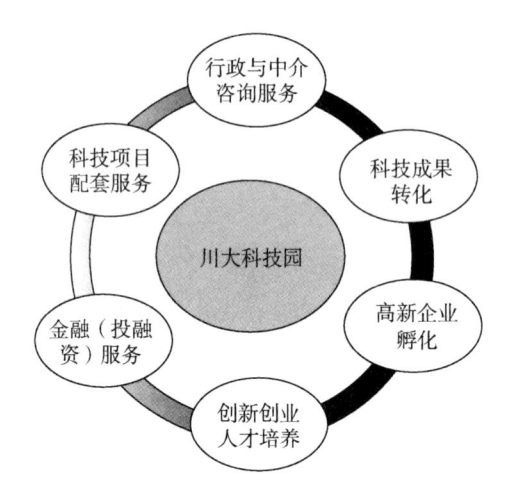

图 3-18 川大科技园主体功能

资料来源：笔者根据文献整理、设计。

第四节 高校主导型公益创业生态典型

一 温州公益创业的现状分析

(一) 温州公益创业的先天条件

温州生态系统中有着发展公益创业的土壤与环境。

1. 温州企业家精神。由于先天不足的资源条件、交通不便的地理位置，形成了温州人"敢为人先"的"主体意识""经世人文"，练就了温州企业家特有的"敢想敢干、团队合作、适者生存和义利并举"的创业精神。

2. 地方商业文化氛围。温州位于浙南地区，长期处于"边缘化"状态，造就了温州人生存发展的"创业文化""抱团文化""商性人格"。

3. 当地民营经济发展。改革开放以来，温州发展的三个阶段是创业富民、创新发展、创新跨越。温州人财富的原始积累完成于"商行天下"，现在开始了"善行天下"行动。先后荣获中华慈善奖的"明眸工程"及"微笑工程"等。

4. 当地行业商会发展。该市的行业商会或协会超过 400 家，为当地建设和社会经济发挥着积极作用。通过行业协会已成功申报"国家级"基地及特色产业园，形成了行业发展一系列规划等。因此，在温州地域经济文化中，重要特点是有着发展本土化公益创业的先天条件。

（二）温州市的公益创业支持政策

2012年10月，温州市政府出台了《关于加快推进社会组织培育发展的意见》等系列文件，明确了温州政府对社会组织登记与管理、职能的转移、备案及管理、议事联席、考核和评优、平台的培育和项目购买等方面规范，并允许民办非企业可以获得合理回报。随后，温州市成为"省部共建"民政综合改革与发展试验区；市政府还积极培育和创新社会组织；全市的多个公益项目有了社会企业的雏形，逐渐开始向"造血式"服务转型；温州还设立了公益创投基金，通过项目资助的方式为社会组织的公益创业项目提供发展资助等。

（三）温州市的公益创业主体构成

"社会责任"的纽带下，温州市的公益创业主体构成主要包括政府部门、民间公益组织、高校和社会企业等。政府部门主要通过行政、计划和法律等手段，直接或间接地为区域内社会成员提供基本社会保障，并以确保公平公正为目标；高校及民间公益组织的公益性服务主要以追求社会的公共利益作为自身组织使命；社会企业则强调社会价值和兼顾经济效益的目标[1]。

1. 政府部门：改革开放以来，温州市政府通过一系列积极措施，促进了经济、社会的发展，逐渐从"无为政府"转向"有为政府"。近年来，市政府推进新型社会福利体系的创建，并加快了市社会福利中心建设、实施残疾人共享小康工程和发展社会化居家养老服务。同时，市政府在提高科技创新、人才培养和创新服务等方面为当地高校的发展提供了大力支持。

2. 民间公益组织：温州主要有绿眼睛、182义工组织、星火义工之家和商报义工团等。它们的所有权性质主要有事业单位、官办慈善会、社团组织及民办非企业等。服务内容主要包括环保监测、应急救援、失

---

[1] 向敏等：《社会生态系统理论视角下的温州公益创业现状及发展研究》，《未来与发展》2014年第2期。

独陪护、居家养老、扶残助困和康复训练等。发展驱动力主要来自国家及地方政府的政策支持；各地为专业化公益项目服务的公益孵化机构主要提供政策咨询、场地设备、渠道拓展、项目对接、财务托管和小额资助等支持。

3. 社会企业：它是在政府的公共服务缺位、传统公益服务和商业市场失灵的情况下，用专业的可持续方式（即商业手段）来解决社会问题。以温州医科大学眼视光研究院暨眼视光创业孵化基地、龙湾青年创业园和温州市太平洋公益星雨儿童康复中心等较为典型。其所有权性质主要包括国有、民办非、社团组织或个体等。服务内容主要有大学生就业、高新技术成果转化、康复训练和扶残助困等，注重社会利益，同时兼顾经济效益。发展驱动力主要是政府政策的支持、风投资本和民间力量等。

4. 高校：主要包括温州医科大学、温州大学、温州职业技术学院和温州科技职业学院等七所。主要服务内容包括科学研究、技术支持、人才培养和医疗卫生等。发展驱动力主要来自财政拨款、企业赞助、民间投资和政策支持等。

二 高校主导型大学生创业园生态典型

2004年10月，中共中央、国务院《关于进一步加强和改进大学生思想政治教育的意见》明确指出，要积极探索和建立社会实践与专业学习相结合、与服务社会相结合、与勤工助学相结合、与择业就业相结合、与创新创业相结合的管理体制。主要依靠有利地域环境、政府支持政策以及自主创新，逐渐形成了主要以温州医科大学大学生创业园、温州大学大学生创业园、温州职业技术学院大学生创业园和温州科技职业学院大学生创业园等为典型的温州政府和高校双主导型公益创业模式。

（一）温州医科大学大学生创业园

2009年以来，学校逐渐形成了以"倡导岗位创业，创新促进创业，扶持自主创业，创业带动就业"大学生创业教育的工作思路，以"挑战杯""创青春""互联网+"为龙头的学生科技创新和创业竞赛体系为主体，以促进学生科技成果转化和创业实践为主导，以选拔、试水、实训、转化和反馈"五个体系"为特色的大学生创业园管理模式[①]。该校大学生创业园目前占地超过 1000 平方米。截至 2019 年 3 月，已有 20 个创业实体项目入驻创业园，入驻创业园的创业学生超过 400 人。另外，学校设立的创业试水区可以容纳 50 多个创业项目，创业学生达 200 多人，创业园项目每年可增加创业学生 50 多人。同时，各二级学院积极创设了科技创新创业基地，如温州示范基地"学生创新设计实验室"等，为学生提供科研创新、学科竞赛、创业实验和实践场所等条件。

(二) 温州大学大学生创业园

该基地成立于 2007 年，主要为在校学生提供创业实践平台，也为大学生创业团队提供创业孵化空间。所有进驻孵化基地的在校学生及毕业一年内创办的大学生企业一律免交场租，并免费共享基地提供的创业指导师指导、创业基础理论学习、创业基金扶持、工商税务代办、校外实践基地接洽、项目资本对接和招商融资会等一系列孵化服务与优惠扶持政策。该园区成立初期占地 1400 多平方米，主体园区首批有工作室或公司约 31 家[②]。下辖 8 个二级学院创业服务中心，10 名专职管理人员，也聘请了本校兼职教师 42 人和校外创业指导师 18 人，并与多家知名企业建立了创业实践基地关系。据不完全统计，截至 2011 年 10 月，该校毕业生离开孵化基地后已成功创办了 29 家公司，累计解决社会人员就业岗位 300 余个。先后有教育部确立其为"国家级创业教育人才培养模式创新实验区"、共青团中央确立其为"大学生 KAB 创业教育基地"、全国青联评定为"全国青年创业教育先进集体"，浙江省教育厅确立其为"浙江省人才培养模式创新实验区"，此外，该基地也是"温州市大学生创业论坛"授牌基地，为全市大学生提供了创业交流平台。

(三) 温州科技职业学院大学生创业园

该基地于 2009 年 10 月经浙江中小企业局确认后成立，落户在温州科技职业学院，是浙江省内唯一落户高校的省级小企业创业基地。温州科苑小企业创业基地主要以温州科技职业学院为依托，以培养善于管理、

---

① 向敏等：《社会生态系统理论视角下的温州公益创业现状及发展研究》，《未来与发展》2014 年第 2 期。

② 向敏、申恒运、陈双双：《公益创业生态系统模式建构及解析——以温州为例》，《未来与发展》2013 年第 5 期。

精于技术和长于经营的现代农业创新创业型人才为主要目标，多层次、全方位地引导大学毕业生及在校大学生结合农业专业开展创业活动①。截至 2012 年年底，该基地共有 60 家小企业入驻创业楼；11 家企业入驻创业街；5 家农业小企业入驻大学生农业创业园创业。从 2009 年成立至 2012 年，该基地已累计孵化成功 37 家小企业，服务 60 余家小企业；举办各类培训班 5 期，参加培训人员 500 多人；举办了 2 期市"大学生村官"创业培训班，260 名"大学生村官"接受了系统创业培训。

（四）温州职业技术学院大学生创业园

该创业园是以"创业教育"为主要特色的职业素质教育体系全国示范点；该职业素质教育体系包括创业教育课程体系、创业教育文化体系、创业教育实践体系等。该校的"大学生创业园"建设通过全方位和多层次的校企合作，逐渐形成了"与民营经济互动，和企业共赢——依托行业，产学结合"人才培养模式；校企合作长效机制的主要内容包括共建专业、共同开发课程、共育高技能人才、共同开展应用研究与技术开发、共享校企人才资源和共建共享实训基地等，使该校成为温州市民营企业高技能人才培养的培训基地、民营企业技术开发和服务基地、民营企业新技术和新产品吸收转化基地②。

公益创业通过持续学习和不断创新，不受现有资源稀缺的限制，通过不断发掘机会来实现解决社会问题，是一项不断产生社会价值的事业。作为一种全新意识和行动，已引起各级政府、专家学者及企业界等广泛关注。当前，温州的公益创业还处在成长阶段，必然面临复杂环境和诸多困难，需要不断探索、大胆创新，充分利用现有的外部宏观环境，积极发挥系统各要素的主体意识、创新意识和责任意识，优化要素间的互动关系，促进主体要素的成长和成熟，如政府制定一系列相关政策、提升企业竞争力和培育成熟公民社会等举措，方能构建起持续发展的温州公益创业生态体系。

---

① 向敏、申恒运、陈双双：《公益创业生态系统模式建构及解析——以温州为例》，《未来与发展》2013 年第 5 期。

② 向敏、申恒运、陈双双：《公益创业生态系统模式建构及解析——以温州为例》，《未来与发展》2013 年第 5 期。

第四章　地方创业园、国家大学科技园的公益服务比较研究

本研究选取北京海淀创业园、成都高新创业园、北大科技园、上海交大科技园、浙大科技园和川大科技园为研究对象，以问卷调查形式，开展案例园区公益服务各项指标比较及服务指数的综合评价，以期得出有价值的结论，并为园区可持续发展提出建议。

第一节　文献综述

一　关于创业园的创业生态系统创建

美国的布拉德·菲尔德[1]以菲尔德创业园作为案例，主要介绍了创业园保持生命力的原则、创业园的参与者、领导创业园的要素、经典问题、活动和事件、加速器的力量、大学的参与、企业家与政府的差别等，提供了创业园创业生态系统创建指南及参考范本。

沈能[2]模拟国家大学科技园科技创新系统的动态演化过程，预演和揭示国家大学科技园科技创新系统复杂的运行关系，对于构建和谐国家大学科技园科技创新系统具有重要的理论价值和实践意义。他针对当前国家大学科技园科技创新系统运行中存在的非稳定因素，以和谐共生为主题，以推动国家大学科技园科技创新系统实现可持续发展为目标，借鉴

---

[1] ［美］布拉德·菲尔德：《创业园：创业生态系统构建指南》，机械工业出版社2016年版，第5页。

[2] 沈能：《国家大学科技园创新网络共生与演化研究》，经济科学出版社2015年版，第82页。

生物群落生态学和演化经济学理论，运用专家调查、实地调研、案例分析、数学建模等研究方法，将特定国家大学科技园科技创新活动看作一个创新群落，从生态位、生态因子、种群关系等方面研究国家大学科技园科技创新系统的演化规律和特征。首先提出国家大学科技园科技创新系统的仿生学研究范式，构建国家大学科技园科技创新系统的生态概念模型；其次建立基于生态群落行为的国家大学科技园科技创新系统演化机理模型，揭示国家大学科技园科技创新系统演化模式和动力机制；最后构建国家大学科技园。

二 关于地方创业园典型案例

李长萍、赵新良[1]通过对北京海淀创业园成功孵化的近2000家企业经验的总结，回顾了创业园20年来为海归创业所作出的卓越贡献。通过众多成功企业与企业家的故事，详尽地描绘了北京海淀创业园助力海归创业者成功创业的路径，在"大众创业、万众创新"的时代背景下，海淀区创业园一直走在创新、创业的前沿。

三 关于国家大学科技园发展的政策及模式

中华人民共和国教育部科学技术司[2]总结了国家大学科技园优惠政策，北京市政府支持国家大学科技园优惠政策，上海市及各地区支持国家大学科技园优惠政策等。钟书华、徐顽强[3]对国家大学科技园的功能进行了定位，对其核心竞争力及培育、中介服务体系的建设、融资策略、管理体制、发展政策、评估体系和公共信息网络平台的建设都进行了论述。黄亲国[4]提出了中国大学科技园发展的理论基础、背景与历程、组织特性、功能结构、模式特征，并针对大学、政府、国家大学科技园三者

---

[1] 李长萍、赵新良：《海归创业——海淀留创园20年》，清华大学出版社2017年版，第104页。
[2] 中华人民共和国教育部科学技术司：《高等学校科技工作文件汇编 第6辑 国家大学科技园优惠政策专辑》，高等教育出版社2003年版，第102页。
[3] 钟书华、徐顽强：《国家大学科技园建设与发展》，中国经济出版社2005年版，第54页。
[4] 黄亲国：《中国大学科技园发展研究》，江西人民出版社2006年版，第210页。

间诸多层面的互动关系、作用机制和相互影响，提出了我国大学科技园今后协同创新的发展思路和对策。马晓春、牛欣欣[1]指出在现行的高等教育体制和创新创业的时代背景下，地方高校走创业型大学的发展道路是其摆脱办学困境和实现跨越式发展的正确选择。借鉴国外创业型大学的成功经验和发展范式，更新教育理念、创新组织模式、推进协同创新以及强化文化引领是地方高校向创业型大学成功转型的关键路径。曹兆敏[2]总结出慧谷的发展经验是创新的源头培育、大学的成果转化和各种创新探索，不仅体现了科技企业孵化器追本溯源的功效，且在梳理过去、规划未来方面，对于行业"后来者"，有很好的借鉴意义。

四 关于大学生创业的模式和法律风险

浦卫忠、姜闽虹[3]主要通过对大学生创业的行为、动机和效果，创业教育及相关政策等的研究，构建起适合大学生创业的模式，推动社会发展。刘晋波[4]以法律工作者的身份，阐述了大学生创新创业中必须了解和清楚相关法律法规及地方制度，指导大学生在创新创业中学法知法守法并注意风险的规避。

五 关于社会企业的运作模式

苗青[5]认为，"社会企业"是一种新的社会组织，强调用商业模式解决社会公共问题，具有商业的高效、专业和灵活等重要特征。社会企业不是完全意义上的企业，也不同于一般性质的社会服务，社会企业应用商业手法，所得盈余主要用途是扶助弱势社群、促进社区发展和企业本身的发展。社会企业重视社会价值，不以追求利润最大化为目标。

---

[1] 马晓春、牛欣欣：《创业型大学 地方大学变革的新图景》，山东人民出版社2013年版，第159页。
[2] 曹兆敏：《慧谷十五年：上海交通大学国家大学科技园中的国家级孵化器》，上海交通大学出版社2014年版，第189页。
[3] 浦卫忠、姜闽虹：《大学生创业研究》，北京理工大学出版社2012年版，第230页。
[4] 刘晋波：《大学生创业导引与风险规避》，上海立信会计出版社2013年版。
[5] 苗青：《社会企业：链接商业与公益》，浙江大学出版社2014年版，第12页。

上述文献主要从创业园的创业生态系统创建、地方创业园典型案例、国家大学科技园发展的政策及模式、大学生创业的模式及法律风险和社会企业的运作模式等方面展开研究，目前未见关于创业园及国家大学科技园公益服务相关研究。为此，本章主要以两例地方创业园和四例国家大学科技园作为案例，针对园区公益服务进行比较研究。

第二节　研究设计

一　调查对象

本研究主要选取了北京海淀创业园及企业433家、成都高新创业园及企业411家、北大科技园及企业247家、上海交大科技园及企业230家、浙大科技园及企业225家、川大科技园及企业166家，共两例地方创业园和四例国家大学科技园管委会负责人及1712家园区企业作为调查对象。

二　研究工具

本研究主要通过焦点小组讨论形式构建起地方创业园和国家大学科技园的公益服务评价指标体系。

（一）　地方创业园和国家大学科技园的公益服务指标维度选取

本研究结合地方创业园和国家大学科技园案例中的公益服务指标，通过对小组成员围绕公益服务指标讨论的频次，进行地方创业园和国家大学科技园公益服务指标维度的归纳总结。

Merton、Fisk和Kendal于1956年提出的焦点小组讨论，是研究者面向一小组参与者询问某些特定问题的一种研究方法。Goldman[1]将焦点小组讨论描述为小组深度访谈。通过建立内部机制，为参与讨论者提供交流观点的机会。Lederman[2]的研究发现，焦点小组讨论产生的协同效应相

---

[1] Alfred E. Goldman, The Group Depth Interview, *Journal of Marketing*, 1962, 26 (3): 61-68.

[2] Linda Costigan Lederman, "Assessing Educational Effectiveness: The Focus Group Interview as a Technique for Data Collection", *Communication Education*, 1990, 39 (2).

较于个体访谈获得的信息更有价值。近几年，有关焦点小组讨论方法的学术论文已超过 200 篇，是公共管理领域公认的定性研究工具[①]。Calder[②]以焦点小组的主持人在小组讨论过程中所发挥的作用和全体参与者的互动和交流程度为标准，将焦点小组讨论分为探索性、诊断性、现象性等三类。

本研究主要采取诊断性焦点小组讨论形式，邀请相关学者和企业家。主持人先介绍已选取的两个地方创业园和四个国家大学科技园案例基本情况，鼓励焦点小组成员围绕这些案例已有的公益服务因素展开讨论。其次，主持人在讨论过程中不断提出讨论议题，以不同的提问方式，尽可能多地获取参与讨论的专家关于地方创业园和国家大学科技园公益服务因素的价值回答。最后，对焦点小组讨论结果进行分析，并对讨论核心词汇进行编码、统计。

根据焦点小组讨论时出现频次的高低，选取编码频率超过 85% 的指标，保留编码频率处于 70%—85% 的部分指标作为构建园区公益服务体系的参考指标备用，直接剔除了编码频率低于 70% 的指标，具体如表 4–1 所示。

表 4–1　　　　　　　　　焦点小组讨论编码统计

编码	编码指标	频率（%）	确定指标（√）	备用指标（○）	剔除指标（×）
创业辅导	创业培训	100	√		
	创业导师	25			×
	公共服务	75		○	
	人才培养	25			×
人才引进	博士引进	88	√		
	硕士引进	88			
	其他人才引进	88	√		

[①] Peter J. Collier and David L. Morgan, "Community Service through Facilitating Focus Groups: The Case for a Methods-Based Service-Learning Course", *Teaching Sociology*, 2002, 30 (2): 185–199.

[②] Bobby J. Calder, "Focus Groups and the Nature of Qualitative Marketing Research", *Journal of Marketing Research*, 1977, 14 (3): 353–364.

续表

编码	编码指标	频率（%）	确定指标（√）	备用指标（○）	剔除指标（×）
科技条件	场地面积	100	√		
	硬件设备	100	√		
	研发奖补	88	√		
企业融资	政府资助	88	√		
	股权投资	88	√		
	债权融资	88	√		
市场推广	平台直接购买	88	√		
	平台中介购买	100	√		
	国际合作平台	50			×
	成果转化	40			×
文化建设	园区文化活动	100	√		
	同行俱乐部	25			×

经过逐级筛选后，得出影响构建园公益服务体系六大基本维度，主要包括创业辅导、人才引进、科技条件、企业融资、市场推广和文化建设等（如图4-1所示）。

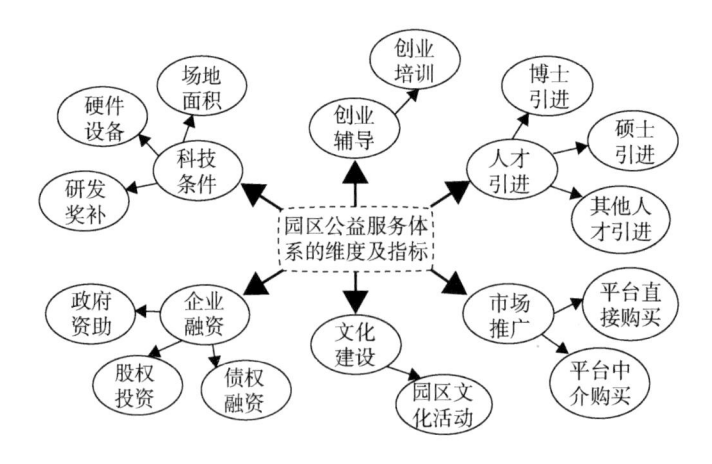

图4-1 园区公益服务体系的维度及指标

（二）园区公益服务体系的六大维度及指标

1. 创业辅导。园区主要以自主举办、聘请专业人士、邀请有名的企业家授课或讲座等形式，在企业的初创、成长和发展的不同阶段提供创业辅导，帮助企业少走弯路；通过降低创业门槛、开展企业评估与各类培训、与企业建立合作关系等多种途径，助推企业快速成长，促进创业者向企业家的转变；面向园内留学人员及创新创业企业家，特别是高层次人才，开设高端实战培训班。主要包括一个二级指标，即创业培训。

2. 人才引进。园区主要通过积极同政府职能部门协调，帮助企业引进短缺型人才；搭建博士后工作站，引进、培养企业所需的高端人才；举办专场招聘会，解决企业的应用型人才需求；协助解决技术人才城市入户、子女入学和住房问题等，帮助企业引进和培养优秀人才。主要包括三个二级指标，即博士引进、硕士引进和其他人才引进。

3. 科技条件。园区主要利用品牌优势汇集各类创新资源，如企业的人才队伍、关键研发设备、公共实验室、知识产权保护等方面，为企业创新和发展提供支撑，以支持企业主体的产学研合作。园区对企业的专利申请、软件著作权和商标等进行奖励性补贴，引入知识产权机构和法律机构提供咨询、培训和管理服务等。主要包括三个二级指标，即场地面积、硬件设备和研发奖补。

4. 企业融资。园区积极开展企业融资服务，从政府资助、股权投资、债权融资三个方面帮助企业解决资金瓶颈。园区直接的现金投资，旨在通过种子期的支持，带入外部资本，以期提高孵化项目的成功率。此外，通过组织项目融资路演、推介会和创业咖啡吧等多种方式，为园内企业搭建融资渠道。主要包括三个二级指标，即政府资助、股权投资和债权融资。

5. 市场推广。园区积极推进企业自主创新产品的示范性应用，借助媒体宣传、展览、创业大赛等多种渠道，帮助企业进行产品和市场推广，加速创新成果转化及产业化进程。主要包括两个二级指标，即平台直接购买和平台中介购买。

6. 文化建设。园区开展楼宇社会管理工作；创新活动载体，开展丰富多彩的园区活动，着力营造创业文化氛围。主要包括一个二级指标，即园区文化活动。

(三) 地方创业园和国家大学科技园公益服务体系及调查量表设计

综上,地方创业园和国家大学科技园公益服务体系,主要包括六个一级指标和十三个二级指标,结合两大地方创业园和四大国家大学科技园公益服务的共同特点,编制地方创业园和大学科技园公益服务评价调查量表及地方创业园和国家大学科技园公益服务访谈提纲(见表4-2、表4-3)。并于2016年6—8月面向浙江大学国家大学科技园企业进行了两次试测和一次重测,结果显示总量表的分半信度为0.75($p<0.01$),重测效度为0.52($p<0.01$)。

表4-2　地方创业园和国家大学科技园公益服务评价调查量表
(面向企业代表)

指标	1—5级评分表(勾选说明:评价最差1,较差2,一般3,较好4,最好5)				
创业辅导	1	2	3	4	5
人才引进	1	2	3	4	5
科技条件	1	2	3	4	5
企业融资	1	2	3	4	5
市场推广	1	2	3	4	5
文化建设	1	2	3	4	5

表4-3　地方创业园和国家大学科技园公益服务访谈提纲
(面向园区管理代表)

项目内容	是(√)	否(√)	备注(补充)
(一)收取咨询、培训服务费			
(二)收取场租、设备费			
(三)收取融资的手续费			
(四)要求入驻企业股份回报			
(五)参与入驻企业利润分配			
(六)政府补贴等收入用途			

三　施测方法

1. 调查对象的选取。首先,分别面向两个地方创业园和四个国家大学科技园团队调查人员通过电话或走访,获得园区企业名册及联系方式。其次,通过电话筛选拟接受调查的企业代表。最后,对已确认接受调查的企业进行编码。

2. 量表发放与回收。本研究共培训调查人员 12 名,复查人员 6 名。主要通过问卷星、邮件两种方式分别面向两个地方创业园和四个国家大学科技园的调查样本展开调查。本次调查历时两年多,正式调查时间为 2017 年 1 月—2018 年 9 月,共发放问卷 1712 份,回收有效问卷 1590 份,122 份无效问卷,有效回收率为 92.87%。

3. 量表的审核。首先,调查人员向拟调查企业发放、回收调查量表,并对回收后的量表进行初步检查,排查有无明显漏答或评分超限的项目。然后,提交复查人员进行复核,筛查无效问卷。

4. 数据的处理。为了保证调查数据录入时的准确无误,确认为有效问卷的全部原始数据分别由两名工作人员各录入一份工作表,双方再进行两组数据的比对,如有不一致,及时查找原因和纠错,完全一致后,方可作为有效数据用于研究分析。利用统计软件 SPSS19.0,经过对原始数据的卡方检验、t 检验和方差分析,得出有统计学意义的结论。

第三节　地方创业园和国家大学科技园公益创业服务指数的分析与比较

一　地方创业园及国家大学科技园服务的公益性特征

1. 是否收取咨询、培训服务费。园区面向入驻企业提供的系列咨询、培训服务,包括企业发展规划、产品研发计划、市场营销计划、人力资源开发计划、跨境经营计划等咨询服务,组织各类科技计划申报、新产品鉴定等系列服务,均为免费。

2. 是否收取场租、设备费。有关场租和设备费的收取,不同园区政策有所区别。调研发现,案例园区针对符合条件的初创企业可免收;对纳税达到一定标准的企业可减免;纳税不达标的入驻企业无减免优惠。场租和设备费作为经营性园区的主要收入来源,存在两种情况:一是为了扶持初创企业可以免收;二是发展成熟的企业无减免优惠。

3. 是否收取融资的手续费。园区为入驻企业介绍融资和投资渠道，协助企业获得发展资金。未见创业园或科技园因此收取一定比例的手续费。

4. 是否要求入驻企业股份回报。针对可能在将来上市或被收购、合并的企业，项目选取的多案例园区除北京海淀创业园外，均未要求占有一定比例的企业股份。其他创业园或科技园针对入驻企业不同诉求和发展需要，通过民主协商、平等合作方式入股部分企业。

5. 是否参与入驻企业利润分配。北京海淀创业园、成都高新创业园、上海交大科技园如有直接种子资金注入园区企业，有要求企业提供一定的利润回报的情况，这种利润回报主要是按照种子资金注入及退出机制来实现的。

6. 政府补贴等收入用途。园区所获得的各种收益均主要用于园区建设、孵化初创企业和扶持其可持续发展。

经调查发现（见表4-4），由政府主导或支持创建的地方创业园和国家大学科技园，均具有较为典型的公益性特征。

表4-4 案例园区服务的公益性特征

比较项目＼园区	北京海淀创业园	成都高新创业园	北大科技园	上海交大科技园	浙大科技园	川大科技园
（1）是否收取咨询、培训服务费	否	否	否	否	否	否
（2）是否收取场租、设备费	根据不同情况，免收、减免或全额收取	根据不同情况，免收、减免或全额收取	根据不同情况，免收、减免或全额收取	根据不同情况，免收、减免或全额收取	根据不同情况，免收、减免或全额收取	根据不同情况，免收、减免或全额收取
（3）是否收取融资的手续费	否	否	否	否	否	否
（4）是否要求入驻企业股份回报	部分参与	否	否	否	否	否
（5）是否参与入驻企业利润分配	部分存在	部分存在	否	部分存在	否	否

第四章 地方创业园、国家大学科技园的公益服务比较研究

续表

比较项目 \ 园区	北京海淀创业园	成都高新创业园	北大科技园	上海交大科技园	浙大科技园	川大科技园
(6) 政府补贴等收入用途	园区发展及企业孵化	园区发展及企业孵化	园区发展及企业孵化	园区发展及企业孵化	园区发展及企业孵化	园区发展及企业孵化
主要结论	公益性园区	公益性园区	公益性园区	公益性园区	公益性园区	公益性园区

注：以上信息来源于研究团队面向案例园区的调研结果。

二 案例园区公益服务综合指数水平的总体描述

（一）地方创业园公益服务综合指数水平及正态性检验

结果显示（见图4-2）：地方创业园的公益服务综合指数总分（a=0.000）和两个园区得分（a=0.000），均呈正态分布，总体水平中等偏高。

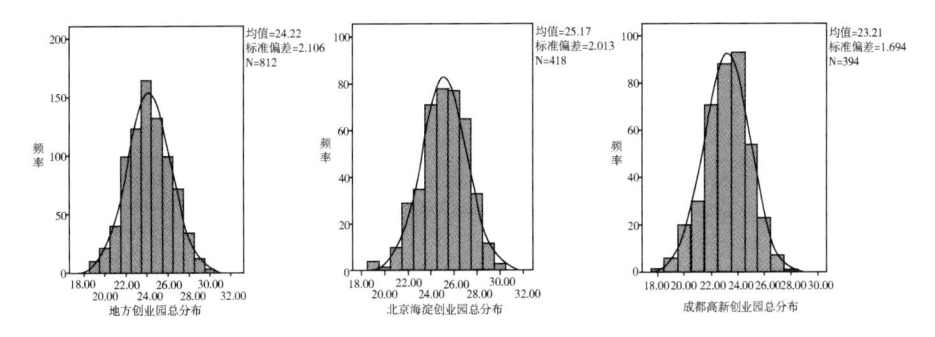

图4-2 地方创业园的公益服务综合指数水平及正态性检验

（二）国家大学科技园的公益服务综合指数水平及正态性检验

结果显示（见图4-3）：国家大学科技园的公益服务综合指数总分（a=0.000）。北大科技园（a=0.003）、上海交大科技园（a=0.000）、浙大科技园（a=0.001）和川大科技园（a=0.003）。均呈正态分布，总体水平中等偏高。

（三）案例园区的公益服务综合指数及正态性检验

结果显示（见图4-4）：案例园区（两家地方创业园和四家国家大学科技园）的公益服务综合指数总分呈正态分布；总体水平中等偏高。

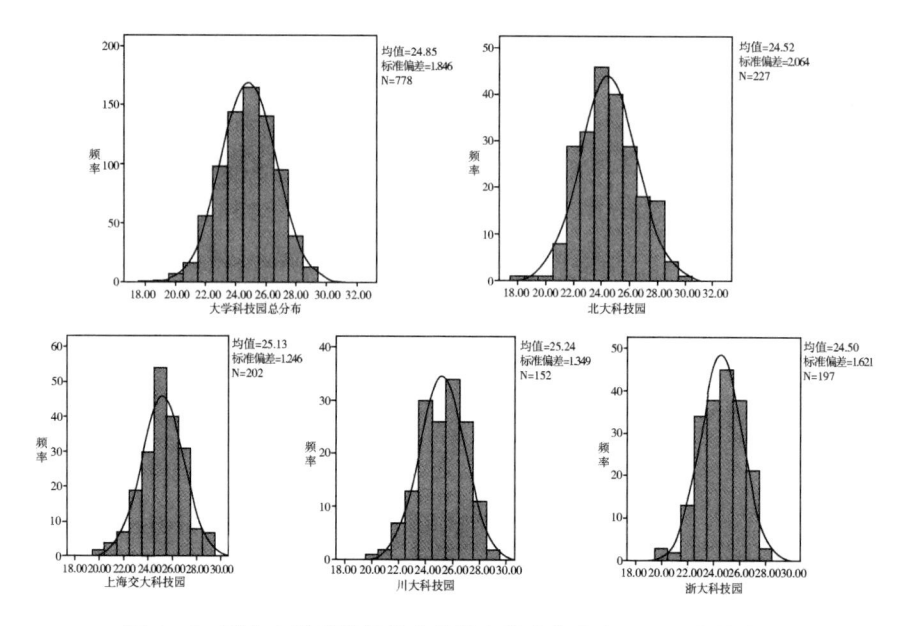

图4-3 国家大学科技园的公益服务综合指数水平及正态性检验

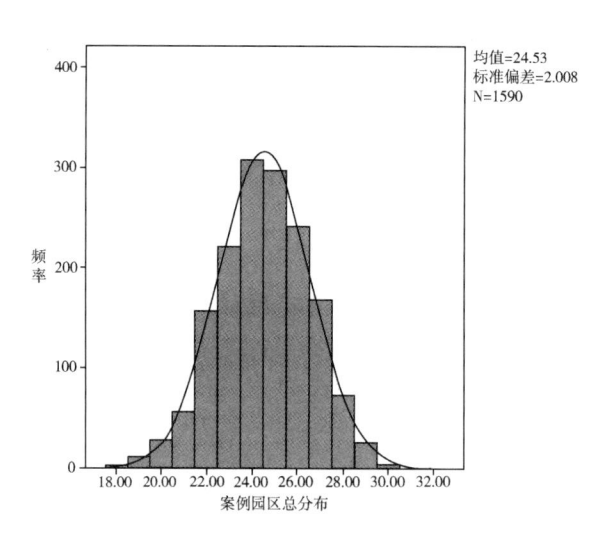

图4-4 案例园区的公益服务综合指数水平及正态性检验

三 不同园区公益服务综合指数的差异性比较

(一) 地方创业园公益服务综合指数的差异性比较

经过配对 t 检验 (见表 4-5),地方创业园的公益服务综合指数总体差异结果显示 $t = -14.858$, $F = 26.14$, $p < 0.01$,差异具有统计学意义。

表 4-5　　地方创业园公益服务综合指数的差异性比较

分数	n	最小值	最大值	均数	标准差	t	F	p
北京海淀创业园	418	19	30	25.17	2.01	-14.858	26.14	0.000**
成都高新创业园	394	18	28	23.21	1.69			

注：**$p < 0.01$。

(二) 国家大学科技园公益服务综合指数的差异性比较

经过配对 t 检验 (见表 4-6),国家大学科技园的公益服务综合指数总体差异结果显示 $F = 67.12$, $p < 0.01$,差异具有统计学意义。

表 4-6　　国家大学科技园公益服务综合指数的差异性比较

分数	n	最小值	最大值	均数	标准差	t	F	p
北大科技园	227	18	30	24.51	2.06	27.8	67.12	0.000**
上海交大科技园	202	20	29	25.19	1.76			
浙大科技园	197	20	28	24.59	1.62			
川大科技园	152	20	29	25.24	1.75			

注：**$p < 0.01$。

(三) 地方创业园和国家大学科技园公益服务综合指数的差异性比较

经过配对 t 检验 (见表 4-7),两个地方创业园的公益服务综合指数和四个国家大学科技园的公益服务综合指数总体差异结果显示 $t = -6.35$, $p < 0.01$,差异具有统计学意义。

表 4-7　地方创业园和国家大学科技园公益服务综合指数的差异性比较

分数	n	最小值	最大值	均数	标准差	t	F	p
地方创业园	812	18	30	24.22	2.11	-6.35**	34.12	0.017*
国家大学科技园	778	18	30	24.85	1.85			

注：*$p < 0.05$，**$p < 0.01$。

四 不同园区公益服务各项具体指标的差异性比较

(一) 创业辅导的差异比较

两家地方创业园和四家国家大学科技园在"创业辅导"方面是否存在显著差异？

结果：方差分析显示，案例园区的"创业辅导"总分（$F=40.642$，$p=0.000<0.01$，见表 4-8）存在特别显著性差异。

表 4-8 不同园区的"创业辅导"差异比较

园区简称	n	均数	标准差	t	F	P
北京海淀创业园	418	4.52	0.66			
成都高新创业园	394	3.86	0.79			
北大科技园	227	4.15	0.81			
上海交大科技园	202	3.97	0.73	19.32	40.642	0.000**
浙大科技园	197	4.06	0.58			
川大科技园	152	3.89	0.71			
总计	1590	4.12	0.76			

注：**$p<0.01$。

通过对每个案例园区调查对象分别随机抽样，产生了数量相同的调查对象名单（即每个园区 151 个），进一步两两比较（采用 LSD）不同园区在"创业辅导"上的差异，结果如表 4-9 所示：北京海淀创业园与成都高新创业园（$p=0.000<0.01$）、北大科技园（$p=0.001<0.01$）、上海交大科技园（$p=0.000<0.01$）、浙大科技园（$p=0.000<0.01$）、川大科技园（$p=0.000<0.01$）；成都高新创业园与北大科技园（$p=0.005<0.01$）、浙大科技园（$p=0.004<0.01$）；北大科技园与川大科技园（$p=0.013<0.05$）；浙大科技园与川大科技园（$p=0.016<0.05$）等，在"创业辅导"服务指数上存在显著性差异，且北京海淀创业园和北大科技园的指数得分较高。

表4–9　　　　　　　　　"创业辅导"的两两差异比较

"创业辅导"配对样本检验		配对差值			差分的95%置信区间		t	df	Sig.（双侧）
		平均值	标准差	标准误差平均值	下限	上限			
配对1	北京海淀创业园—成都高新创业园	0.586	1.058	0.086	0.416	0.755	6.826	151	0.000
配对2	北京海淀创业园—北大科技园	0.303	1.080	0.088	0.130	0.476	3.455	151	0.001
配对3	北京海淀创业园—上海交大科技园	0.434	0.940	0.076	0.284	0.585	5.697	151	0.000
配对4	北京海淀创业园—浙大科技园	0.342	0.970	0.079	0.187	0.498	4.346	151	0.000
配对5	北京海淀创业园—川大科技园	0.533	0.989	0.080	0.374	0.691	6.640	151	0.000
配对6	成都高新创业园—北大科技园	-0.283	1.226	0.099	-0.479	-0.086	-2.846	151	0.005
配对7	成都高新创业园—上海交大科技园	-0.151	1.072	0.087	-0.323	0.020	-1.740	151	0.084
配对8	成都高新创业园—浙大科技园	-0.243	1.023	0.083	-0.407	-0.079	-2.934	151	0.004
配对9	成都高新创业园—川大科技园	-0.053	1.041	0.084	-0.219	0.114	-0.623	151	0.534
配对10	北大科技园—上海交大科技园	0.132	1.137	0.092	-0.051	0.314	1.426	151	0.156
配对11	北大科技园—浙大科技园	0.039	1.150	0.093	-0.145	0.224	0.423	151	0.673
配对12	北大科技园—川大科技园	0.230	1.125	0.091	0.050	0.410	2.525	151	0.013
配对13	上海交大科技园—浙大科技园	-0.092	0.979	0.079	-0.249	0.065	-1.160	151	0.248
配对14	上海交大科技园—川大科技园	0.099	1.047	0.085	-0.069	0.266	1.162	151	0.247

续表

"创业辅导"配对样本检验		配对差值				t	df	Sig.（双侧）
		平均值	标准差	标准误差平均值	差分的95%置信区间			
					下限	上限			
配对15	浙大科技园—川大科技园	0.191	0.968	0.079	0.036	0.346	2.430	151	0.016

（二）人才引进的差异比较

两家地方创业园和四家国家大学科技园在"人才引进"方面是否存在显著差异？

结果：方差分析显示，案例园区的"人才引进"总分（$F=12.372$，$p=0.000<0.01$，见表4–10）存在显著性差异。

表4–10　　　　　不同园区的"人才引进"差异比较

园区简称	n	均数	标准差	t	F	P
北京海淀创业园	418	4.30	0.77			
成都高新创业园	394	3.95	0.66			
北大科技园	227	4.26	0.66	36.33	12.372	0.000**
上海交大科技园	202	4.19	0.64			
浙大科技园	197	4.13	0.66			
川大科技园	152	4.04	0.82			
总计	1590	4.15	0.72			

注：**$p<0.01$。

通过对每个案例园区调查对象分别随机抽样，产生了数量相同的调查对象名单（即每个园区152个），进一步两两比较（采用LSD）不同园区在"人才引进"上的差异，结果如表4–11所示：北京海淀创业园与成都高新创业园（$p=0.001<0.01$）、上海交大科技园（$p=0.016<0.05$）、浙大科技园（$p=0.002<0.01$）、川大科技园（$p=0.000<0.01$）；成都高新创业园与北大科技园（$p=0.000<0.01$）、上海交大科技园（$p=0.003<0.01$）、浙大科技园（$p=0.023<0.05$）；北大科技园与川大科技园（$p=0.012<0.05$）等，在"人才引进"服务指数上存在显著的差异，且北京海淀创业园和北大科技园的得分较高。

表 4-11　　　　　　　　　　"人才引进"的两两差异比较

"人才引进"配对样本检验		配对差值				t	df	Sig.（双侧）
		平均值	标准差	标准误差平均值	差值95%置信区间				
					下限	上限			
配对1	北京海淀创业园—成都高新创业园	0.408	0.848	0.069	0.272	0.544	5.927	151	0.000
配对2	北京海淀创业园—北大科技园	0.092	0.992	0.080	-0.067	0.251	1.144	151	0.254
配对3	北京海淀创业园—上海交大科技园	0.178	0.900	0.073	0.033	0.322	2.434	151	0.016
配对4	北京海淀创业园—浙大科技园	0.230	0.880	0.071	0.089	0.371	3.226	151	0.002
配对5	北京海淀创业园—川大科技园	0.316	0.979	0.079	0.159	0.473	3.975	151	0.000
配对6	成都高新创业园—北大科技园	-0.316	0.966	0.078	-0.471	-0.161	-4.031	151	0.000
配对7	成都高新创业园—上海交大科技园	-0.230	0.931	0.076	-0.379	-0.081	-3.049	151	0.003
配对8	成都高新创业园—浙大科技园	-0.178	0.957	0.078	-0.331	-0.024	-2.289	151	0.023
配对9	成都高新创业园—川大科技园	-0.092	1.032	0.084	-0.257	0.073	-1.101	151	0.273
配对10	北大科技园—上海交大科技园	0.086	0.935	0.076	-0.064	0.235	1.128	151	0.261
配对11	北大科技园—浙大科技园	0.138	0.935	0.076	-0.012	0.288	1.821	151	0.071
配对12	北大科技园—川大科技园	0.224	1.081	0.088	0.050	0.397	2.552	151	0.012
配对13	上海交大科技园—浙大科技园	0.053	0.961	0.078	-0.101	0.207	0.675	151	0.501
配对14	上海交大科技园—川大科技园	0.138	1.017	0.082	-0.025	0.301	1.675	151	0.096

续表

"人才引进"配对样本检验		配对差值					t	df	Sig.（双侧）
		平均值	标准差	标准误差平均值	差值95%置信区间				
					下限	上限			
配对15	浙大科技园—川大科技园	0.086	1.016	0.082	-0.077	0.248	1.038	151	0.301

（三）科技条件的差异比较

两家地方创业园和四家国家大学科技园在"科技条件"方面是否存在显著差异？

结果：方差分析显示，案例园区的"科技条件"总分（$F = 14.982$，$p = 0.000 < 0.01$，见表4-12）存在显著性差异。

表4-12　　　　　不同园区的"科技条件"差异比较

园区简称	n	均数	标准差	F	p
北京海淀创业园	418	4.32	0.55		
成都高新创业园	394	3.79	0.58		
北大科技园	227	4.17	0.61	14.892	0.000**
上海交大科技园	202	4.03	0.63		
浙大科技园	197	3.93	0.54		
川大科技园	152	3.70	0.70		
总计	1590	3.99	0.60		

注：**$p < 0.01$。

通过对每个案例园区分别随机抽样，产生了数量相同的调查对象名单（即每个园区152个），进一步两两比较（采用LSD）不同园区在"科技条件"上的差异，结果如表4-13所示：北京海淀创业园与成都高新创业园（$p = 0.000 < 0.01$）、上海交大科技园（$p = 0.01 < 0.05$）、浙大科技园（$p = 0.000 < 0.01$）、川大科技园（$p = 0.000 < 0.01$）；成都高新创业园与北大科技园（$p = 0.05 < 0.05$）、川大科技园（$p = 0.000 < 0.01$）；北大科技园与浙大科技园（$p = 0.003 < 0.01$）、川大科技园（$p = 0.000 < 0.01$）；上海交大科技园与川大科技园（$p = 0.000 < 0.05$）；浙大科技园与川大科技园（$p = 0.003 < 0.01$）等，在"科技条件"服务指数上存在

显著的差异，且北京海淀创业园和北大科技园的均数得分较高。

表4-13 "科技条件"的两两差异比较

"科技条件"配对样本检验		配对差值					t	df	Sig（双侧）
		平均值	标准差	标准误差平均值	差值95%置信区间				
					下限	上限			
配对1	北京海淀创业园—成都高新创业园	0.355	0.952	0.077	0.203	0.508	4.601	151	0.000
配对2	北京海淀创业园—北大科技园	0.197	0.928	0.075	0.049	0.346	2.622	151	0.010
配对3	北京海淀创业园—上海交大科技园	0.355	0.909	0.074	0.210	0.501	4.818	151	0.000
配对4	北京海淀创业园—浙大科技园	0.434	0.904	0.073	0.289	0.579	5.923	151	0.000
配对5	北京海淀创业园—川大科技园	0.684	0.917	0.074	0.537	0.831	9.204	151	0.000
配对6	成都高新创业园—北大科技园	-0.158	0.984	0.080	-0.316	0.000	-1.978	151	0.050
配对7	成都高新创业园—上海交大科技园	0.000	0.990	0.080	-0.159	0.159	0.000	151	1.000
配对8	成都高新创业园—浙大科技园	0.079	0.967	0.078	-0.076	0.234	1.007	151	0.316
配对9	成都高新创业园—川大科技园	0.329	1.109	0.090	0.151	0.507	3.659	151	0.000
配对10	北大科技园—上海交大科技园	0.158	0.997	0.081	-0.002	0.318	1.952	151	0.053
配对11	北大科技园—浙大科技园	0.237	0.968	0.079	0.082	0.392	3.017	151	0.003
配对12	北大科技园—川大科技园	0.487	1.010	0.082	0.325	0.649	5.944	151	0.000
配对13	上海交大科技园—浙大科技园	0.079	0.895	0.073	-0.065	0.222	1.087	151	0.279

续表

"科技条件"配对样本检验		配对差值					t	df	Sig（双侧）
		平均值	标准差	标准误差平均值	差值95%置信区间				
					下限	上限			
配对14	上海交大科技园—川大科技园	0.329	1.047	0.085	0.161	0.497	3.873	151	0.000
配对15	浙大科技园—川大科技园	0.250	1.037	0.084	0.084	0.416	2.971	151	0.003

（四）企业融资的差异比较

两家地方创业园和四家国家大学科技园在"企业融资"方面是否存在显著差异？

结果：方差分析显示，案例园区的"企业融资"总分（$F = 49.894$，$p = 0.000 < 0.01$，见表4–14）存在显著性差异。

表4–14　不同园区的"企业融资"差异比较

园区简称	n	均数	标准差	F	p
北京海淀创业园	418	3.25	0.95	49.894	0.000**
成都高新创业园	394	3.13	0.89		
北大科技园	227	3.40	0.87		
上海交大科技园	202	3.91	0.68		
浙大科技园	197	3.81	0.78		
川大科技园	152	4.08	0.84		
总计	1590	3.47	0.93		

注：**$p < 0.01$。

通过对每个案例园区分别随机抽样，产生了数量相同的调查对象名单（即每个园区152个），进一步两两比较（采用LSD）不同园区在"企业融资"上的差异，结果如表4–15所示：北京海淀创业园与上海交大科技园（$p = 0.000 < 0.01$）、浙大科技园（$p = 0.000 < 0.01$）、川大科技园（$p = 0.000 < 0.01$）；成都高新创业园与北大科技园（$p = 0.000 < 0.01$）、上海交大科技园（$p = 0.000 < 0.01$）、浙大科技园（$p = 0.000 < 0.01$）、川大科技园（$p = 0.000 < 0.01$）；北大科技园与上海交大科技园

($p=0.000<0.01$)、浙大科技园（$p=0.000<0.01$）、川大科技园（$p=0.000<0.01$）；浙大科技园与川大科技园（$p=0.002<0.05$）等，在"企业融资"服务指数上存在显著的差异，且北京海淀创业园和北大科技园的均数得分较高。

表4-15　　　　　　　　"企业融资"的两两差异比较

"企业融资"配对样本检验		配对差值					t	自由度	显著性（双尾）
		平均值	标准差	标准误差平均值	差值95%置信区间				
					下限	上限			
配对1	北京海淀创业园—成都高新创业园	0.191	1.301	0.106	-0.018	0.399	1.808	151	0.073
配对2	北京海淀创业园—北大科技园	-0.191	1.280	0.104	-0.396	0.014	-1.837	151	0.068
配对3	北京海淀创业园—上海交大科技园	-0.664	1.228	0.100	-0.861	-0.468	-6.668	151	0.000
配对4	北京海淀创业园—浙大科技园	-0.546	1.201	0.097	-0.738	-0.354	-5.607	151	0.000
配对5	北京海淀创业园—川大科技园	-0.816	1.236	0.100	-1.014	-0.618	-8.134	151	0.000
配对6	成都高新创业园—北大科技园	-0.382	1.173	0.095	-0.570	-0.194	-4.010	151	0.000
配对7	成都高新创业园—上海交大科技园	-0.855	1.176	0.095	-1.044	-0.667	-8.967	151	0.000
配对8	成都高新创业园—浙大科技园	-0.737	1.206	0.098	-0.930	-0.544	-7.535	151	0.000
配对9	成都高新创业园—川大科技园	-1.007	1.136	0.092	-1.189	-0.824	-10.921	151	0.000
配对10	北大科技园—上海交大科技园	-0.474	1.162	0.094	-0.660	-0.287	-5.026	151	0.000
配对11	北大科技园—浙大科技园	-0.355	1.176	0.095	-0.544	-0.167	-3.725	151	0.000

续表

"企业融资"配对样本检验		配对差值					t	自由度	显著性（双尾）
		平均值	标准差	标准误差平均值	差值95%置信区间				
					下限	上限			
配对12	北大科技园—川大科技园	-0.625	1.156	0.094	-0.810	-0.440	-6.668	151	0.000
配对13	上海交大科技园—浙大科技园	0.118	1.009	0.082	-0.043	0.280	1.446	151	0.150
配对14	上海交大科技园—川大科技园	-0.151	1.084	0.088	-0.325	0.022	-1.721	151	0.087
配对15	浙大科技园—川大科技园	-0.270	1.073	0.087	-0.442	-0.098	-3.098	151	0.002

（五）市场推广的差异比较

两家地方创业园和四家国家大学科技园在"市场推广"方面是否存在显著差异？

结果：方差分析显示，案例园区的"市场推广"总分（$F=84.816$，$p=0.000<0.01$，见表4-16）存在显著性差异。

表4-16　　　　不同园区的"市场推广"差异比较

园区简称	n	均数	标准差	F	p
北京海淀创业园	418	4.28	0.73	84.816	0.000**
成都高新创业园	394	3.39	0.49		
北大科技园	227	4.03	0.82		
上海交大科技园	202	4.15	0.64		
浙大科技园	197	4.34	0.81		
川大科技园	152	3.12	0.52		
总计	1590	3.89	0.76		

注：** $p<0.01$。

通过对每个园区分别随机抽样，产生了数量相同的调查对象名单（即每个园区152个），进一步两两比较（采用LSD）不同园区在"市场推广"上的差异，结果如表4-17所示：北京海淀创业园与成都高新创业园（$p=0.000<0.01$）、北大科技园（$p=0.000<0.01$）、上海交大科技园（$p=0.000<0.01$）、浙大科技园（$p=0.000<0.01$）、川大科技园（$p=0.000<0.01$）；成都高新创业园与北大科技园（$p=0.000<0.01$）、上海交大科技园（$p=0.000<0.01$）、浙大科技园（$p=0.000<0.01$）、川大科技园（$p=0.000<0.01$）；北大科技园与上海交大科技园（$p=0.015<0.05$）、浙大科技园（$p=0.025<0.05$）、川大科技园（$p=0.000<0.01$）；上海交大科技园与浙大科技园（$p=0.000<0.01$）、川大科技园（$p=0.000<0.01$）；浙大科技园与川大科技园（$p=0.000<0.01$）等，在"市场推广"服务指数上存在显著的差异，且上海交大科技园和川大科技园的均数得分较高。

表4-17　"市场推广"的两两差异比较

"市场推广"配对样本检验		配对差值					t	自由度	显著性（双尾）
		平均值	标准差	标准误差平均值	差值95%置信区间				
					下限	上限			
配对1	北京海淀创业园—成都高新创业园	1.211	0.777	0.063	1.086	1.335	19.197	151	0.000
配对2	北京海淀创业园—北大科技园	0.414	0.924	0.075	0.266	0.563	5.531	151	0.000
配对3	北京海淀创业园—上海交大科技园	0.618	0.949	0.077	0.466	0.770	8.038	151	0.000
配对4	北京海淀创业园—浙大科技园	0.237	0.795	0.064	0.109	0.364	3.672	151	0.000
配对5	北京海淀创业园—川大科技园	1.553	0.812	0.066	1.422	1.683	23.572	151	0.000
配对6	成都高新创业园—北大科技园	-0.796	0.937	0.076	-0.946	-0.646	-10.470	151	0.000
配对7	成都高新创业园—上海交大科技园	-0.592	0.952	0.077	-0.745	-0.440	-7.672	151	0.000
配对8	成都高新创业园—浙大科技园	-0.974	0.920	0.075	-1.121	-0.826	-13.044	151	0.000

续表

"市场推广"配对样本检验		配对差值					t	自由度	显著性（双尾）
		平均值	标准差	标准误差平均值	差值95%置信区间				
					下限	上限			
配对9	成都高新创业园—川大科技园	0.342	0.885	0.072	0.200	0.484	4.767	151	0.000
配对10	北大科技园—上海交大科技园	0.204	1.025	0.083	0.040	0.368	2.453	151	0.015
配对11	北大科技园—浙大科技园	-0.178	0.970	0.079	-0.333	-0.022	-2.257	151	0.025
配对12	北大科技园—川大科技园	1.138	0.899	0.073	0.994	1.282	15.605	151	0.000
配对13	上海交大科技园—浙大科技园	-0.382	1.016	0.082	-0.544	-0.219	-4.630	151	0.000
配对14	上海交大科技园—川大科技园	0.934	1.078	0.087	0.762	1.107	10.688	151	0.000
配对15	浙大科技园—川大科技园	1.316	0.872	0.071	1.176	1.456	18.601	151	0.000

（六）文化建设的差异比较

两家地方创业园和四家国家大学科技园在"文化建设"方面是否存在显著差异？

结果：方差分析显示，案例园区的"文化建设"总分（$F = 19.306$，$p = 0.000 > 0.05$，见表4-18）存在显著性差异。

通过对每个园区分别随机抽样，产生了数量相同的调查对象名单（即每个园区152个），进一步两两比较（采用LSD）不同园区在"文化建设"上的差异，结果如表4-19所示：北京海淀创业园与成都高新创业园（$p = 0.003 < 0.01$）、川大科技园（$p = 0.000 < 0.01$）；成都高新创业园与北大科技园（$p = 0.002 < 0.01$）、上海交大科技园（$p = 0.027 < 0.05$）、浙大科技园（$p = 0.004 < 0.05$）；北大科技园与川大科技园（$p = 0.000 < 0.01$）；上海交大科技园与川大科技园（$p = 0.000 < 0.01$）；浙大科技园与川大科技园（$p = 0.000 < 0.01$）等，在"文化建设"服务指数

上存在显著的差异,且北大科技园的均数(3.82)得分最高。

表4-18　　　　　　　　不同园区的"文化建设"差异比较

园区简称	n	均数	标准差	F	p
北京海淀创业园	418	3.80	0.59		
成都高新创业园	394	3.43	0.68		
北大科技园	227	3.82	0.62	19.306	0.000**
上海交大科技园	202	3.65	0.53		
浙大科技园	197	3.75	0.64		
川大科技园	152	3.13	0.62		
总计	1590	3.60	0.64		

注：**$p<0.01$。

表4-19　　　　　　　　"文化建设"的两两差异比较

"文化建设"配对样本检验		平均值	标准差	标准误差平均值	差值95%置信区间 下限	差值95%置信区间 上限	t	自由度	显著性(双尾)
配对1	北京海淀创业园—成都高新创业园	0.263	1.072	0.087	0.091	0.435	3.027	151	0.003
配对2	北京海淀创业园—北大科技园	-0.013	1.080	0.088	-0.186	0.160	-0.150	151	0.881
配对3	北京海淀创业园—上海交大科技园	0.072	1.043	0.085	-0.095	0.239	0.856	151	0.394
配对4	北京海淀创业园—浙大科技园	0.020	1.070	0.087	-0.152	0.191	0.227	151	0.820
配对5	北京海淀创业园—川大科技园	0.408	1.181	0.096	0.219	0.597	4.257	151	0.000
配对6	成都高新创业园—北大科技园	-0.276	1.099	0.089	-0.452	-0.100	-3.100	151	0.002
配对7	成都高新创业园—上海交大科技园	-0.191	1.053	0.085	-0.360	-0.022	-2.234	151	0.027
配对8	成都高新创业园—浙大科技园	-0.243	1.029	0.083	-0.408	-0.078	-2.916	151	0.004

续表

"文化建设"配对样本检验		配对差值 平均值	标准差	标准误差平均值	差值95%置信区间 下限	差值95%置信区间 上限	t	自由度	显著性（双尾）
配对9	成都高新创业园—川大科技园	0.145	1.176	0.095	-0.044	0.333	1.517	151	0.131
配对10	北大科技园—上海交大科技园	0.086	0.956	0.078	-0.068	0.239	1.103	151	0.272
配对11	北大科技园—浙大科技园	0.033	0.966	0.078	-0.122	0.188	0.420	151	0.675
配对12	北大科技园—川大科技园	0.421	1.107	0.090	0.244	0.598	4.689	151	0.000
配对13	上海交大科技园—浙大科技园	-0.053	1.034	0.084	-0.218	0.113	-0.627	151	0.531
配对14	上海交大科技园—川大科技园	0.336	1.035	0.084	0.170	0.501	3.995	151	0.000
配对15	浙大科技园—川大科技园	0.388	1.049	0.085	0.220	0.556	4.563	151	0.000

（七）各项服务指数（$\bar{X} \pm S$）的园区差异比较

结果：被试有效样本容量为北京海淀创业园418人，成都高新创业园394，北大科技园227人，上海交大科技园202人，浙大科技园197人，川大科技园152人。方差分析显示（见表4-20），以上案例园区在创业辅导、人才引进、科技条件、企业融资、市场推广及文化建设上均存在显著性差异。

表4-20 各项公益服务指数的园区差异比较

指标	北京海淀创业园	成都高新创业园	北大科技园	上海交大科技园	浙大科技园	川大科技园	F
创业辅导	4.52±0.66	3.86±0.79	4.15±0.81	3.97±0.73	4.06±0.58	3.89±0.71	40.642**

续表

指标	北京海淀创业园	成都高新创业园	北大科技园	上海交大科技园	浙大科技园	川大科技园	F
人才引进	4.30±0.77	3.95±0.66	4.26±0.66	3.97±0.73	4.19±0.64	4.13±0.66	12.375**
科技条件	4.66±0.55	4.43±0.58	4.61±0.61	4.43±0.63	4.43±0.54	4.26±0.70	14.892**
企业融资	3.25±0.95	3.13±0.89	3.40±0.87	3.91±0.68	3.81±0.78	4.08±0.84	49.894**
市场推广	4.13±0.73	3.75±0.49	3.51±0.82	4.44±0.64	3.95±0.81	4.68±0.52	84.816**
文化建设	4.31±0.59	4.08±0.68	4.58±0.62	4.30±0.53	4.21±0.64	4.29±0.62	19.306**

注：**$p<0.01$。

第五章 案例园区的社会网络关系、公益角色及网络结构特征

第一节 绪论

在众多的创业园中，北京海淀创业园曾被国家科技部授予国家高新技术创业服务中心、北京市高新技术产业孵化基地和第一批"首都科技条件平台"试点单位。自创建以来，已经吸引大量的留学人员回国创业，孵化过2000多家企业。其成功的因素很大程度上依靠于其特色服务。海淀创业园有很多一般性的培训，其涉及日常管理中的财务、法律、知识产权等。另外，还会为企业高层领导提供定制化的服务，这使得创业在活跃的创业氛围中可以更快成长。对于小企业，海淀创业园会为其以博士工作站的名义招聘来高素质人才。而在融资方面，通过与银行合作，为入驻企业提供更多的机会。同时，通过政策普及，为更多企业申请到了创业基金。产品推广往往是新型企业面对的最大问题。海淀区促进内需，在创业园内尽量使用园区企业产品，对外借助平台的优势宣传产品[1]。综上可见，海淀区创业园有着完善的服务体系。因此，本章选取其为典型案例对园区及代表企业的社会网络关系进行分析。

---

[1] 宋兹鹏：《海淀创业园：为创业者提供更多优质服务》，《中国商界》2018年第Z1期。

一 文献综述

(一) 公益创业的概念

Mair 和 Marti 认为公益创业是一个动态的过程或行为[1]。大多数文献讨论公益创业的定义时,都提到了创造社会价值。Austin 等认为经济的可持续性也是公益创业的特征之一[2]。最为常见的定义是由 Dees 提出的,公益创业家在社会领域扮演变革推动者的角色,包括五个特征:(1) 接受使用,并创造可持续的社会价值;(2) 辨识和不断追求新的机会;(3) 持续适应学习和创新的过程;(4) 大胆行动,不被有限资源所限制;(5) 对服务团体和结果表现出高度的责任感[3]。

(二) 社会企业的概念

社会企业可根据不同方式进行分类,Alter 以使命(Mission)作为分类方式,他将社会企业分成使命中心型(Mission Centric)、使命相关型(Mission Related)、使命无关型(Unrelated to Mission)三种。其中,使命中心型社会企业的服务对象和想解决的问题是一体的(如,为残障人士提供就业岗位,企业营收主要用于支付聘用人员工资和为更多残障人士提供更多就业机会);使命无关型社会企业比较注重营利,通过营利获得收入再去帮助需要帮扶的对象(如,捐建希望工程学校,以帮助贫困学龄儿童及其家庭等);使命相关型社会企业介于前两者之间,既帮助了某个特定人群,又获得了营收。如,北京海淀创业园,扶持留学归国人员的创业,且实现了一定的营收,保障了创业园的持续发展。

Gartner 等认为创业家精神就是创造新的组织。Katre 和 Salipante 通过分析新创社会企业的行为,发现经营成功和困难的社会企业间的差异[4]。

---

[1] Mair, Johanna, Marti, Ignasi, "Social Entrepreneurship Research: A Source of Explanation, Prediction, and Delight", *Journal of World Business*, 2006, 41 (1): 36.

[2] Austin, Barbara, "Competitive Advantage Through People Unleashing the Power of the Work Force", *Journal of Organizational Behavior*, 2006, 15 (6): 575.

[3] Dees, J. G., The Meaning of "Social Entrepreneurship", *Corporate Governance International Journal of Business in Society*, 1998 (5): 95 – 104.

[4] Katre, Aparna, Salipante, Paul, "Start-Up Social Ventures: Blending Fine-Grained Behaviors from Two Institutions for Entrepreneurial Success", *Entrepreneurship Theory & Practice*, 2012, 36 (5): 967 – 994.

Meyskens 主要从资源观点来探讨，通过个案测量伙伴关系、创新能力、财务资本、组织架构和知识可迁移性五项指标的相关性，发现了和一般企业结果的相似性。

综合以上文献，可发现不同国家由于历史因素、体制或法律环境等社会企业有不同的特色。学者们研究社会企业的方法各有不同，有的比较社会企业与一般企业的异同，有的将一般企业的研究方法运用于社会企业的研究等。

（三）社会网络及社会网络分析的概念

Wellman 和 Berkowitz 提出，社会网络是以一群参与行动者（Actors）组成的结构，成员间具有一个或多个关系连接，其中节点（Nodes）可代表网络中的成员，而连接（Ties）则描绘出节点之间的交互关系。[1]

社会网络分析是一种连接微观与宏观层次的社会学理论工具，重点通过随着时间改变的社会目标之间的连接，发现组织间的静态和动态交点，源于社会学（Sociology）、角色理论（Role Theory）和人类学（Anthropology）三大学派。网络性质包括交易内容（Transactional）、结构特性（Structural Characteristics）和连接特性（Nature of the Link）。其中，Shaw 和 Conway 认为交易内容是关于什么透过网络流动以及网络成员交换了什么，分为情感交换、影响力交换、资讯交换和产品或服务交换；连接特性最常见的是强弱关系，与连接强度、互惠程度、对彼此期望的清晰度和角色多重性有关，Granovetter[2] 认为强连接之间成员亲近、互动频繁，且为情感上的支援；结构特性是从较宏观角度来看网络全貌，每个行动者在网络结构中都有所属位置，可分为外部网络、整体内部网络、网络内群聚和网络中特定节点的个体四个层级。通过网络结构特性表进行讨论[3]，如果选取"交易内容和连接特性"的网络因子进行研究，通过在使用访谈或问卷得到资讯后，便可进行后续的分析；如果选取"结构

---

[1] Wellman, B., Berkowitz, S. D., Social Structures: A Network Approach, *American Political ence Association*, 1988, 83 (4).

[2] Granovetter, M. S., "The Strength of Weak Ties", *American Journal of Sociology*, 1973, 78 (6): 1360.

[3] Tichy, A. M., Malasanos, L. J., *Physiological Parameters of Aging*, Part 1. *Journal of Gerontological Nursing*, 1979, 5 (1): 42.

特性"中的网络因子,通常需要先把资料进行处理,如:研究 5 人之间关系,可利用 5×5 的矩阵,将双方关系输进去,再通过社会网络分析软件绘制出图形[1]。

Burt[2]的社会网络分析图形解析,Jams 和 Robert 两人在网络中虽各自均有六个强连接和一个弱连接,但两人在网络中的角色却大为不同,Jams 在群集 B 里有多个连接,整个人都嵌入到该群集中;而 Robert 与 A、B、C、D 群集都有强连接,不但可获取所有群集的资讯,还成为这些群集间的桥梁,成为桥接者的角色。透过图形还可看出连接特性,如关系强弱或群集的位置,若是较复杂的网络,想进一步了解中心性、结构洞,则需计算出数值,以便进一步分析。

学者通常会将网络因子当作自变量,通过社会网络分析或问卷取得数据,再选择一个或一些因变量进行统计分析,或者将网络因子当作自变量与因变量之间的中介变量进行研究。

(四) 社会网络与创业

不少学者使用社会网络研究创业问题[3][4][5],Hills 等研究社会网络对机会识别的影响[6],DeKoning 和 Muzyka 认为创业者主要通过网络互动进行资讯收集、资源评估等,以寻求发展机会[7]。Arenius 和 Clercq 提出创业者对于机会辨识的不同主要源自他们所镶嵌的网络差异,如创业者对

---

[1] 张嘉哲:《以社会网络观点探讨公益创投于公益创业之角色与行动》,博士学位论文,清华大学(台湾),2015 年。

[2] Gordon Burt, "Media Effectiveness, Essentiality, and Amount of Study: A Mathematical Model", *British Journal of Educational Technology*, 2006, 37 (1): 121.

[3] Hills, G. E., Lumpkin, G. T. and Singh, R. P., Opportunity Recognition: Perceptions and Behaviors of Entrepreneurs, in *Frontiers of Entrepreneurship Research*, Babson College, Wellesley, MA., 1997.

[4] Arent Greve, "Networks and Entrepreneurship-an Analysis of Social Relations, Occupational Background, and Use of Contacts during the Establishment Process", *Scandinavian Journal of Management*, 1995, 11 (1): 1 – 24.

[5] Pia Arenius and Dirk De Clercq, "A Network-based Approach on Opportunity Recognition", *Small Business Economics*, 2005, 24 (3).

[6] Hills, G. E., Lumpkin, G. T. and Singh, R. P., Opportunity Recognition: Perceptions and Behaviors of Entrepreneurs, in *Frontiers of Entrepreneurship Research*, Babson College, Wellesley, MA., 1997.

[7] DeKoning, A., and Muzyka, "the Convergence of Good Ideas: How do Serial Entrepreneurs Recognize Innovative Business Ideas", Working Paper, INSEAD, 2001.

居住地的归属感不同，会影响到创业机会的识别；教育能让创业者和不同阶层网络连接，也会影响到创业机会的识别，且为正向效果。[①]

(五) 社会网络与公益创业

已有的少量文献中，仅查询到 Wang 等尝试以社会网络方法分析个人的社会网络对于公益创业造成的影响，得出的主要结论是对公益创业者最信任的人能够给予公益创业者最实在的帮助；桥接者对连接、资讯和潜在贡献都非常重要。Datta 通过密度、中心性和异质性三个网络特性影响社会企业，并虚拟环境如何影响到社会网络与公益创业两者的关系[②]。张嘉哲使用社会网络观点探讨公益创业，以及支持社会企业的公益创投。他认为若能将一般企业的优势资源与相关的社会企业合作，即可将社会企业绩效与企业社会责任相结合，能获得更高效益。[③] 可能由于公益创业研究尚未成熟，使用社会网络研究公益创业的文献并不多，仅处于尝试阶段。

二 研究目的

通过对文献查阅、整理、归纳与分析后，本书拟定了此部分内容的研究模式。本章首先以北京海淀创业园为出发点，首先找出其公益角色，再按照社会网络观点里的连接内容、连接特点和结构特点，来探讨创业园的公益角色如何扶持入驻企业，尝试找出重要的社会网络因子和创业园的公益角色对于入驻企业的影响，了解入驻企业的生态环境，期待能够对创业园的公益角色有更多认识，提出创业园如何能为入驻企业提出有效帮助等建议。其次，通过社会网络分析法对四家国家大学科技园代表企业所获得的公益服务数据进行标准化综合比较，作为评估公益服务绩效的重要依据。

[①] Pia Arenius and Dirk De Clercq, "A Network-based Approach on Opportunity Recognition", *Small Business Economics*, 2005, 24 (3).

[②] Datta, D. K., Xin, L., Musteen, M., Strategic Orientation and the Choice of Foreign Market Entry Mode, *Management International Review*, 2009, 49 (3): 269 – 290.

[③] 张嘉哲：《以社会网络观点探讨公益创投于公益创业之角色与行动》，博士学位论文，清华大学（台湾），2015 年。

三 研究对象

以北京海淀创业园及 12 家入驻企业为例，分析地方创业园及入驻企业的公益角色、成员关系及相互影响。以北大科技园（13 家）、浙大科技园（14 家）、上海交大科技园（16 家）和川大科技园（7 家），共 50 家入驻企业所获取的园区公益服务绩效，作为评价国家大学科技园公益服务质量和探寻四家国家大学科技园区主体社会网络关系的主要依据。

四 研究方法

（一）社会网络观点的因子构成及说明

本书主要通过社会网络观点的分析探讨不同网络因子及特点对于创业园与入驻企业的关系的影响，具体说明如下：

1. 连接内容，主要包括情感交换、影响力交换、资讯交换、物资或服务交换等。

首先，在创业初期，无论创业园、入驻企业，在创业及发展过程中均需要情感上的支持，这是一个探索、学习与成长的阶段。通过创业园方面提供经验丰富的创业导师、专业机构和各项配套服务等，可以对入驻企业成长产生推动力；更多入驻企业能够成长、成熟起来，也为创业园发展提供品牌影响力。其次，创业需要许多资讯支持，在创业园与入驻企业、入驻企业之间会有各种的资讯交换，进而带来不同的影响。再次，创业园与入驻企业、入驻企业之间又会有各种物资或服务交换需要等。

2. 连接特征，主要包括强连接、弱连接和结构洞等。

在网络关系中，不同成员之间的强弱关系不同。强连接关系之间的成员较为亲近，且互动频数较多，相互交换的资讯就会比较深入，只是由于彼此间的同质化信息也会较多，导致有些资讯可能会显得无用，而弱连接虽如点头之交一样的关系，但也能提供较为有用的资讯。特定的关系是指成员之间的稳定关系，包括信任、尊重、交易、合作和义务等；结构洞则发挥着桥梁作用，处于结构洞中心的成员可提供不同的网络连接给其他成员，得到连接的成员因此可能获得有用的资讯。如果连接中的成员不能达成对彼此的期望目标,可能会产生不良影响,甚至无法继续合作下去,强连接就会渐变成弱连接,弱连接会渐变成无连接;相反,处于连接中的成员双方如果能够达成"双赢"目标,连接关系便会进一步得到强化,由弱连接上升为强连接。

3. 结构特征,主要包括结构大小、网络中心性、网络开放或封闭、结构镶嵌和关系镶嵌等。

第一,结构大小指的是网络成员人数的多与少,网络成员越多,就会流通更多有用的资讯,成员可能获得的资讯利益更大。第二,网络中心性主要描述的是成员个体在社会网络关系中作为权力核心的程度,中心性程度越高的个体,越容易得到资讯和传递资讯。第三,网络开放性越高的网络成员越乐于与外部进行连接,并可获得更多不同的资讯或资源。第四,关系镶嵌强调的是社会关系的连接,连接的强弱影响着成员对于资讯或资源分享的意愿程度。第五,结构镶嵌强调的是成员在网络中所处的位置,连接程度影响着资讯或资源交流的多与少。

(二) 从社会网络观点观察创业园的成员关系及相互影响

从文献分析得知社会网络对于创业企业的重要性,网络可以提供机会识别,建立经常性的资讯交流等。本书试图通过探讨创业园是否能够通过自身的网络帮助入驻企业及帮助策略等。

五 研究流程

(一) 访谈对象的选择

访谈对象主要面向创业园管理方负责人或主管;入驻企业的负责人、股东。

(二) 访谈实施过程

访谈主要方式为电话访谈,邮件或面对面访谈。访谈过程中以访谈提纲为主线,对被访谈者提问,并进行追问以挖掘更多深层次内容。同时,注意保持访谈过程的轻松愉快氛围,并给予被访者一定的空间,使其能够更开放、自然和真实地陈述问题。承诺对被访谈者的个人资料不对外公开,允许其对于敏感、隐私话题不予回答!

(三) 访谈材料的整理

访谈过程中的所有内容进行录音，访谈结束后，将其转化为文字版，再进行整理、编码和分析。在此基础上修正访谈提纲，为进行下一次访谈做准备。

(四) 调研数据的收集与整理

首先，通过创业园官网、企业官网、天眼查等途径，收集了北京海淀创业园 12 家代表企业社会网络关系；通过企业代表及园区管理代表及企业代表的访谈，厘清了创业园的公益角色。

其次，通过国家大学科技园官网、企业官网、天眼查等途径，收集整理出四家国家大学科技园 50 家入驻代表企业，2016—2018 年每个季度来自科技园及政府的公益服务支持，主要包括创业辅导、人才引进、科技条件、企业融资、市场推广和文化建设六个方面的数据。并通过以下方式进行了数据的标准化处理：

(1) 创业辅导项目和文化建设项目均运用 percentrank 函数，最高赋 10 分。

(2) 人才引进项目：博士引进算 5 分，硕士引进算 3 分，其他人才引进算 1 分，求和得人才引进总分，然后再运用 percentrank 函数，最高赋 10 分。

(3) 科技条件项目：场地面积、硬件设备、研发奖补分别使用 percentrank 函数，最高赋 10 分。最后求三者的平均得分结果。

(4) 企业融资项目与科技条件项目相同。

(5) 市场推广项目，第一步为平台直接购买和平台中介购买求和，第二步用 percentrank 函数，最高赋 10 分。

(6) 平均分为以上六个项目标准化得分的平均值。

第二节　创业园公益主体的社会网络关系及公益角色

一　创业园公益主体的社会网络关系

以创业园为媒介，建立起来的社会网络连接方式主要包括：

（一）与园区企业建立合作关系

如开展创业导师的"结对"辅导；开设了高端实战培训班；定期举办专场招聘会；直接采购园区企业创新产品；直接现金投资；提供奖励性补贴；组织媒体宣传、创业大赛、产品和技术展销会，助力产品宣传、推广；开展各类文化活动等。

（二）与政府相关部门加强联络

如寻求政府奖金支持、政策支持；协助企业开展债权融资或股权融资；协同提供法律咨询、专利申请、企业年审等。

（四）与高校开展产学研合作

如搭建博士后科研工作站、创新人才建设、建立公共实验室、配备关键研发设备和完善知识产权保护体系，以支持产学研合作。

（五）推动园区伙伴关系

主要通过定期路演、项目推介会和创业咖啡吧等，促进企业间的技术交流、情感联络和商业合作等。

（六）加强创业联盟及行业协会的联系

如交流学习、信息互通、技术分享，促进同一产业链上下游企业合作。创业园主要通过以上六个方面的社会网络连接方式，为园区入驻企业提供创业辅导、人才引进、科技条件、企业融资、市场推广和文化建设方面的公益服务。

二　创业园的公益角色

（一）管理服务者

创业园主要通过降低创业门槛、开展企业评估和各类培训、与园区企业建立合作关系等多种途径，帮扶企业成长，助推创业者向创业家、企业家转变。

（二）创业指导师

创业园主要通过开展创业导师"结对"辅导，聘请专业人员或成功企业家授课等形式，在企业初创、成长和发展等不同阶段，为其提供多方面辅导。同时，面向园区内的留学归国人员和创新创业企业家，开设了高端实战培训班。

（三）资源桥接者

创业园主要结合自身的资源优势，积极与政府的相关部门加强协调，帮助企业引进短缺型人才；搭建起博士后科研工作站，为企业引进和培养高端人才；通过定期举办专场招聘会，满足企业应用型人才需求；同时，提供技术人才进京户口技术，解决企业和人才的后顾之忧。

创业园积极开展企业融资服务，主要从债权融资、股权投资和政府资助三个方面，解决企业发展的资金瓶颈。推出了"金种子"计划，直接进行现金投资，通过对种子期项目提供的支持，带动外部资本进入，提高项目孵化成功率。还通过组织融资路演、项目推介会、创业咖啡吧等多种活动，为园区企业搭建融资渠道。

（四）技术支持者

创业园主要通过创新人才队伍建设、建立分子生物学公共实验室、关键研发设备的配备和完善知识产权保护体系等，为企业的创新发展提供软硬件支撑，以支持以企业为主体的产学研合作。对企业申请商标、专利和软件著作权等，提供奖励性补贴。协同专业的知识产权和法律事务所提供咨询、培训和管理服务支持。

（五）市场推广者

创业园主要通过直接采购企业自主创新产品，积极推进示范性应用，如采用园区企业安防监控系统、风光互补路灯、LED节能灯、RFID停车场管理系统和高性能阻燃壁布等产品，满足园区设备和设施管理的需求，支持园区企业的产品和市场推广。通过媒体宣传、创业大赛、产品和技术展销会等多种方式，助力园区企业的产品宣传和推广，推进创新成果转化和产业化。

（六）文化氛围营造者

创业园始终坚持"热情、周到、专业"的服务理念，致力于营造创业文化的氛围，开展丰富多彩的园区活动，为园区创业者和企业员工营造一个和谐、宽松的工作环境。

三 园区代表企业介绍

由国家支持、地方政府主导的创业园目前在各地较多，本次研究选择了北京海淀创业园中的12家代表企业为研究对象（主要通过查询该园区网站和代表企业官网得到注册企业名单及信息，见图5-1）。

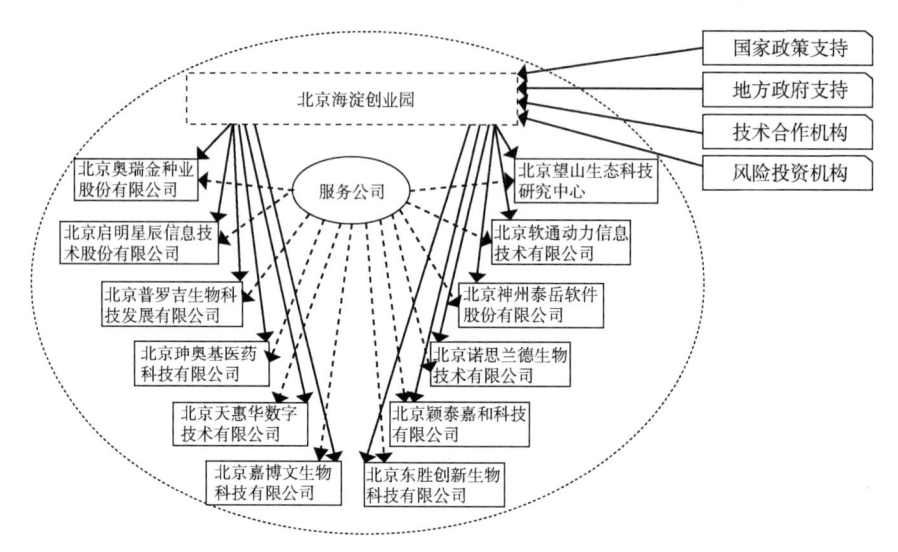

图5-1 北京海淀创业园生态主体的社会网络关系

第三节　基于国家大学科技园公益服务的网络结构特征

一　引言

国家对创新创业越来越重视。"大众创业、万众创新"在2015年3月被写入政府工作报告。国务院在《关于大力推进大众创业　万众创新若干政策措施的意见》中也提出了大众创业、万众创新是发展动力之源。为响应国家的号召，各级政府、高校积极筹备种类丰富的创业园，出现了一大批优秀的科技园。为创业者提供了极大的帮助。集法律咨询、资金保障、办公场所、创业培训为一体的创业园可以给绝大部分有新技术、新想法的创业者提供支持，减少他们的创业风险[①]。因此，为现在众多的

---

① 尉肖帅：《高校大学生创业园建设思路》，《教育教学论坛》2018年第40期。

科技园服务构建一个评价体系有着重要的指导作用。本书通过焦点小组的形式筛选了创业辅导、人才引进、科技条件、企业融资、市场推广和文化建设六大维度作为评估科技园服务绩效的指标。同时，选取了北京大学国家大学科技园、上海交通大学国家大学科技园、浙江大学国家大学科技园和四川大学国家大学科技园作为典型案例园区对科技园进行服务绩效体系构建的分析。

社会网络分析作为一个交叉学科，综合了计算机科学、数学、社会学等知识。其在社会网络理论研究和应用中越来越重要，目前正成为学术界的研究热点。在图论、代数模型等数学理论的支持下，社会网络通过人们易于理解的形式反映一些实际生活中的问题[1]。其基于"关系"将复杂网络可视化，同时，通过数学方法分析顶点之间的联系方式。社会网络分析法改变了早期社会研究仅仅把中心放在文化和阶级层面上，没有深入到复杂社会系统的规律特性。使用现代化的方法，使得这些社会规律具有可计算性[2]。

因此，我们基于社会网络分析法，通过各地科技园官网及天眼查网站查询2016—2018年各科技园情况，最终获取了北京大学、浙江大学、上海交通大学和四川大学四家大学的国家大学科技园中的50家在园代表企业连续12个季度的园区公益服务有效信息，尝试寻找科技园公益服务主体之间的内在关系。第一，对科技园公益服务绩效进行格兰杰因果关系检验。第二，借助社会网络分析方法对科技园公益服务的网络结构进行分析。第三，科技园公益服务的结构特征通过测试网络密度、网络关联度、网络等级度、网络效率等指标来进行描述。第四，块模型分析被用来展示科技园公益服务的空间类聚方式。第五，影响科技园公益服务的因素通过QAP相关分析及回归分析方法来进行实证检验。第六，通过对以上验证的回顾总结科技园公益服务的有机联系，提出对科技园公益服务发展方向的可行性建议。

---

[1] 郭梦君：《基于社会网络分析的手机业务推送模型研究》，硕士学位论文，山东大学，2018年。

[2] 王勇：《社会网络结构及影响力分析方法研究》，博士学位论文，哈尔滨工程大学，2018年。

二 方法与数据

(一) 国家大学科技园公益服务关系确定及网络构建方法

网络分析的关键是关系的确定。在本书中,我们把各个企业作为点,国家大学科技园服务绩效作为网络中的线,用 VAR 格兰杰因果关系来验证企业之间的关系,接着,用一条有向连线,构建出科技园服务绩效的社会网络关系。

(二) 科技园公益服务网络结构的特征分析

1. 整体网络的结构特征描述。我们通常使用网络密度、网络关联度和网络等级度等指标,描述整体网络的结构特征。

网络密度的取值介于 0 到 1,它是通过用实际连接数与最大可能连接数来反映创业园公益服务的疏密程度。网络密度越大,说明科技园公益服务关联越紧密。假设网络中有 N 个节点,L 代表节点间实际关联数量,那么网络 D 可以表示为:

$$D = L / [N \times (N-1)] \qquad (1)$$

网络关联度代表的是国家大学科技园的公益服务联动网络的内部稳定程度,取值范围为 0—1。如果网络中的很多条线与某科技园存在连接关系,说明网络对于此科技园关联度很高;如果大多数节点之间均存在直接、间接的连接路径,说明网络关联度高。假设网络中不可达点的对数为 V,那么网络关联度 C 可表示为:

$$C = 1 - \{V / [N \times (N-1) / 2]\} \qquad (2)$$

网络等级度代表的是网络中的国家大学科技园之间的非对称可达程度,反映的是网络中各国家大学科技园的等级结构,取值 0—1。

2. 整体网络的特征刻画。网络的等级度越高,等级结构就越森严。如果网络的对称可达点对数为 K,max(K) 代表的是网络最大可能的对称可达点对数,那么等级度 H 可表示为:

$$H = 1 - [K / \max(K)] \qquad (3)$$

网络效率代表的是国家大学科技园的服务绩效在联动网络中每个科技园内部的连接效率,取值 0—1。网络效率越低,代表网络中存在更多冗余连线,网络更为稳定。假设网络中冗余连线个数为 M,max(M) 代表网络中最大可能的冗余连线个数，那么网络效率 E 可表示为：
$$E = 1 - [M/\max(M)] \quad (4)$$

3. 节点的网络结构特征描述。节点的网络结构特征主要通过点度中心度、接近中心度和中介中心度三方面来描述。

点度中心度代表着根据网络连接数来评估科技园的服务绩效在联动网络中的中心程度。根据国家大学科技园之间的联系方向，点度中心度包括了点出度和点入度。点入度指的是其他科技园指向某国家大学科技园的连线数量，反映了该国家大学科技园受其他科技园的影响程度；点出度指的是某国家大学科技园指向其他科技园的连接数量，反映了该国家大学科技园对其他科技园的辐射程度。对于 N 个节点的有向网络，X 节点的点出度为 C_1，点入度为 C_2，那么点度中心度可以表示为：
$$C_{AD} = (C_1 + C_2)/(2N-2) \quad (5)$$

说明点度中心度高，则该国家大学科技园处于网络中心的地位。

可将某国家大学科技园与其他科技园的最佳距离（线条数量）之和的倒数值，表示接近中心度，并用其描述某个国家大学科技园在网络中"不受其他科技园"影响的程度。该国家大学科技园越是处于网络中心，它的接近中心度就越高，代表该国家大学科技园与其他科技园的距离最佳，通达性更好，联系更紧密，对其他科技园的影响程度越大。假设 d_{ij} 代表节点 i 与 j 之间的捷径距离（即捷径中包含的线数），那么接近中心度可表示为
$$C_{AP}^{-1} = \sum_{j=1}^{N} d_{ij} \quad (6)$$

中介中心度代表的是某个国家大学科技园对其他科技园公益服务联动关系的控制程度。中介中心度越高，意味着该科技园越能控制其他科技园间服务绩效联动程度，该科技园也就更加处于网络中心。此外，还可将中介中心度分为绝对的中介中心度和相对的中介中心度，即在不同的国家大学科技园群中，每个科技园位置各不相同。假设网络中共 N 个节点，其中节点 j 和 k 之间存在 g_{jk} 条捷径，j 和 k 之间存在的经过第三个节点 i 的捷径数为 $g_{jk}(i)$，节点 i 对 j、k 两点交往的控制能力用 $b_{jk}(i)$ 表示，$b_{jk}(i) = g_{jk}(i)/g_{jk}$，那么中介中心度可表示为：
$$C_{RB} = 2\sum_{j}^{N}\sum_{k}^{N} b_{jk}(i)/(N^2 - 3N + 2) \quad j \neq k \neq i \text{ 且 } j < k \quad (7)$$

4. 块模型。社会网络中空间聚类分析的常用方法——块模型分析法，是依照"块"在整个网络中的角色来展开分析，通过板块的个数、板块成员的构成、板块的关联关系等维度描述国家大学科技园区的服务绩效联动网络内部结构状态。

按照角色位置，本书将四家国家大学科技园里的 50 家入驻代表企业，划分为四类板块：

净溢出板块，主要特点是板块内部成员间的溢出关系较少，而且该板块成员向其他板块成员的溢出关系显著大于接收关系。

经纪人板块，主要特点是板块内部成员对其他板块产生溢出关系，同时也接收其他板块成员发起的关系，而且该板块成员与其他板块成员间关联较大。

双向溢出板块，主要特点是板块内部成员间关联较多，且与其他板块成员相互关联较多。

主受益板块，主要特点是板块内部成员间的溢出关系较多，不过该板块成员向其他板块成员的溢出关系显著少于接收关系。

Wasserman 和 Faust[1] 提出了网络位置内部关系的趋势指标。假如位置 B_k 有 g_k 个网络主体，那么 B_k 内部所有可能具有的关系总数为 $g_k(g_k-1)$；如果整个网络中主体个数为 g 个，那么 B_k 位置的各个成员所有的可能关系数目为 $g_k(g-1)$，如此一来，网络中一个位置的总关系期望比例为 $g_k(g_k-1)/g_k(g-1) = (g_k-1)/(g-1)$，根据这个理论，可以将国家大学科技园公益服务绩效划分为四类板块（见表 5 - 1）。

表 5 - 1　　　　　国家大学科技园公益服务的板块分类

主体接收到关系的比例	网络成员内部关系的比例	
	$\geq (g_k-1)/(g-1)$	$< (g_k-1)/(g-1)$
≈0	双向溢出板块	净受益板块
>0	净溢出板块	经纪人板块

（三）社会网络分析法（简称 QAP）

本书研究变量选取的是关系数据，解释变量间有可能存在高度相关

---

[1] Wasserman, S. and Faust, K., *Social Network Analysis: Methods and Applications*, New York and. Cambridge, ENG: Cambridge University Press, 1994.

性，因而可能引起多重共线性。传统的计量方法可能导致参数经济意义与现实不一致，同时也会发生参数估计量不准确，令变量显著性检验失去意义。

李敬等[1]指出，QAP作为一种非参数的估计方法，不需要假设解释变量间的相互独立，可以有效解决多重共线性的问题。因此，项目组将QAP用于国家大学科技园服务绩效的联动网络影响因素的相关性分析与回归分析。其中，QAP的相关分析，主要在矩阵数据置换的基础上，通过比较方阵中的各因素相似性，给出矩阵的相关系数，并进行非参数的相关性检验。第一步，计算已知矩阵实际的相关系数；第二步，随机置换某个矩阵的行与列，计算置换后的这个矩阵与另一个矩阵的相关系数，将这种计算过程通过足够多次数的重复得出其相关系数的分布，进而计算大于或等于实际的相关系数比例；第三步，相关系数显著性检验，主要通过相关系数的分布判断实际的相关系数进入的是拒绝域，还是接受域。

刘军[2]认为，QAP的回归分析，主要通过研究一个矩阵对多个矩阵的回归关系所产生的结果，得出可决系数和进行显著性经验。首先，想要得到实际参数估计值和可决系数，就需要将被解释变量矩阵对应长向量与解释变量矩阵对应长向量进行常规的多元回归；其次，随机置换被解释变量矩阵的行与列，并将解释变量矩阵进行重新回归，将这种置换过程进行足够多次的重复，以保存全部的系数值及可决系数，可得到相应的分布，进而能够完成对参数的估计值及可决系数的显著性检验。

三　基于国家大学科技园公益服务的网络结构特征

（一）园区公益服务联动网络的构建

为了避免各个创业园当中企业的数据差异性，首先对北京大学国家大学科技园、浙江大学国家大学科技园、上海交通大学国家大学科技园、四川大学国家大学科技园面向50家入驻企业提供公益服务的绩效数据进

---

[1] 李敬等：《中国区域经济增长的空间关联及其解释——基于网络分析方法》，《经济研究》2014年第11期。

[2] 刘军：《QAP：测量"关系"之间关系的一种方法》，《社会》2007年第4期。

行了标准化处理和 ADF 检验。结果发现，各个变量数据都是平稳的，均为 I（1）。其次，建立起两两企业之间的 VAR 模型。应用 VAR 格兰杰的因果关系检验法可以确定园区企业之间所得公益服务绩效的关系，从而构建起国家大学科技园企业的联动网络。本书应用 LR、AIC、PRE、SC 和 HQ 五种方法，对最优滞后期数进行选择，最终确定了 50 家企业之间存在 844 个关联关系，利用 UCINET 可视化工具 Netdraw 绘制入驻企业所获公益服务绩效的网络结构图（如图 5 - 2），可以发现国家大学科技园入驻企业所获公益服务绩效具有典型的网络结构形态，且在空间上具有"普遍联系的"特征。

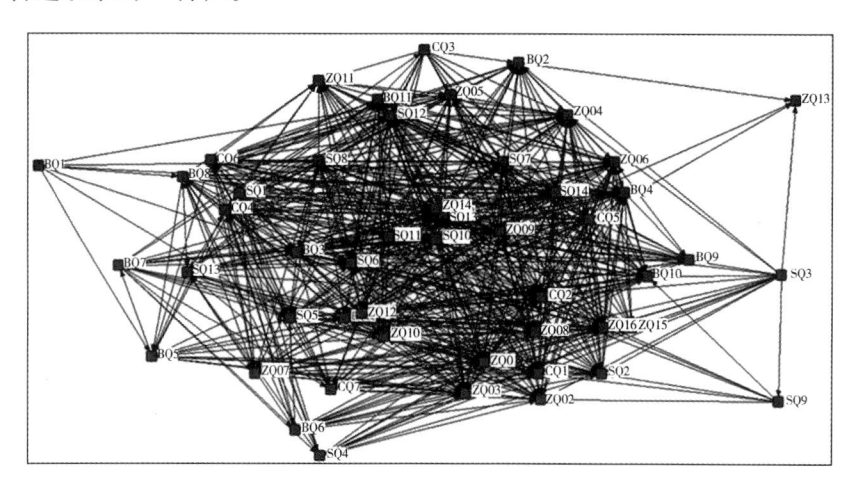

图 5 - 2　入驻企业所获公益服务绩效网络结构

（二）园区公益服务联动的网络结构特征

1. 整体网络结构特征分析。如表 5 - 2 所示，50 家企业关系数为 2450（50 × 49 = 2450），最大可能关联关系数为 844，网络关联度为 1，说明园区入驻企业所获公益服务绩效总体联动性强，溢出效应普遍存在，该网络稳健性强、通达性好。网络密度为 0.3445，表示该网络的联动效应具有显著性。网络效率为 0.4668，表示该网络中存在的冗余连线较多，关联度紧密，网络具有稳定性。网络等级度为 0.1537，表示网络中成员等级结构不明显，网络的节点之间对称可以到达较高程度，较少网络成员处于从属和边缘地位。

表 5-2　　　　　　　　国家大学科技园网络整体结构分析

关联关系数（家）	网络关联度	网络密度	网络效率	网络等级度
844	1	0.3445	0.4668	0.1537

2. 中心性分析。本书通过点度中心度、接近中心度、中介中心度等指标，开展网络中心性分析，以了解 50 家入驻企业在国家大学科技园的公益服务绩效网络中所处的地位及发挥的作用，结果如表 5-3 所示。

表 5-3　　　　　　　　园区公益服务绩效的网络关联分析

科技园	企业	点入度关联数	点出度关联数	关联总数	点度中心度	中介中心度	接近中心度
北大科技园	BQ01	7	0	7	14.286	0.042	52.128
	BQ02	9	19	28	42.857	0.424	63.636
	BQ03	22	20	42	67.347	1.302	75.385
	BQ04	18	23	41	65.306	0.759	74.242
	BQ05	13	4	17	34.694	0.529	59.756
	BQ06	15	4	19	34.694	0.445	59.756
	BQ07	13	7	20	36.735	0.483	59.756
	BQ08	20	13	33	53.061	1.264	67.123
	BQ09	11	14	25	40.816	0.241	62.821
	BQ10	9	22	31	53.061	1.092	68.056
	BQ11	10	20	30	57.143	0.493	70.000
	BQ12	16	33	49	67.347	0.938	75.385
	BQ13	11	37	48	75.510	1.118	80.328
浙大科技园	ZQ01	17	28	45	61.224	0.981	72.059
	ZQ02	13	19	32	53.061	1.080	68.056
	ZQ03	15	20	35	51.020	0.723	67.123
	ZQ04	9	29	38	63.265	0.912	73.134
	ZQ05	8	23	31	55.102	0.919	69.014
	ZQ06	13	25	38	63.265	0.778	73.134
	ZQ07	15	23	38	48.980	0.657	66.216
	ZQ08	18	20	38	55.102	0.731	69.014
	ZQ09	40	14	54	85.714	2.925	87.500

续表

科技园	企业	点入度关联数	点出度关联数	关联总数	点度中心度	中介中心度	接近中心度
浙大科技园	ZQ10	28	21	49	71.429	1.103	77.778
	ZQ11	7	14	21	42.857	0.223	63.636
	ZQ12	7	29	36	65.306	0.862	74.242
	ZQ13	0	4	4	8.163	0.038	50.000
	ZQ14	16	35	51	73.469	1.112	79.032
	ZQ15	13	16	29	46.939	0.592	65.333
	ZQ16	17	19	36	55.102	1.028	69.014
上海交大科技园	SQ01	22	14	36	61.224	1.606	72.059
	SQ02	15	16	31	53.061	1.323	68.056
	SQ03	16	0	16	32.653	1.074	58.333
	SQ04	15	4	19	32.653	0.445	59.036
	SQ05	20	32	52	67.347	1.578	75.385
	SQ06	8	37	45	75.510	1.433	80.328
	SQ07	27	7	34	69.388	1.039	76.563
	SQ08	28	8	36	67.347	1.190	75.385
	SQ09	7	1	8	16.327	0.038	52.128
	SQ10	37	11	48	75.510	1.153	80.328
	SQ11	37	5	42	79.592	1.283	83.051
	SQ12	10	18	28	51.020	0.374	67.123
	SQ13	17	14	31	51.020	0.573	67.123
	SQ14	27	16	43	73.469	1.684	80.328
川大科技园	CQ01	13	22	35	55.102	1.083	69.014
	CQ02	28	24	52	73.469	2.181	79.032
	CQ03	17	1	18	36.735	0.778	61.250
	CQ04	19	17	36	59.184	1.028	71.014
	CQ05	35	7	42	77.551	2.345	81.667
	CQ06	20	18	38	55.102	0.847	68.056
	CQ07	16	20	36	51.020	0.639	67.123
均值		16.88	16.94	33.82	55.184	0.951	69.701

点度中心度。结果显示，50家企业的点度中心度的均值是55.184。ZQ09、

SQ11 和 CQ5 排名前三位，代表这 3 家企业与其他企业间存在着较多的联动关系，处于网络中心；SQ09、BQ01 和 ZQ13 排在了后三位，代表这 3 家企业与其他企业的关联性较弱，可能这 3 家企业发展较多地通过自主渠道获得所需资源，不同于其他企业发展主要通过所在科技园提供的公益服务获得所需资源。点出度关联数的均值为 16.94，BQ13 和 SQ06 排在前两位，代表这些企业具有较强溢出效应，处于"网络引领"地位。点入度关联数的均值为 16.88，排名前三位的企业是 ZQ09、SQ10 和 SQ11，代表这 3 家企业是网络中的受益方，处于"网络跟随"地位。

接近中心度。结果显示，50 家案例企业的接近中心度均值为 69.701。其中，ZQ09 的接近中心度值为 87.50，位列第一，代表该企业与其他企业的距离最短，且联系紧密、通达性好，居于网络中心。分析原因，这家企业处于创业氛围最好的浙江杭州，因而对于信息接收的反应速度较快，在网络中发挥引领作用。ZQ13、SQ09 和 BQ01 是排名后三位的企业，说明这 3 家企业距离网络中心点较远，公益服务受益较少。

中介中心度。50 家企业的网络中介中心度均值为 0.951，其中排在前三位的是 ZQ09、CQ05、CQ02。说明这几家企业在网络当中起着中介作用。

3. 块模型分析。本书主要采用最大的分割深度 2 和收敛标准 0.2，通过 CONCOR（Convergent Correlations）的方法将 50 家企业分为四个板块。四个板块的分布情况如表 5-4 所示。

表 5-4　　　　　　园区公益服务绩效的板块分布情况

板块	成员	成员数（个）	吸收数（条）	溢出数（条）	板块特征
第一板块	BQ1、SQ10、SQ11、ZQ09、BQ05、SQ14、SQ03、SQ07、SQ09、CQ05	10	219	78	净受益
第二板块	SQ05、BQ12、BQ04、SQ04、BQ03、ZQ06、ZQ14、BQ06、ZQ12、ZQ07、ZQ10、CQ07	12	156	269	双向溢出
第三板块	SQ12、BQ02、SQ06、ZQ04、ZQ11、BQ09、ZQ13、BQ11、ZQ05、BQ13	10	83	215	净溢出

续表

板块	成员	成员数（个）	吸收数（条）	溢出数（条）	板块特征
第四板块	ZQ08、ZQ15、ZQ16、BQ08、SQ08、BQ10、ZQ01、ZQ02、ZQ03、SQ01、SQ02、BQ07、CQ02、CQ03、CQ04、SQ13、CQ06、CQ01	18	324	290	经纪人

为深入了解四个板块溢出关系的分布情况，计算出各个板块的密度矩阵及像矩阵。当某个板块网络密度大于国家大学科技园的整体网络密度，说明该板块成员的溢出关系较为集中。该整体网络的密度是 0.344，如果某个板块网络的密度矩阵大于 0.344，就赋值为 1，否则为 0。可以得到该板块网络的像矩阵（见表 5-5）。依据密度准则，得到板块像矩阵的关联图（见图 5-3）。可见，网络发展动力主要来自第三板块，这个板块共有 10 个成员，包括北京大学国家大学科技园 4 个、浙江大学国家大学科技园 4 个和上海交通大学 2 个，它将发展动力传递给了起中介作用的第四板块；第四板块的 18 个成员包括浙江大学国家大学科技园 6 个、四川大学科国家大学技园 5 个、上海交通大学国家大学科技园 4 个和北京大学国家大学科技园 3 个，该板块发挥着桥梁作用，并将发展动力传递给了第一板块（10 个成员包括上海交通大学国家大学科技园 6 个、北京大学国家大学科技园 2 个、浙江大学国家大学科技园和四川大学国家大学科技园各 1 个）和第二板块（12 个成员包括浙江大学国家大学科技园 5 个、北京大学国家大学科技园 4 个、上海交通大学国家大学科技园 2 个和四川大学国家大学科技园 1 个），整体上在各板块的传递关系具有明显的"梯度"溢出特征。

表 5-5　　　　园区公益服务绩效联动板块的密度矩阵和像矩阵

板块	密度矩阵				像矩阵			
	板块 1	板块 2	板块 3	板块 4	板块 1	板块 2	板块 3	板块 4
板块 1	0.167	0.475	0.620	0.622	0	1	1	1
板块 2	0.058	0.205	0.417	0.653	0	0	1	1
板块 3	0.140	0.250	0.300	0.067	0	0	0	0
板块 4	0.161	0.718	0.539	0.108	0	1	1	0

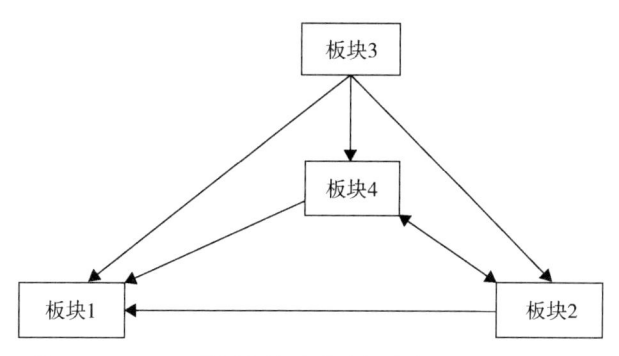

図5-3 園区公益服务绩效联动板块像矩阵的关联示意

四 园区公益服务联动关系的影响因素分析

(一) 因素选择及模型构建

本书将影响园区公益服务绩效的主要因素概括为六个方面，主要涉及创业辅导（主要包括：创业培训）、人才引进（主要包括博士引进、硕士引进和其他人才引进）、科技条件（主要包括场地面积、硬件设备和研发奖补等）、企业融资（主要包括政府资助、股权投资和债权融资等）、市场推广（主要包括平台直接购买和平台中介购买等）、文化建设（主要包括园区文化活动等）。

据此，可以建立起下面的模型：

$$LQ = f(X_1, X_2, X_3, X_4, X_5, X_6) + 误差 \qquad (8)$$

式中，X_1 代表创业辅导，X_2 代表人才引进、X_3 代表科技条件、X_4 代表企业融资、X_5 代表市场推广、X_6 代表文化建设（见表5-6）。数据是各企业对应指标的平均值，然后根据各企业对应指标平均值的绝对差异组建差异矩阵。

表5-6　　　　　公益服务绩效的影响因素指标

一级指标	二级指标	变量名称	具体解释
社会因素	创业辅导	X_1	培训次数
人力资本	人才引进	X_2	引进博士、硕士、其他人才
科技因素	科技条件	X_3	设备先进程度

续表

一级指标	二级指标	变量名称	具体解释
资金因素	企业融资	X_4	企业收到资金
市场因素	市场推广	X_5	市场可推广程度
文化因素	文化建设	X_6	文化氛围营造

（二）QAP 的相关分析

如表 5-7 所示，本书为验证国家大学科技园的公益服务绩效矩阵与影响因子的相关性，采用了 QAP 的相关分析法，且选择随机置换的次数为 5000。实际相关系数可通过计算两个矩阵的实际值得到；相关系数的均值通过随机置换计算得到；最大值与最小值是指随机置换后计算得到的相关系数中的最大值和最小值；$p \geq 0$ 代表着随机置换后计算得到的相关系数不小于实际相关系数的概率；$p \leq 0$ 反映随机置换后计算的相关系数不大于实际相关系数的概率。[①]

表 5-7　　　　　QAP 的相关分析检验结果

变量	实际相关系数	显著性水平	相关系数均值	标准差	最小值	最大值	$p \geq 0$	$p \leq 0$
X_1	0.093	0.048	0.001	0.059	-0.223	0.162	0.048	0.953
X_2	0.018	0.056	0.001	0.051	-0.153	0.170	0.644	0.356
X_3	0.062	0.166	0.001	0.063	-0.212	0.188	0.166	0.834
X_4	0.148	0.003	0.002	0.076	-0.169	0.283	0.997	0.003
X_5	0.041	0.240	-0.001	0.056	-0.189	0.185	0.240	0.760
X_6	0.016	0.377	0.001	0.034	-0.116	0.134	0.377	0.703

相关分析结果表明：①X_1、X_2、X_4 与 LQ（公益服务绩效）的相关系数分别为 0.093、0.018、0.148，但显著性概率分别为 0.048、0.056、0.003，显著性水平均低于 10%，科技园发展受到创业辅导、人才引进和企业融资因素的影响比较大。可能的原因是，一方面随着网络、通信技术的普及，创业者要提前了解创业信息和知识，做到胸有成竹，避免决策失误；另一方面，人才是第一生产力，只有引进掌握高科技的知识分子，才能

[①] 刘军：《整体网分析 UCINET 软件实用指南》，格致出版社、上海人民出版社 2014 年版。

做到人尽其才，同时企业资金的正常流通也是决定企业生死存亡的重要因素。②X_3、X_5、X_6 与 LQ 相关系数为 0.062、0.041、0.016，显著性概率分别为 0.166、0.240、0.377，这表明企业发展与科技条件、市场推广、文化建设的相关性并不强。可能的原因是，一方面，不同园区的科技条件和文化建设水平分布不均衡，需要适应当地环境和企业规模；另一方面，科技园的市场推广服务难以满足企业的个性化需求等。

（三）QAP 的回归分析

将与科技园公益服务绩效矩阵的相关系数较为显著的变量作为解释变量，进一步检验每个影响因子对科技园公益服务绩效矩阵的影响关系。本书应用 QAP 的回归分析法进行观察，有效避免了解释变量间的多重共线性。选择随机置换次数为 5000（结果见表 5-8）。可知，经过调整后计算出的可决系数是 0.542，而且在 1% 水平下有显著性。说明以上六个变量能够解释国家大学科技园产业结构差异及企业发展水平差异中决定因素的 54.2%。

$$模型：y = a_0 + a_1 X_1 + a_2 X_2 + \cdots + b \tag{9}$$

其中，a_0 代表截距，a_1 代表 X_1 的标准化回归系数，a_2 代表 X_2 的标准化回归系数，b 代表误差。

表 5-8　　　　　　　　QAP 的回归分析结果

变量	非标准化回归系数	标准化回归系数	显著性概率	概率 1	概率 2
截距	0.304	0.000			
X_1	0.129	0.105	0.077	0.177	0.823
X_2	-0.001	-0.0599	0.084	0.916	0.084
X_3	0.135	-0.08	0.052	0.748	0.252
X_4	0.03	0.152	0.005	0.995	0.005

表 5-8 结果表明：

1. X_1 标准化回归系数为 0.105，同时通过显著性检验，说明在其他因子不改变的前提下，创业辅导的差异对园区公益服务绩效联动性影响较大。原因分析：园区提供多层次、多样化的企业培训，对初创期企业的作用尤为重要。这方面的服务越完善，越能吸引创业企业的加入，利于企业成长和提升园区服务水平。

2. X_2 标准化回归系数为 -0.0599，并且通过了显著性检验，这表明在其他因素不变的情况下，人才引进的差异对园区公益服务绩效联动性具有一定影响。原因分析：人才引进力度大的大中型公司，因规模大、实力雄厚，吸引力更大，人才更多流向这些优质公司，从而强者越强。

3. X_3 标准化回归系数为 -0.08，并且通过了显著性检验，这表明在其他因素不变的情况下，科技条件对园区公益服务绩效联动性影响较大。原因分析：科技园根据不同企业的创新需求、发展潜力或综合实力等，在场地面积、硬件设备和研发奖补方面提供的科技条件支持，受制于地方经济水平及政府投入力度。科技条件支持力度大、能够满足企业发展个性化需求的园区更能吸引到有竞争力创业公司的加入。

4. X_4 标准化回归系数为 0.152，并且通过了显著性检验，这表明在其他因素不变的情况下，企业融资对园区公益服务绩效联动性影响大。原因分析：虽然企业融资的途径较多，但是通过园区中介获得融资便利也是入驻企业所希望的，因此，更多企业倾向选择融资服务更好的科技园。同时，园区吸引了更多的风险投资公司的加盟与合作，形成创业企业、投资公司和园区的多方发展。

五 结论与讨论

（一）研究结果

1. 从整体网络结构特点来看，不同园区公益服务的联动程度较高，普遍存在着较强的关联效应；各板块的传递关系具有明显的"梯度"溢出特征。

2. 根据中心性的分析结果显示，点度中心度排名靠前的依次是 ZQ09、SQ11、CQ05，说明这些企业与其他企业间存在较多联动关系，在网络中处于中心的地位；点出度排名前两位的企业依次是 BQ13、SQ06，说明这些企业具有较强溢出效应，在网络中起引领作用。点入度排名靠前的企业依次是 ZQ09、SQ10、SQ11，说明这些企业在公益服务网络当中处于受益方，在网络中处于跟随地位。接近中心度排名居首的是 ZQ09，说明它与别的企业的距离较短、通达性好、联系紧密，居于公益服务绩效中心位置。中介中心度排名靠前的依次是 ZQ09、CQ05、CQ02，说明这几个企业在网络中起着传递和中介作用。

3. 块模型的分析结果显示，国家大学科技园的发展动力主要来自第三板块，它将增长动力传递给了第四板块；发挥桥梁作用的第四板块，又将发展动力传递给第一板块和第二板块。同时，各板块之间的传递关系具有明显的梯度溢出特征。

4. QAP 的相关性分析结果是在其他因素不变的情况下，创业辅导、人才引进和科技条件、企业融资、市场推广对园区公益服务绩效联动性有影响。

（二）讨论

基于本章研究得出的以上结论，可获得的启示如下：

园区公益服务网络的联动关系及多线程网络结构特点可作为评价和完善科技园管理的新手段和新视角。如前文分析可知，四家国家大学科技园的 50 家入驻企业所获取的园区公益服务绩效之间普遍存在着空间联动关系。对于点出中心度、接近中心度和中介中心度较高的企业，政府及科技园应充分考虑这些企业的自身传导及网络影响力，需要更加重视这些企业对其他企业的空间溢出效应，可通过一些特殊政策给予区别对待，以发挥其中介作用或引领作用。

第六章 国家大学科技园"产学研合作"主体的社会嵌入问题

第一节 绪论

一 基本概念解析

上海交大科技园是国家科技部和教育部联合命名的首批国家大学科技园,主要依托上海交通大学的科技创新和人才资源等优势将高科技产业整体规划同区域经济的发展相结合,构筑以"科技企业"为主体、"产学研一体化"的创新体系,是国家创新体系的重要组成部分;是区域经济发展和技术创新进步的重要源泉;是一流大学将社会功能和产学研有机结合的重要平台。其在360百科的词条标签主要显示为:上海交通大学、交大慧谷、教育机构及社会组织。

"社会嵌入"是社会嵌入理论的核心概念。"嵌入"一词的原始含义指的是一个对象有机结合在一个体系中,某一事物内生在其他事物中的客观社会现象[①]。随着社会嵌入理论的出现,"嵌入"一词的内涵演化出了多重性。不过,学者给出的关于"嵌入"内涵与外延的定义、解释和理解的差异性大。目前还没有一个获得普遍认可的"嵌入"概念。本书

---

① 张利平:《可持续创新过程中的社会嵌入——基于中国企业的多案例研究》,博士学位论文,清华大学,2013年。

主要结合黄中伟等[①]、侯仕军[②]和张利平[③]等的综述，尝试厘清"嵌入"概念的内涵与外延、主体与客体等。

（一）"嵌入"概念的内涵与外延

Granovetter[④]认为，嵌入在同一社会网络中的其他经济主体会影响到企业的经济行为。他尝试从关系与结构两个维度对嵌入概念进行解析。关系嵌入指的是嵌入式网络中主体之间的二元关系，强调关系的强弱带给主体的行为和绩效的影响。主要用亲密程度、互动频率、互惠内容和关系持续的时间长度等指标，来判断嵌入和连接关系的强弱。其中，强关系代表着亲密程度较深、互动频率较高、互相往来较多，而且关系持续时间较长等；弱关系则相反。结构嵌入指的是从整体网络结构视角来了解网络中主体关系的分布，主要考察中心主体的关系结构带给主体行为及主体绩效的影响。测量嵌入结构的特点主要依据网络多样性、网络密度及网络成员位置等指标。

（二）"嵌入"的主体与客体

对于"嵌入"的主体，一些学者将社会嵌入界定为"业务嵌入"和"技术嵌入"两个方面。如：刘雪锋认为，业务嵌入是指企业与供应商、客户等利益相关者的经济往来关系的亲密程度；技术嵌入主要指为推动技术创新而建立的企业联系[⑤]。

Zukin和Dimaggio主要从经济行为可能会受到社会情景诸因素影响的角度，将"嵌入"的客体分为"认知嵌入""结构嵌入""文化嵌入""政治嵌入"四个方面。其中，"认知嵌入"指的是行为主体在理性决策时会受到来自主体认知水平的束缚；结构嵌入主要指在社会关系网络结构中企业关系的性质、网络结构特征等对企业行为的影响；文化嵌入指的是合作主体双方的共同理念、思维逻辑、价值观和行为规范等因素，带给组织架构、组织行为的影响；政治嵌入指的是政治权力等因素对经

---

① 黄中伟、王宇露：《关于经济行为的社会嵌入理论研究述评》，《外国经济与管理》2007年第12期。
② 侯仕军：《社会嵌入概念与结构的整合性解析》，《江苏社会科学》2011年第2期。
③ 张利平：《关于境外投资风险及其防范的研究》，《财经界》（学术版）2013年第3期。
④ Granovetter, M. S., "The Strength of Weak Ties", *American Journal of Sociology*, 1973, 78 (6): 1360.
⑤ 刘雪锋：《网络嵌入性影响企业绩效的机制案例研究》，《管理世界》2009年第S1期。

济主体的行为及企业绩效造成的影响。

张利平认为,从嵌入时间和空间视野角度,可将社会嵌入分为时间嵌入和空间嵌入;从结构和关系两个维度看,结构嵌入代表特定社会网络结构的整体性特征或全网特征,关系嵌入代表特定社会网络中具体的双边关系的特征①。

(三) 社会嵌入的强连接与弱连接

Granovetter认为一种关系的强度,可能是时间的多少、情感的亲密性、紧密性及互惠性服务,这些用来刻画关系特点的属性构成的线性组合。Granovetter提出了"弱关系的强度"假设,他认为弱连接(或弱关系)的重要性在于它在组织或群体之间建起了纽带关系,并传递信息和分享资源,可使一个较大的网络实现结构上的凝聚力;强连接(或强关系)常常处在群体的内部,维系着组织内部的关系②。Burt用结构洞来表示非冗余的联系,占据结构洞的行为主体能够获得更多的"信息利益"和"控制利益",因而更具竞争优势③。

二 主要关系澄清

郭劲光认为,学者对社会嵌入对企业行为影响的研究主要围绕企业学习行为、治理机制和技术创新等带给企业绩效、竞争优势的影响,实证研究结果上存在很大分歧④。在前人研究的基础上,本书主要澄清以下两方面的关系。

(一) 关系嵌入与企业绩效的关系

围绕关系嵌入对企业绩效的影响,一直有着"强连接"和"弱连接"的论争。Grannovetter⑤认为弱关系更具优势,因为弱连接关系作为两个

---

① 张利平:《可持续创新过程中的社会嵌入——基于中国企业的多案例研究》,博士学位论文,清华大学,2013年。
② Granovetter, M. S., "The Strength of Weak Ties", *American Journal of Sociology*, 1973, 78 (6): 1360.
③ Burt, R. S., *Structural Holes: The Social Structure of Competition*, Harvard University Press, 1995.
④ 郭劲光:《网络嵌入:嵌入差异与嵌入绩效》,《经济评论》2006年第6期。
⑤ Granovetter, M. S., "The Strength of Weak Ties", *American Journal of Sociology*, 1973, 78 (6): 1371.

主体的桥连接，突出优势在于可以获得异质性信息，有利于改善主体行为和提升绩效。Dyer 和 Singh[1] 则认为强连接可以支持企业主体形成关系性资产、互补性资产利用机制、技术与知识分享等，促进合作交流、技术或知识共享，强连接的关系信任有很强的竞争优势，对企业绩效更加有意义。

（二）结构嵌入与企业绩效的关系

围绕结构嵌入对企业绩效的影响，同样有着不同的研究结论。如，Burt[2] 提出的结构洞理论认为，"结构洞"是社会网络关系唯一的信息流通节点，位于结构洞上的行为主体拥有位置优势。密度较低、结构松散网络中的企业更易于获取异质性信息。Coleman[3] 认为企业嵌入到网络密集、关系密集的特定社会网络关系，可促进成员间的信任与合作，形成更多的社会资本。Burt[4] 认为松散网络和紧密网络对不同网络主体不同发展目标各具价值。

三 研究方法介绍

目前，中国公益创业的相关研究仍然处在理论构建的初级阶段。较少从社会嵌入的视角研究公益创业，没有范本可以借鉴，因此，本书研究目的属于探索性研究。这就决定了本书更适合采用个案研究方法，从若干个典型案例中发现和总结出规律，构建起新模式、新理论，拓展出新的研究内容[5]。

本书采用的探索性研究遵循的一般逻辑是：第一，主要依据企业日常管理中的实际问题，提出了研究目的。本书主要研究我国公益创业发

---

[1] Dyer, J. H., Singh, H., "The Relational View: Cooperative Strategy and Sources of Interorganizational Competitive Advantage", *Academy of Management Review*, 1998, 23 (4): 660.

[2] Burt, R. S., "Structural Holes: The Social Structure of Competition", Harvard University Press, Cambridge, 1994, 40 (2).

[3] Coleman, James, S., "Social Capital in the Creation of Human Capital", *Elsevier*, 2000, p. 17.

[4] Burt, R., S., "Structural Holes: The Social Structure of Competition", Cambridge, Massachusetts; London, England: Harvard University Press, 2009.

[5] Eisenhardt, K. M., "Building Theories from Case Study Research", *The Academy of Management Review*, 1989, 14 (4): 532 - 550.

展中的实际问题，如作为公益创业生态主体的代表企业为何会比同行其他企业在履行社会责任方面做得更好？代表企业在创办、成长向成熟阶段发展的过程中，与众多利益相关者的互动关系如何影响企业成长？等等。第二，本书主要围绕研究问题和研究目的，通过文献回顾，找出理论视角和研究切入点，进一步拓展研究范围和深度。具体来说，本书全面梳理了公益创业的相关文献，已有相关研究主要强调利益相关者、外部合作、政策因素和区域因素的重要性。本书之所以以社会嵌入理论为研究视角，主要是为研究"社会嵌入关系如何影响企业行为与绩效"。为了确保尽可能客观、公正，本书只做了初步的理论预设，并没有提出命题假设。第三，通过收集案例、整理数据、撰写案例报告，对每个典型案例进行独立分析后，通过多案例的对比分析得出相关研究结论。在此阶段，耗时较多，是案例研究的核心和主要工作，需投入大量时间和精力。第四，在相关研究结论基础上，得出新观点、总结新命题和构建新理论。

本书在此阶段所做的主要工作是，回顾前面文献综述阶段筛选出来的重要文献，进行逐一对照！如果在案例研究中出现新概念，可再补充查阅文献。在解决问题的过程中，可形成一套解释新的现象、新的规律的模式，提出影响公益创业生态发展的关键因素。

第二节 "产学研合作"案例

中国公益创业研究中心认为"产学研混合型"是中国公益创业的主要类型之一。据此，本书将案例企业的标准确定为参与"产学研合作"和可持续发展优势。初期待选案例企业为11家，在严格案例标准后，选出了9家（其中有2家入驻企业，因经营状况等问题，目前已被注销）。

一 "产学研合作"案例企业基本情况

（一）上海携宁计算机科技股份有限公司

公司前身上海携宁计算机科技有限公司成立于2003年2月20日。

2015年5月26日，公司名称变更为上海携宁计算机科技股份有限公司。业务范围：从事投资研究、客户管理、基金销售以及程序化平台等金融行业应用管理及交易等软件产品的研发、销售及服务。公司网址：http://www.sinitek.com。

（二）上海纳诺微新材料科技有限公司

公司成立于2003年3月11日，业务范围：纳米新材料专业领域内的技术开发、技术转让、技术咨询、技术服务，纳米材料、纳米制品及纳米设备的研发及销售，通信器材、文化用品、色浆、水性颜料墨水、太阳能系列产品销售，从事货物进出口及技术进出口业务。公司网址：http://www.nnwchina.com。

（三）上海秀派电子科技有限公司

公司于2004年6月7日，在上海市工商局登记注册。公司经营范围：计算机软硬件、系统集成、智能卡、网络、通信专业领域内的技术开发等。公司网址：http://www.superrfid.net。

（四）上海三零卫士信息技术有限公司

公司成立于2001年7月5日，是一家从事信息系统安全建设和服务的高新技术企业，致力于为各行业客户提供以信息安全为核心的信息化服务，由中国电子科技集团第三十研究所（简称30所）控股设立，主要产品是三零服务网，隶属于上海三零卫士信息安全有限公司。经营范围：信息安全、计算机软硬件专业领域内从事技术服务、技术咨询、技术转让，涉及国家秘密的计算机信息系统集成，计算机软硬件、办公设备耗材销售，建筑智能化工程施工，自有设备租赁，通信工程施工、设计，企业信用服务。公司网址：http://www.30wish.net。

（五）上海源泉金属新材料有限公司

公司成立于2002年1月4日，是在新材料及材料加工领域集研究开发、设计、制造、生产、技术咨询和规划服务为一体的综合性高科技现代化公司，公司位于上海繁华的商业中心徐汇区乐山路33号。上海交通大学拥有公司总股份的51%。上海源泉金属新材料科技有限公司充分利用国内著名高等学府——上海交通大学的人才、信息和研究资源优势，依托总投资1000万元的科研基地、生产基地和市场推广中心，在新材料领域获得多项研究成果，研制开发出多项科技含量高的专利产品。拥有一支科研开发力量雄厚的研究队伍。公司主要产品有铝熔体净化设备、高纯铝提纯设备、铝熔体净化熔剂、铜熔体净化熔剂、氮化硅结合碳化硅耐火材料、磁性高分子材料、纳米陶瓷复合粉体等二十多个系列，八十多个规格。公司与中铝、关铝、宝钢等国内大型企业集团建立了长期的合作关系。公司网址：http://sst.sjtu.edu.cn。

（六）上海闻通信息科技有限公司

公司成立于 2002 年 7 月 22 日，是一家从事语音处理技术的专业高科技公司。公司拥有世界一流的语音识别技术和项目开发团队，与浙江大学、上海大学建立了语音技术及应用的联合实验室。公司网址：http://www.voicetune.com。

（七）上海亿庶信息科技有限公司

公司成立于 2007 年 5 月 8 日，主要经营范围为计算机软硬件及周边设备的销售，计算机软硬件领域内的技术开发、技术服务、技术咨询、技术转让，设计、制作和利用自有媒体发布各类广告等。公司网址：http://www.yingjiesheng.com。

（八）上海派勒电气有限公司

成立于 2007 年 5 月 8 日。因经营状况等问题已于 2018 年 10 月 23 日被注销。

（九）上海龙茂微电子有限公司

成立于 2007 年 5 月 8 日，因经营状况等问题已于 2018 年 10 月 23 日被注销。

二 主要利益相关者

"社会嵌入理论"（Karl Polanyi）[①] 和"利益相关者理论"（R. Edward Freeman）[②] 主要关注的是政府、非营利组织等代表社会公众利益及制度层面的组织对企业发展的影响。为了解案例企业是如何通过最大限度利用社会资源，提升企业绩效，又是如何构筑起具有公益性质的社会嵌入

[①] Karl Polanyi, *The Great Transformation*, Beacon Press, 2001, p. 300.
[②] R. Edward Freeman, "Strategic Management", Cambridge University Press, 2010.

成员关系以促进企业的生存与发展,本书通过面向案例企业展开半结构化的调研访谈,考察具有公益性质的社会关系及合作者(或利益相关者)与企业建立了何种方式的嵌入关系?这些利益相关者对企业的绩效及发展带来了怎样的影响?

公益性质的利益相关者,主要包括中央及地方政府、公共服务部门、高等院校、科研院所、非政府组织和产业联盟等,这些合作者更多关注社会问题,与企业的公益合作主要基于社会效益及社会发展。其中的主要利益相关者之中央或地方政府并不会加入到企业的日常经营活动中,主要充当"桥接者"角色,通过政策引导、机制构建,促进企业与其他合作者的社会嵌入关系的建立,并期待企业在此支持下能够实现成长,通过纳税等反哺社会,推动社会经济发展。

本书主要根据调研获得的一手和二手资料进行整理编码统计;并通过代表企业与非公益合作伙伴、公益合作伙伴的强连接和弱连接,为解析科技园生态内公益创业主体的社会嵌入特点打下基础。

三 主要利益相关者的社会嵌入角色

通过对科技园代表企业的主要利益相关者识别,在此基础上继续深入挖掘这些合作伙伴在企业成长中的角色。在对上海交通大学国家大学科技园代表企业信息及数据的编码基础上,发现在科技型企业经济活动链条上,包括从前端、上游、中游到终端的全过程,各类社会嵌入合作伙伴所承担的角色,主要包括技术支持者、投资人、供应商、客户、桥接者。

(一)技术支持者

技术支持者可能是其他企业、政府、科研院所或高校。由于环境问题和社会问题的多样性和复杂性,企业在创建与发展过程中,单纯依靠自身力量难以实现技术突破,需要一些合作伙伴的支持,它们是主要利益相关者之一。可能因为合作方式的不同,它们的角色性质也各有不同。其中,作为技术支持者的其他企业应为非公益(商业)合作伙伴;政府、科研院所及高校则为公益合作伙伴。如上海交通大学教授技术入股和担任董事长与总经理,由上海交通大学持股51%和融入外部资金成立的上海源泉金属新材料有限公司，主要依托上海交通大学的人才、信息和研究资源优势、科研基地、生产基地和市场推广中心，在新材料领域获得多项研究成果，研制开发出多项科技含量高的专利产品，这类合作关系是企业创新与发展的"原动力"。

（二）投资人

投资人可能是政府、风险投资或银行。首先，政府可以通过直接投资、入股、风投（政府背景）等方式，支持和主导科技型企业成长。如：中国电子科技集团有限公司和中国电子网络科技集团有限公司，持有上海三零卫士信息技术有限公司 77.43% 的股份。这些投资人所提供的优惠资金，是园区初创企业成长的"点火石"。它们之间的合作伙伴关系，具有典型的公益性质。其次，风投公司或商业银行提供的资金，可能通过分红和收取利息参与企业利润分配。这种合作关系是企业发展壮大的"助推器"。

（三）供应商

供应商可能是其他企业（包括园区内和园区外）。充当供应商角色的其他企业，主要为非公益（商业）合作伙伴，发挥的作用和功效也有所不同。首先，园内企业之间成为合作伙伴，可能既是经济上的往来关系，也是情感相通、身份融合、价值认同的朋友关系。这种稳定性极强的合作，超越了一般意义上的商业买卖关系，在对抗竞争者威胁方面具有明显优势。其次，园内企业成为园外企业的供应商或园外企业成为园内企业的供应商，也是企业寻求发展的重要途径。

（四）客户

客户可能是其他企业（园区内和园区外），或政府。首先，园区代表企业的客户可能来自园区内外的其他企业，这种嵌入式关系主要是一种非公益（商业）合作；其次，政府的"客户"角色主要来自政府物资采购或政府购买企业服务，这两种情况也主要是非公益（商业）合作。与"客户"构建嵌入式关系和最大限度满足其需要是企业经营和发展的使命。

（五）桥接者（中介者）

桥接者可能是分销商（园区内和园区外）、科技园、政府或行业协会。桥接者是所构建社会网络关系中行为主体之间沟通与合作的重要纽带。例如，通过分销商传播、政府招商引资、科技园平台服务和企业所属行业协会的桥接（中介），园内企业获得了技术支持者、投资人、供应商和客户等资源和机会。因此，以上桥接者是企业发展的主要利益相关者之一。

通过以上归纳可见，在科技园内的企业发展中，几乎每一个重要角色都有政府的身影和作用的发挥，这体现着政府对科技进步的重视，并通过加强科技园发展生态系统建设，哺育科技企业成长、壮大。

四 社会嵌入整体结构解析

首先，上海交通大学科技园入驻企业、科技园管理方、上海交通大学等行为主体，以"产学研合作"方式建立了系统（园区）内部的强连接，这种社会嵌入关系具有稳定性和公益性特征。其次，园区入驻企业与各级政府（包括科技部、教育部、市政府和区政府等）、华东理工大学、浙江大学和上海海事大学等建立的弱连接，均是通过上海交通大学科技园这一平台，通过"产学研合作"方式，服务于各行为主体的可持续发展。这种社会嵌入关系易于寻找异质性资料。另外，园区内外的强连接和弱连接（非公益性）经济关系，作为不可分割的重要组成部分，同样推动了园区及入驻企业的发展（这不是本书研究的要点，列于此处仅作为介绍系统整体结构之用）。

五 "产学研合作"的社会嵌入关系

在国家政策（国家科技部）、地方政策（上海市政府及闵行区政府）的支持下，依托上海交通大学国家大学科技园平台，园区企业结合自身发展需要通过与30所、上海交通大学、华东理工大学、浙江大学和上海大学等高校或研究所合作，主要开展共建研发中心、基础理论研究、联合开发产品、联合培养研究生、促进科技成果转化或为高校教师提供创业平台等（见表6-1），构建起来的"产学研合作"关系，是一种公益性质的合作。

表 6-1　　案例企业"产学研合作"的社会嵌入关系

序号	企业名称	公益性质合作者（或利益相关者）	合作方式
1	上海携宁计算机科技股份有限公司	上海交通大学、上海交通大学国家大学科技园	基础理论研究
2	上海纳诺微新材料科技有限公司	上海交通大学、华东理工大、浙大、上海交通大学国家大学科技园	基础理论研究
3	上海秀派电子科技有限公司	上海海事大学、上海交通大学国家大学科技园	共建研发中心
4	上海三零卫士信息技术有限公司	三零研究所、上海交通大学、上海交通大学国家大学科技园	共建研发中心，促进科技成果转化
5	上海源泉金属新材料有限公司	上海交通大学、上海交通大学国家大学科技园	促进科技成果转化
6	上海闻通信息科技有限公司	浙江大学、上海大学、上海交通大学国家大学科技园	共建研发中心，联合培养研究生
7	上海亿庶信息科技有限公司	上海交通大学、上海交通大学国家大学科技园	为高校教师提供创业平台
8	上海派勒电气有限公司	上海交通大学、上海交通大学国家大学科技园	联合开发产品
9	上海龙茂微电子有限公司	上海交通大学、上海交通大学国家大学科技园	联合培养研究生、促进科技成果转化

注：以上信息来源于科技园官网（2019 年 8 月 1 日），经作者整理形成。

第三节　国家大学科技园的社会嵌入关系模型及解析

一　国家大学科技园"产学研合作"的社会嵌入关系模型及解析

构建科技园"产学研合作"的社会嵌入网络为入驻企业发展提供了支持体系（见图 6-1），在科技园平台这一相同的社会网络情境中，一部分企业获得了解决问题的共同机制及共同创造和共享价值的机会，有利于实现经济、环境和社会三大绩效目标，提升企业综合绩效，实现了发展的可持续性；另一部分企业由于社会嵌入的程度较低，无法获得主要利益相关者结构上的有力支持，无法有效利用外部资源，以补足自身发展的不足，表现为财务绩效较差、无力兼顾环境绩效和社会绩效，终归被淘汰出局。由此可知，"社会嵌入程度"的高低与企业绩效的好坏呈正相关的关系。

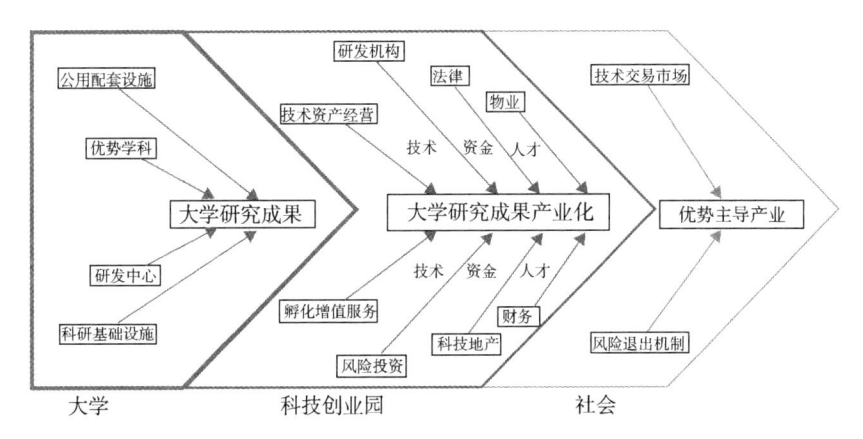

图 6-1　国家大学科技园"产学研合作"的社会嵌入关系模型

二　主动嵌入到科技园"产学研合作"社会网络关系中的行为主体、主要目的和意义

1. 企业的主动嵌入，可以获得关键资源（Gulati & Gargiulo）；进入新市场、获得新技术（Grandori & Sode）；共享互补性技术（Eisenhardt & Schoonhoven）；降低产品研发成本和缩短新产品上市速度（Alemida & Kogut）；获得外部知识（Owen-Smith & Powell）等。

2. 科研院所和大学的主动嵌入，可以有效推动科研成果转化；获得科研经费；培养研究人才。

3. 科技园管理方的主动嵌入，可以助力企业成长与发展；分享资源和技术。

4. 政府及职能部门的主动嵌入，可以培育有竞争力的产业集群；提升国家科技水平；促进经济的可持续发展。

第七章 政府主导型公益创业生态主体行为的演化博弈分析

第一节 文献综述

一 国外研究现状及进展

冯·诺依曼和摩根斯坦1944年的合著《博弈论和经济行为》是博弈论形成的标志。意愿行为理论认为，主体行为选择受到意愿的支配[①]。根据个体—环境匹配理论，个体行为除了受意愿影响，还受到外界环境的影响[②]。

二 国内研究现状及进展

国内一些学者尝试应用演化博弈分析工具，围绕企业创新等相关问题进行了探索，如：赵湜、谢科范分析政府、企业和社会三方进化博弈过程，认为政府补偿政策及引导政策有利于促进企业的自主创新[③]。刘玉敏、郑敏娜、任广乾从政府对创业创新的支持及企业创新愿意的演化博

---

① Shirkhan, L., Mollayousefi, M., "Aristotle and the theory of decision (Prohairesis)", *Philosophical Investigations*, 2017, 11 (20).
② 张建平等:《上下级调节焦点一致性对员工创新意愿及行为的影响研究》,《软科学》2018年第11期。
③ 赵湜、谢科范:《基于进化博弈的企业自主创新风险补偿系统进化研究》,《软科学》2014年第9期。

弈模型出发，提出了区域创新水平提升的建议。刘徐方[1]分析了大、小企业间的进化博弈；企业技术创新与政府资助间的双方博弈，为政府决策提出了建议。以上学者主要依据两个决策主体的演化博弈模型，引入变量偏少，缺少体系分析；在开展三方演化博弈研究时，主要围绕政府、其他社会组织和企业之间的博弈。

第二节 政府主导型公益创业生态主体行为的演化博弈假设

一 演化博弈适用性分析

传统博弈论基于博弈主体是完全理性决策，主要研究决策主体间互动情景中如何进行决策及如何达到决策平衡。现实社会里的决策者，很难满足"完全理性"要求。而演化博弈论则是由"群体"作为博弈方，其混合策略是以"群体"中"个体"选择不同策略的集合。有限理性的博弈方不断试错和学习，持续调整及改进策略的演化机制，以此来判定此动态过程的稳定性和发展趋势[2]。

本章主要以成都高新青年创业园为案例，开展园区多方参与主体的演化博弈关系研究，在政府系列文件支持的政策背景下，政府主导型公益创业生态体系中的参与主体，主要包括政府及相关职能部门、地方创业园、园区入驻企业等。本章仅限于研究政府及相关职能部门（简称"政府"）、成都高新青年创业园（简称"创业园"）及该园区的入驻企业（简称"企业"）三大群体。通过问卷调查/访谈等方式，了解基于三方所处地位及视角的不同，不可能完全获得对方全部的信息，它们通过不断的试探与摸索，制定出适合自己的最佳行动策略，这一过程具有典型的演化博弈特点。本书主要借助演化博弈理论[3]，构建起政府主导型公益创业生态体系中政府、创业园及企业三方主体的非对称演化博弈模型，

---

[1] 刘徐方：《企业技术创新行为的演化博弈分析》，《技术经济与管理研究》2016年第9期。
[2] 谢识予：《经济博弈论》，复旦大学出版社2002年版，第51页。
[3] Hubble, M. A., GELSO, G. J., Effect of Counselor Attire in an Initial Interview, *Journal of Counseling Psychology*, 1978.

通过更全面的变量引入与设定，利用渐进式稳定性分析，为三方共同发展与共同目标的实现提出建议。

二 系统主体三方的演化博弈模型构建及分析

(一) 模型假设及描述

假设7-1：在政府主导型公益创业生态系统中，参与演化博弈的行为主体政府（G）、创业园（S）及企业（E）都是有限理性的个体，而且三方之间的信息具有不完全对称性特点，三方主体均是以自身利益最大化作为自身行为的决策目标。且政府积极投入、创业园积极服务、企业接受扶持的选择意愿分别为 x、y、z 且 x、y、$z \in [0, 1]$。有限理性博弈需要通过博弈过程的不断试错和学习，在不断博弈中逐渐实现均衡，而非一次性选择产生的结果。而演化博弈的复制动态方程比较适合用来分析通过不断学习和试错的动态过程寻找系统稳定性和动态趋势的方法。

假设7-2：模型当中，创业园对企业进行履职的投入成本为 c_1，投资带来的收益为 $\bar{\pi}_0$，创业园不积极服务时的保留收益为 $\bar{\pi}_1$，企业接受扶持时为创业园带来的额外收益 r_1（见表7-1）。

假设7-3：政府因为财力紧张，对接受扶持的企业进行补贴，力度为 β，也就是说企业收到的补贴为 βI，这个时候政府要对创业园进行惩罚 F，惩罚力度为 α，也就是说惩罚额度为 αF，政府积极规划时可以为企业带来额外收益 $\Delta \pi$。

表7-1　　　　　　　　　　博弈参数符号和定义

符号	代表含义	符号	代表含义
c_1	创业园履职投入成本	c_2	政府积极规制投入成本
β	政府对企业的补贴力度	δ	政府对创业园的补贴力度
α	政府对创业园不履职的惩罚力度	π_1	创业园积极服务时的经济收入
$\bar{\pi}_2$	企业不接受创业园扶持时的保留收益	$\bar{\pi}_1$	创业园不积极服务时的保留收益
$\Delta \pi$	政府积极规划时给企业带来的额外收益	π_2	企业接受扶持时的收益
r_1	企业接受扶持时为创业园带来的额外收益	U	期待收益

（二）模型构建及分析

根据上述假设，构建政府、创业园、企业的演化支付矩阵（见表7-2、表7-3）。

表7-2　　　　　政府积极规制下三方博弈支付矩阵

企业策略	创业园策略	创业园支付	企业支付	政府支付
接受（y）	积极（x）	$\pi_1 + r_1 - c_1$	$\pi_2 + \Delta\pi + \beta I$	$-\delta H - \beta I - c_2$
	不积极（1-x）	$\bar{\pi}_1 - \alpha F$	$\bar{\pi}_2 + \beta I$	$\alpha F - \beta I - c_2$
不接受（1-y）	积极（x）	$\pi_1 + r_1 - \alpha F$	$\bar{\pi}_2$	$\alpha F - \delta H - c_2$
	不积极（1-x）	$\bar{\pi}_1 - \alpha F$	$\bar{\pi}_2$	$\alpha F - \delta H - c_2$

表7-3　　　　　政府消极规制下三方博弈支付矩阵

企业策略	创业园策略	创业园支付	企业支付	政府支付
接受（y）	积极（x）	$\pi_1 + r_1 - c_1$	$\pi_2 + \beta I$	$-\delta H - \beta I$
	不积极（1-x）	$\bar{\pi}_1$	$\bar{\pi}_2$	$-\delta H$
不接受（1-y）	积极（x）	$\pi_1 + r_1$	$\bar{\pi}_2$	$-\delta H$
	不积极（1-x）	$\bar{\pi}_1$	$\bar{\pi}_2$	$-\delta H$

1. 创业园积极服务时的期待收益为：

$$u_x = z [y(\pi_1 + r_1 - c_1) + (1-y)(\pi_1 - c_1 - \alpha F)]$$
$$+ (1-z)[y(\pi_1 + r_1 - c_1) + (1-y)(\pi_1 - c_1)]$$
$$= \pi_1 - c_1 + yr_1 - (1-y)z\alpha F \quad (7-1)$$

创业园不积极服务时的期待收益：

$$u_{1-x} = z[y(\bar{\pi}_1 - \alpha F) + (1-y)(\bar{\pi}_1 - \alpha F)]$$
$$+ (1-z)[y\bar{\pi}_1 + (1-y)\bar{\pi}_1]$$
$$= \bar{\pi}_1 - z\alpha F \quad (7-2)$$

创业园整体平均收益为：

$$u_S = xu_x + (1-x)u_{1-x} \quad (7-3)$$

创业园的复制动态方程为：

$$U(x) = \frac{dx}{dt} = x(1-x)[(\pi_1 - c_1) + yr_1 + yz\alpha F - \bar{\pi}_1] \quad (7-4)$$

2. 企业接受扶持时的期待收益：

$$u_y = z[x(\pi_2 + \Delta\pi + \beta I) + (1-x)(\bar{\pi}_2 + \beta I)]$$

$$+ (1-z)[x(\pi_2+\beta I) + (1-x)\overline{\pi}_2]$$
$$= (1-x)\overline{\pi}_2 + x\pi_2 + [x(1-z)+z]\beta I + xz\Delta\pi \qquad (7-5)$$

企业不接受扶持时的期待收益：
$$u_{1-y} = z[x\overline{\pi}_2 + (1-x)\overline{\pi}_2] + (1-z)[x\overline{\pi}_2 + (1-x)\overline{\pi}_2]$$
$$= \overline{\pi}_2 \qquad (7-6)$$

企业整体期待收益：
$$u_E = yu_y + (1-y)u_{1-y} \qquad (7-7)$$

企业复制动态方程为：
$$U(y) = \frac{dy}{dt} = y(1-y)[x(\pi_2-\overline{\pi}_2) + (x-xz+z)\beta I + xz\Delta\pi]$$
$$(7-8)$$

3. 政府积极规划时的期待收益为：
$$u_z = y[x(-\delta H-\beta I-c_2) + (1-x)(\alpha F-\beta I-c_2)]$$
$$+ (1-y)[x(\alpha F-\delta H-c_2) + (1-x)(\alpha F-\delta H-c_2)]$$
$$= \alpha F(1-yz) - (1-y+xy)\delta H - y\beta I - c_2 \qquad (7-9)$$

政府不积极规划时的期待收益为：
$$u_{1-z} = y[x(-\delta H-\beta I) + (1-x)(-\delta H)]$$
$$+ (1-y)[x(-\delta H) + (1-x)(-\delta H)] - \delta H - xy\beta I$$
$$(7-10)$$

政府整体期待收益为：
$$U_G = zu_z + (1-z)u_{1-z} \qquad (7-11)$$

政府的复制动态方程为：
$$U(z) = \frac{dz}{dt} = z(1-z)[(1-xy)\alpha F - y(x-1)\delta H + y(x-1)\beta I - c_2]$$
$$(7-12)$$

因为，政府积极规划时，创业园对企业的投入要小于政府对创业园的投入，政府不履职时的惩罚力度要大于履职时的收益，政府积极规划获得的额外收益要大于投入成本，这样三方才能积极履职。所以要满足以下不等式组成立：

$$\begin{cases} \Delta\pi > \beta I \\ \Delta\pi > r_1 \\ \pi_1 > c_1 \\ \pi_2 > r_1 \\ \overline{\pi}_1 > \alpha F \\ \Delta\pi > c_2 \end{cases} \tag{7-13}$$

以下对三方博弈进行稳定性分析。

首先,看创业园策略的比例随时间的变化,令 $u(x) = 0$ 可得到所有的复制动态稳定状态。如果 $y = \dfrac{\overline{\pi}_1 + c_1 - \pi_1}{r_1 + yz\alpha}$,那么对于所有的 x,$u(x) = 0$ 恒成立,即 x 的所有取值都是稳定状态;如果 $y \neq \dfrac{\overline{\pi}_1 + c_1 - \pi_1}{r_1 + yz\alpha}$,演化稳定策略要对微小扰动有稳健性,也就是说稳定状态下的 $u(x)$ 的导数 $u'(x) < 0$。基于此,当 $y > \dfrac{\overline{\pi}_1 + c_1 - \pi_1}{r_1 + yz\alpha}$ 时,$x = 1$ 是演化稳定策略;当 $y < \dfrac{\overline{\pi}_1 + c_1 - \pi_1}{r_1 + yz\alpha}$ 时,$x = 0$ 是演化稳定策略。

同理可以得出,$y = 0$,1 代表企业演化稳定策略;$z = 0$,1 代表政府演化稳定策略。

局部稳定性分析:

复制动态方程 $u(x)$、$u(y)$ 和 $u(z)$ 描述了创业园、企业和政府三方演化的动态规律,令 $u(x) = 0$、$u(y) = 0$ 和 $u(z) = 0$,可得到 9 个局部均衡点,$(0, 0, 0)$,$(0, 0, 1)$,$(0, 1, 1)$,$(1, 1, 1)$,$(1, 0, 0)$,$(1, 1, 0)$,$(1, 0, 1)$,$(0, 1, 0)$,(x^*, y^*, z^*),其中,(x^*, y^*, z^*) 为方程组 (7-14) 的根。

$$\begin{cases} (\pi_1 - c_1) + yr_1 + yz\alpha F - \overline{\pi}_1 = 0 \\ x(\pi_2 - \overline{\pi}_2) + (x - xz + z)\beta I + xz\Delta\pi = 0 \\ (1 - xy)\alpha F - y(x - 1)\delta H + y(x - 1)\beta I - c_2 = 0 \end{cases} \tag{7-14}$$

由方程组 (7-14) 可得:当 $U'(x^*) < 0$,$U'(y^*) < 0$,$U'(z^*) < 0$ 时,$\Omega(x^*, y^*, z^*)$ 为创业园、企业与政府三方稳定策略集,且

$$U'(x) = (1 - 2x)[(\pi_1 - c_1) + yr_1 + yz\alpha F - \overline{\pi}_1] \tag{7-15}$$

$$U'(y) = (1-2y)[x(\pi_2 - \bar{\pi}_2) + (x - xz + z)\beta I + xz\Delta\pi] \quad (7-16)$$

$$U'(z) = (1-2z)[(1-xy)\alpha F - y(x-1)\delta H + y(x-1)\beta I - c_2] \quad (7-17)$$

系统均衡状态最终演化收敛于某一均衡点，可以通过雅克比矩阵的局部稳定性分析方法获取整个群体动态均衡点稳定性。

雅克比矩阵如下：

$$J = \begin{bmatrix} a_{11} & a_{12} & a_{13} \\ a_{21} & a_{22} & a_{23} \\ a_{31} & a_{32} & a_{33} \end{bmatrix}$$

$a_{11} = (1-2x)[(\pi_1 - c_1) + yr_1 + yz\alpha F - \pi_1]$

$a_{12} = x(1-x)[r_1 + za F]$

$a_{13} = x(1-x)yz\alpha$

$a_{21} = y(1-y)(\pi_2 - \bar{\pi}_2) + y(1-y)(1-z)\beta I + z\Delta\pi$

$a_{22} = (1-2y)[x(\pi_2 - \bar{\pi}_2) + (x - xz + z)\beta I + xz\Delta\pi]$

$a_{23} = y(1-y)[(1-x)\beta I + x\Delta\pi]$

$a_{31} = z(1-z)[-y\alpha F - y\delta H + y\beta I]$

$a_{32} = z(1-z)[-x\alpha F - (x-1)\delta H + (x-1)\beta I]$

其中 $a_{33} = (1-2z)[(1-xy)\alpha F - y(x-1)\delta H + y(x-1)\beta I - c_2]$

分别记雅克比矩阵行列式的 $\det J$ 和迹 $\text{tr} J$，显然 (x^*, y^*, z^*) 时为鞍点，$(1, 1, 1)$ 时局部稳定。创业园、企业、政府三方的稳定性（见表7-4及图7-1）：

表7-4　　　　　　　创业园、企业和政府三方的稳定性

均衡点	$\det J$ 符号	$\text{tr} J$ 符号	稳定性
(0, 0, 0)	−	−	不稳定
(0, 0, 1)	−	不确定	不稳定
(0, 1, 0)	+	不确定	不稳定
(1, 0, 0)	+	不确定	不稳定
(1, 1, 0)	+	+	不稳定
(1, 0, 1)	−	不确定	不稳定

续表

均衡点	detJ 符号	trJ 符号	稳定性
(0, 1, 1)	−	−	不稳定
(1, 1, 1)	+	−	稳定
(x^*, y^*, z^*)	+	0	鞍点

表7-4和图7-1显示，政府、创业园和企业的博弈演化策略只有 (1, 1, 1)，其他点都不具有稳定状态，说明政府、创业园和企业三方都是有限理性博弈方。在长期的反复博弈当中，经过持续的学习、试错及策略调整，最后政府会选择扶持，创业园会选择服务，企业会接受孵化。

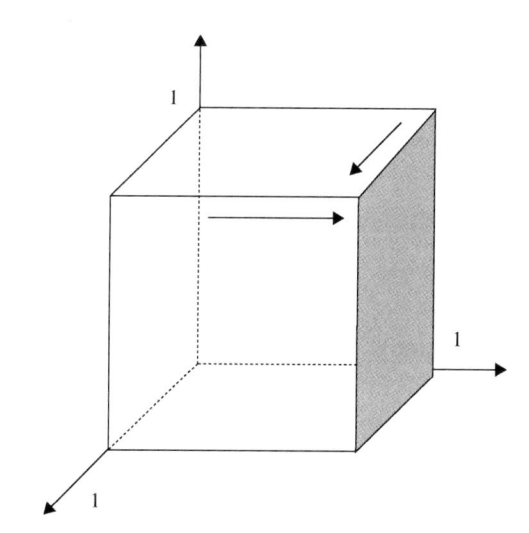

图7-1　创业园、企业和政府三方稳定性的演化动态相图

第三节　系统主体三方演化博弈的启示

一　系统主体三方的演化博弈结果

（一）创业园的渐进稳定性分析

创业园的稳定状态分界线 $(\pi_1 - c_1) + yr_1 + yz\alpha F - \bar{\pi}_1 = 0$。如果 $(\pi_1 - c_1) + yr_1 + yz\alpha F - \bar{\pi}_1 > 0$，就会存在 $U'(0) > 0 \cap U'(1) < 0$，也

就是说创业园应该提供服务，$(\pi_1 - c_1) + yr_1 + yz\alpha F - \bar{\pi}_1 < 0$，就存在 $U'(0) > 0 \cap U'(1) > 0$，则创业园不会提供支持。

(二) 园区企业的渐进稳定性分析

由以上分析可以得到，企业的稳定状态分界线为 $[x(\pi_2 - \bar{\pi}_2) + (x - xz + z)\beta I + xz\Delta\pi] = 0$，如果 $[x(\pi_2 - \bar{\pi}_2) + (x - xz + z)\beta I + xz\Delta\pi] > 0$，就存在 $U'(0) > 0 \cap U'(1) < 0$，这个时候企业接受扶持为稳定状态，反之，企业不接受扶持。

(三) 政府的渐进稳定性分析

政府稳定状态分界线为 $[(1-xy)\alpha F - y(x-1)\delta H + y(x-1)\beta I - c_2] = 0$。如果 $[(1-xy)\alpha F - y(x-1)\delta H + y(x-1)\beta I - c_2] > 0$，就存在 $U'(0) > 0 \cap U'(1) < 0$，政府积极投入是稳定状态。反之政府消极规划。

二 推动政府主导型公益创业园生态发展的启示

基于以上结论，为推动政府主导型公益创业园生态发展的主要启示如下：

(一) 对政府而言，对创业园应该进行积极有效监督

政府应该积极规划，加大对创业园和企业的投资力度，加强对创业园的监管，设立各种奖励和扶持计划，成立专项基金，减少企业投资风险，激发创业人员的创业积极性和创造性，设立相应的法律法规和企业评价体系，同时对创业园不作为不履职时进行处罚、营造良好的创业环境。

(二) 对创业园而言，应该营造良好的投资和融资环境

科学有效地进行规划，运用科学的方法建立动态的博弈策略，保持政府、创业园和企业之间的利益平衡，通过线上和线下媒体宣传、创业培训、公共服务等方式，营造开放、绿色、和谐的创业环境。

(三) 对园区企业而言，应该自觉遵守创业园的规制、响应政府号召

积极配合政府和创业园开展监督与考核评估，争取获得更大力度的优惠政策和奖励扶持，对自身经营项目进行数据整理，运用科学方法进行定期分析，加大引进人才的力度，以提高自身竞争力。

第八章　高校大学生公益创业项目评价体系

第一节　基于层次分析法的大学生公益创业项目评价体系构建

一　研究思路

（一）关于层次分析法的概述

层次分析法（Analytic Hierarchy Process，简称 AHP）是美国 Saaty 教授于 20 世纪 70 年代初提出的一种定性与定量相结合的系统化、层次化的多准则决策方法[1]。该方法通过将一个复杂的多目标决策优化问题当作一个系统，将系统的评价目标分解成目标层、准则层、指标层等，利用定性指标的统计量化方法计算出每一个层次指标或因素的权重，作为多目标优化问题解决方案的决策依据[2]。AHP 法具有实用性、简洁性和系统性等优点，它将复杂问题分解为若干因素，再按照归属及支配关系进行分组，形成递进式层级结构，然后根据一定比率标度，通过两两比较，确定各层级中的各类因素的相对重要性。结合专家的判断，完成候选方案相对重要度排序。

---

[1]　转引自吴殿廷、李东方《层次分析法的不足及其改进的途径》，《北京师范大学学报》（自然科学版）2004 年第 2 期。
[2]　毕孝儒、胡洪林：《基于层次分析法的大学生创新创业激励机制实施效果评价体系构建》，《教育现代化》2018 年第 36 期。

(二) 采用 AHP 方法计算大学生公益创业项目评价指标体系各层级指标权重

具体步骤如下:

第一,根据大学生公益创业项目评价的内容,建立起大学生公益创业项目评价基础指标体系。

第二,构建各级评价指标的判断矩阵。邀请本领域的专家、学者,运用1—7级标度法对各层级指标重要度进行比较和判断,分别构建起各层级指标的判断矩阵。

第三,计算评价指标的权重并作一致性检验。指标权重的计算公式分别为:

$$\omega_i = (\prod\nolimits_{j=1}^{m} P_{ij})^{1/n} / \sum\nolimits_{i=1}^{n} (\prod\nolimits_{j=1}^{m} P_{ij})^{1/n} \quad (8-1)$$

$$\lambda_{\max} = \sum\nolimits_{i=1}^{n} (P\omega)_i / n\omega_i \quad (8-2)$$

其中,$\lambda_{\max}$ 为 n 阶判断矩阵 P 的最大特征根,ω 为其对应的特征向量。i 代表矩阵横向指标,j 代表矩阵纵向指标,n 代表矩阵阶数,P 代表矩阵元素。

第四,应用随机一致性指标 RI、一致性指标 CI 和一致性比率 CR 进行判断矩阵的一致性检验。计算公式如下:

$$CI = \frac{\lambda - n}{n - 1} \quad (8-3)$$

$$CR = \frac{CI}{RI} \quad (8-4)$$

如果 $CR < 0.1$,一致性检验通过,特征向量即为权向量,否则就需要重新构造成对比较矩阵。

二 大学生公益创业项目评价指标体系的设置

(一) 指标体系的因子选择

根据国内外关于大学生公益创业评价的有关理论,评价是在对一定客体行为进行客观描述的基础上,进而对其作出价值评判的一种技术活动。大学生公益创业评价主要是由高等学校具体开展、政府职能部门和大学生公益创业投资者共同参与的对大学生公益创业绩效的价值判断。

第八章　高校大学生公益创业项目评价体系　　157

评价指标的选取既需遵从全面性、客观性和科学性原则，又要遵循应用性和可操作性原则。本章目主要采用专家调查法对评价指标体系进行筛选，构建了大学生公益创业项目评价的指标体系。

初选指标体系在参考本领域国内外学者研究的基础上，经过全面、科学、广泛的调整，最终确定了大学生公益创业项目评价的影响因子。该体系由三层及两级指标组成，第一层是目标层，即大学生公益创业项目评价指标体系；第二层由一级指标构成，分别是公益性、创新性、创业性、创业团队、市场运营 5 项指标；第三层由二级指标构成，二级指标 14 项。具体如图 8-1 所示：

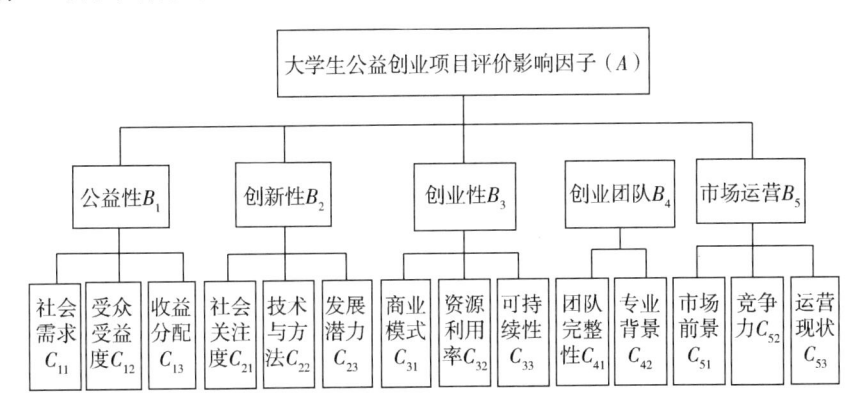

图 8-1　大学生公益创业项目评价影响因子

（二）指标体系中各因子的重要性评价

本章在构建大学生公益创业项目评价指标体系基础上，进一步开展了各指标因子的相对重要性调查。

1. 两级评价指标的重要性调查

应邀参加本次评价工作的专家主要包括来自全国不同地区的公益创业者、创投代表及高校创业教育学者，共 20 人。专家们主要基于自己的既有经验判断和对当前大学生公益创业项目的了解，分别给出了表 8-1 中的 5 个一级指标的相对重要性评价和表 8-2 中的 14 个二级指标相对于一级指标的重要性评价（各因子的评价区间为 1—7，数字越大重要性越高）。一级评价指标的重要性调查表和二级评价指标的重要性调查表内容，具体见表 8-1—表 8-2 所示。

表8-1　　　　大学生公益创业项目的一级评价指标重要性调查

目标层 A（大学生公益创业项目评价影响因子）	评价指标	评价指标描述	一级指标相对于目标层的重要性评价
	公益性 B_1	社会需求；受众受益度；收益分配	1　2　3　4　5　6　7
	创新性 B_2	社会关注度；技术与方法；发展潜力	1　2　3　4　5　6　7
	创业性 B_3	商业模式；资源利用率；可持续性	1　2　3　4　5　6　7
	创业团队 B_4	团队完整性；专业背景	1　2　3　4　5　6　7
	市场运营 B_5	市场前景；竞争力；运营现状	1　2　3　4　5　6　7

表8-2　　　　大学生公益创业项目的二级评价指标重要性调查

	一级指标（B）	二级指标（C）	二级指标相对于一级指标的重要性评价
目标层 A（大学生公益创业项目评价影响因子）	公益性 B_1	社会需求 C_{11}	所针对的问题社会需求是否较大、亟待解决	1　2　3　4　5　6　7
		受众受益度 C_{12}	产品（服务）针对的受众是否合理，是否能解决其针对性问题	1　2　3　4　5　6　7
		收益分配 C_{13}	所得收益分配是否主要用于进一步扩大项目发展	1　2　3　4　5　6　7
	创新性 B_2	社会关注度 C_{21}	所针对的问题原本受到的关注是否较少	1　2　3　4　5　6　7
		技术与方法 C_{22}	采用的方法是否很少或没有其他机构采用	1　2　3　4　5　6　7
		发展潜力 C_{23}	项目具有较大的长远发展潜力	1　2　3　4　5　6　7
	创业性 B_3	商业模式 C_{31}	是否采用商业运作的方式来解决问题，应运用相对少量的启动资源来撬动社会各界的相对大量的发展资源，是否具有普适性、可推广性的运作模式	1　2　3　4　5　6　7
		资源利用率 C_{32}	投入资源、吸收资源以及所产生的社会效益的比例是否合理	1　2　3　4　5　6　7
		可持续性 C_{33}	是否利用商业模式持续引入新资源，维持项目的可持续发展	1　2　3　4　5　6　7
	创业团队 B_4	团队完整性 C_{41}	创业团队是否具有完整性、互补性，人员分工是否合理	1　2　3　4　5　6　7

续表

目标层 A（大学生公益创业项目评价影响因子）	一级指标（B）	二级指标（C）	二级指标相对于一级指标的重要性评价						
	创业团队 B_4	专业背景 C_{42}	创业成员是否具有专业背景、技术能力和足够的时间、精力	1	2	3	4	5	6	7
	市场运营 B_5	市场前景 C_{51}	市场前景是否乐观（市场容量，前瞻性），是否适于自主创业	1	2	3	4	5	6	7
		竞争力 C_{52}	是否具有较大的竞争优势和进入壁垒	1	2	3	4	5	6	7
		运营现状 C_{53}	目前的运营状况，包括财务数据、用户数据、客户情况和社会效应等	1	2	3	4	5	6	7

2. 两级指标的重要性评价结果

根据专家意见，按照1—7比例标度，首先进行重要性程度赋值，如表8-3所示。

表8-3　　　　判断矩阵中的各元素重要性程度赋值

∂_{ij}	各因子重要性程度比较
1	表示两个因子相比，具有相同重要性
3	表示两个因子相比，前者比后者稍重要
5	表示两个因子相比，前者比后者明显重要
7	表示两个因子相比，前者比后者强烈重要
2、4、6	介于上述相邻数字的两种情况之间

20位专家针对不同层次的指标分别进行因子间的两两比较，并确定各因子的相对重要程度，基于专家的评价，得到各级指标评价值，并对评价值加权平均以后得出一级指标（B_1，B_2，B_3，B_4，B_5），二级指标（C_{11}，C_{12}，C_{13}）、（C_{21}，C_{22}，C_{23}）、（C_{31}，C_{32}，C_{33}）、（C_{41}，C_{42}）、（C_{51}，C_{52}，C_{53}）的相对重要性评价值，具体如表8-4、表8-5所示。

表8-4　　　　一级评价指标相对重要性评价结果

一级指标（B）	评价值				
	B_1	B_2	B_3	B_4	B_5
B_1	1	1.052	1.2737	1.4236	1.2635

续表

一级指标 (B)	评价值				
	B_1	B_2	B_3	B_4	B_5
B_2	0.9504	1	1.2105	1.3529	1.198
B_3	0.7851	0.826	1	1.1176	0.996
B_4	0.7025	0.7391	0.8947	1	0.8854
B_5	0.7933	0.8348	1.011	1.123	1

表 8-5   二级评价指标相对重要性评价结果

一级指标	二级指标	评价值		
		C_{11}	C_{12}	C_{13}
B_1	C_{11}	1.0000	1.1360	1.6670
	C_{12}	0.8800	1.0000	1.4670
	C_{13}	0.6000	0.6818	1.0000

一级指标	二级指标	评价值		
		C_{21}	C_{22}	C_{23}
B_2	C_{21}	1.0000	1.0430	0.8000
	C_{22}	0.9583	1.0000	0.7667
	C_{23}	1.2500	1.3040	1.0000

一级指标	二级指标	评价值		
		C_{31}	C_{32}	C_{33}
B_3	C_{31}	1.0000	1.0770	0.8739
	C_{32}	0.9278	1.0000	0.8108
	C_{33}	1.1440	1.2330	1.0000

一级指标	二级指标	评价值	
		C_{41}	C_{42}
B_4	C_{41}	1.0000	0.8760
	C_{42}	1.1410	1.0000

一级指标	二级指标	评价值		
		C_{51}	C_{52}	C_{53}
B_5	C_{51}	1.0000	0.9434	1.2350
	C_{52}	1.0600	1.0000	1.3080
	C_{53}	0.8100	0.7642	1.0000

3. 指标权重计算与一致性检验

通过将评价表转化为判断矩阵，根据式（8-1）和式（8-2）分别求出各级指标判断矩阵的最大特征值 w 和特征向量 λ，并对特征向量进行归一化；根据式（8-3）和式（8-4）得出一致性指标 CI（其中 RI 计算结果见表8-6）、一致性比例 CR，结果见表8-6和表8-7。

表 8-6　　　　　　　　随机一致性指标的数值

n	1	2	3	4	5	6	7	8	9	10	11
RI	0	0	0.58	0.90	1.12	1.24	1.32	1.41	1.45	1.49	1.51

注：由于随机性，不同人根据不同样本获得的 RI 数值会与表8-6稍有不同。
资料来源：Saaty, T. L., Alexander, J. M., *Thinking with Models*, Oxford: Pergamon Press, 1981, p. 155.

表 8-7　一级指标归一化特征向量、最大特征值、一致性指标和一致性比率

	w_1	w_2	w_3	w_4	w_5	λ	CI	CR
B	0.2363	0.2246	0.1855	0.1660	0.1875	5.01	0.025	0.022

注：$CR = \dfrac{CI}{RI}$。

据表8-7和表8-8的结果显示，5个一级指标和14个二级指标的 $CR \leq 0.05$，说明矩阵具有令人满意的一致性。各级指标判断矩阵的归一化特征向量即为权向量。

表 8-8　　　　　　二级指标的归一化特征向量、最大特征值、
　　　　　　　　一致性指标和一致性比率

	k	w_1	w_2	w_3	w_4	w_5
	$w_k^{(2)}$	0.4032	0.3117	0.3255	0.4670	0.3484
		0.3548	0.2987	0.3020	0.5330	0.3694
		0.2419	0.3896	0.3725	0	0.2822
	λ_k	3.0000	3.0580	3.0420	2.0000	3.0200
	CI_k	0	0.0290	0.0210	0	0.0100
C	CR_k	0	0.0500	0.0360	0	0.0170

注：（2）代表二级指标。

（三）大学生公益创业项目评价因子的权重分析

如表 8-9 所示，对 14 个二级因子权重的分析结果（相对权重排序）由高到低依次为社会需求（0.0953）、专业背景（0.0885）、发展潜力（0.0875）、受众受益度（0.0838）、团队完整性（0.0775）、社会关注度（0.0700）、竞争力（0.0693）、可持续性（0.0691）、技术与方法（0.0671）、市场前景（0.0653）、商业模式（0.0604）、收益分配（0.0572）、资源利用率（0.056）、运营现状（0.0529）。

表 8-9　　　　　　大学生公益创业项目评价指标的权重

目标层 A	一级指标 B	综合权重	二级指标	绝对权重	相对权重
大学生公益创业项目评价影响因子	公益性	0.2363	社会需求	0.4032	0.0953
			受众受益度	0.3548	0.0838
			收益分配	0.2419	0.0572
	创新性	0.2246	社会关注度	0.3117	0.0700
			技术与方法	0.2987	0.0671
			发展潜力	0.3896	0.0875
	创业性	0.1855	商业模式	0.3255	0.0604
			资源利用率	0.3020	0.0560
			可持续性	0.3725	0.0691
	创业团队	0.1660	团队完整性	0.4670	0.0775
			专业背景	0.5330	0.0885
	市场运营	0.1875	市场前景	0.3484	0.0653
			竞争力	0.3694	0.0693
			运营现状	0.2822	0.0529

结果显示，一级指标的综合权重以"公益性"（0.2363）为最高，"创新性"（0.2246）次之，"市场运营"（0.1875）第三，"创业性"（0.1855）第四，"创业团队"（0.1660）第五。其中，"公益性"因子的 3 个二级因子的绝对权重比较，列首位的是社会需求（0.4032），其次是受众受益度（0.3548），最后是收益分配（0.2419）；"创新性"因子的 3 个二级因子绝对权重比较，列首位的是发展潜力（0.3896），其次是社会关注度（0.3117），最后是技术与方法（0.2987）；"创业性"因子的 3 个二级因子绝对权重比较，列首位的是可持续性（0.3725），其次是商业

模式（0.3255），最后是资源利用率（0.3020）；"创业团队"因子中，2个二级因子的绝对权重比较，列首位的是专业背景（0.5330），其次是团队完整性（0.4670）；"市场运营"因子的3个二级因子绝对权重比较，列首位的是竞争力（0.3694），其次是市场前景（0.3484），最后是运营现状（0.2822）。

第二节 大学生公益创业项目评价体系的应用

一 大学生公益创业项目的综合评价

对大学生公益创业项目进行综合评价时，具体步骤如下：

第一步，设定评价标准。$u = [0, 1]$ 为基层指标的评价标准。

第二步，紧紧围绕大学生公益创业项目的实际情况，依照评价标准对基层指标实施评价。评价值以 u_{ij} 表示。

第三步，评价结果汇总。根据公式（5）计算出大学生公益创业综合评价（其中：w_i 表示第一级指标的权重；w_{ij} 表示第二级指标的权重；u_{ij} 表示第二级指标的评价值）。

$$U = \sum w_i \sum w_{ij} \times u_{ij} \qquad (8-5)$$

第四步，评价结果分析。根据综合评价得分，对结果进行客观分析。

二 大学生公益创业项目的实证分析

本次实证研究对象主要选取的是2016年中国浙江高校部分大学生公益创业项目的有关信息及数据。

（一）搜集案例信息

为开展本次实证研究，共搜集到包括柯来视爱眼中心（D_1）、温州市乐伢派唇腭裂儿童关怀公益服务中心（D_2）、川藏青·光明行——视觉健康公益项目（D_3）、"阳光谱照"银发创意服务项目（D_4）、Duchenne Muscular Dystrophy（DMD）康复中心——精准医学时代的DMD关怀计划（D_5）、i视觉——公益漫画进化社（D_6）、ONE1青年分享空间项目（D_7）、

"茶心记"（D_8）、"疆爱传递"公益团队（D_9）九个项目（截至2016年6月）的有关信息和数据。

（二）邀请专家评分

本研究共邀请来自中国不同地区的本领域专家11名。专家主要依据已通过一致性检验的大学生公益创业项目评价表及指标说明，进行九个项目之间的"横向比较"，分别给出了每个项目的二级指标评价值，数值可保留至小数点后一位，有效数据区间为0—5.0（数值越大，表示优势越明显）。

（三）项目绩效评价

在专家评分基础上，再根据式（8-5）获得了九个项目的绩效评价。例如，项目D_1评价结果的计算过程如下：

0.2363 ×（4.42 × 0.0953 + 4.16 × 0.0838 + 3.82 × 0.0572）+ 0.2246 ×（4.13 × 0,07 + 4.51 × 0.0671 + 4.62 × 0.0875）+ 0.1855 ×（4.23 × 0.0604 + 4.37 × 0.056 + 4.71 × 0.0691）+ 0.166 ×（4.57 × 0.0775 + 4.63 × 0.0885）+ 0.1875 ×（4.74 × 0.0653 + 4.08 × 0.0693 + 0.0529 × 4.38）= 0.8916

项目D_2至项目D_9的评价结果计算过程与项目D_1相同，具体如表8-10和表8-11所示：

表8-10　九例高校大学生公益创业项目的二级指标评价得分

准则层	D_1	D_2	D_3	D_4	D_5	D_6	D_7	D_8	D_9
C_{11}	0.0995	0.0870	0.1019	0.0608	0.0917	0.0661	0.0870	0.0702	0.0643
C_{12}	0.0825	0.0857	0.0911	0.0605	0.0789	0.0517	0.0702	0.0589	0.0697
C_{13}	0.0516	0.0518	0.0561	0.0461	0.0484	0.0409	0.0474	0.0512	0.0430
C_{21}	0.0649	0.0669	0.0708	0.0506	0.0596	0.0367	0.0523	0.0432	0.0563
C_{22}	0.0679	0.0577	0.0614	0.0419	0.0570	0.0414	0.0458	0.0440	0.0437
C_{23}	0.0908	0.0749	0.0802	0.0581	0.0743	0.0661	0.0678	0.0615	0.0625
C_{31}	0.0473	0.0407	0.0410	0.0324	0.0421	0.0371	0.0393	0.0395	0.0344
C_{32}	0.0454	0.0414	0.0432	0.0291	0.0363	0.0335	0.0368	0.0385	0.0359
C_{33}	0.0604	0.0515	0.0515	0.0348	0.0443	0.0438	0.0451	0.0443	0.0457
C_{41}	0.0589	0.0498	0.0521	0.0448	0.0453	0.0374	0.0477	0.0383	0.0494
C_{42}	0.0680	0.0582	0.0650	0.0493	0.0610	0.0549	0.0523	0.0449	0.0523
C_{51}	0.0580	0.0459	0.0447	0.0335	0.0439	0.0384	0.0379	0.0420	0.0449

续表

准则层	D_1	D_2	D_3	D_4	D_5	D_6	D_7	D_8	D_9
C_{52}	0.0530	0.0477	0.0536	0.0281	0.0524	0.0333	0.0327	0.0374	0.0400
C_{53}	0.0435	0.0346	0.0399	0.0275	0.0336	0.0294	0.0299	0.0362	0.0360

表 8-11　中国浙江高校九例大学生公益创业项目的一级指标评价得分

一级指标	D_1	D_2	D_3	D_4	D_5	D_6	D_7	D_8	D_9
公益性	0.2336	0.2246	0.2492	0.1674	0.2190	0.1587	0.2046	0.1803	0.1770
创新性	0.2236	0.1994	0.2123	0.1506	0.1909	0.1442	0.1659	0.1486	0.1625
创业性	0.1531	0.1336	0.1357	0.0963	0.1226	0.1144	0.1211	0.1223	0.1160
创业团队	0.1268	0.1081	0.1171	0.0941	0.1063	0.0923	0.1001	0.0831	0.1017
市场运营	0.1545	0.1282	0.1381	0.0891	0.1298	0.1011	0.1004	0.1156	0.1209

1. 将九个项目的二级指标评价进行数据可视化，获得图 8-2，从中可以看出：

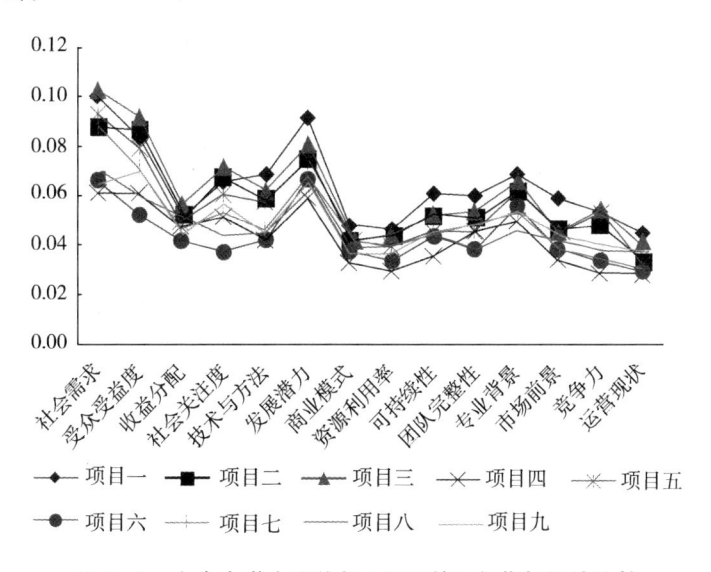

图 8-2　九个大学生公益创业项目的二级指标评价比较

（1）见表 8-10，九个项目的 14 个二级指标权重呈现复杂交叉的现象，其中项目 D_1 的 C_{31}（0.0473，占比 6%）占比最大，项目 D_4 的 C_{32}（0.0291，占比 5%）占比最低。

(2) 见表 8-10，九个项目的 14 个二级因子合计得分排序，最为突出的前三项依次是 C_{11}（0.1019，占比 11% 为最高），C_{12}（0.0911，占比 10%），C_{23}（0.0802，占比 10%）；相对较低的后三项依次是 C_{52}（0.0281，占比 5%）、C_{32}（0.0291，占比 5%）、C_{53}（0.0275，占比 5%）为最低。其中，项目 D_3 的 C_{11}、C_{12} 和 C_{23} 均列在全部项目首位，项目 D_4 的 C_{52}、C_{32} 和 C_{53} 均列在全部项目末位。

(3) 见表 8-10，项目 D_1 有八个二级因子（C_{22}、C_{31}、C_{32}、C_{33}、C_{41}、C_{42}、C_{51} 和 C_{53}）得分均列在全部项目首位；项目 D_4 有 7 个二级因子（C_{11}、C_{31}、C_{32}、C_{33}、C_{51}、C_{52} 和 C_{53}）得分均列在全部项目最后。根据专家对九个项目的比较评价表明，项目 D_1 的优势明显，项目 D_4 的劣势突出。

2. 将九个项目的一级指标评价进行数据可视化，得到图 8-3，可以发现：

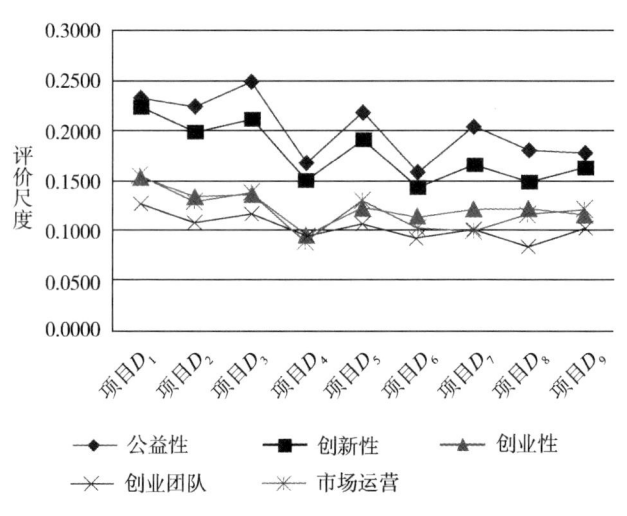

图 8-3 九个大学生公益创业项目的一级指标评价比较

(1) 见表 8-11 九个项目合计后，五个一级因子得分排序，依次是：公益性（1.8143，占比 28%），创新性（1.5981，占比 25%），创业性（1.1153，占比 16%），市场运营（1.0778，占比 17%），创业团队（0.9295，占比 14%）。

(2) 见表 8-11 九个项目合计后，5 个一级因子中最突出的是公益性（占比最多），其中项目 D_3 位列最前；最弱势的是创业团队（占比最少），其中项目 D_4 位列最后；整体趋势具有相似的增减性，说明我们选用指标适合市场真实运营情况。

3. 对九个项目的一级指标专家评价数据进一步两两比较，结果如下：

（1）一级指标：公益性比较

表 8 – 12　　　　　　　九个项目一级指标的公益性比较

	D_1	D_2	D_3	D_4	D_5	D_6	D_7	D_8	D_9
D_1	—								
D_2	0.5078	—							
D_3	0.1690	0.0521	—						
D_4	0.0005	0.0023	0.0000	—					
D_5	0.2819	0.6927	0.0185	0.0048	—				
D_6	0.0000	0.0002	0.0000	0.7960	0.0005	—			
D_7	0.0366	0.1604	0.0010	0.0307	0.3010	0.0050	—		
D_8	0.0014	0.0078	0.0001	0.4559	0.0168	0.2515	0.1107	—	
D_9	0.0025	0.0117	0.0002	0.4735	0.0239	0.2790	0.1341	0.9964	—

在对九个项目的一级指标公益性两两比较中，D_1 分别与 D_4、D_6、D_7、D_8、D_9 存在显著差异（$P=0.0005$、$P=0.0185$、$P=0.0366$、$P=0.0014$、$P=0.0025$）；D_2 分别与 D_4、D_6、D_8 存在显著差异（$P=0.0023$、$P=0.0002$、$P=0.0078$）；D_3 分别与 D_4、D_5、D_6、D_7、D_8、D_9 存在显著差异（$P=0.0000$、$P=0.0185$、$P=0.0000$、$P=0.0010$、$P=0.0001$、$P=0.0002$）；D_4 分别与 D_1、D_2、D_3、D_5、D_7 存在显著差异（$P=0.0005$、$P=0.0023$、$P=0.0000$、$P=0.0048$、$P=0.0307$）；D_5 分别与 D_3、D_4、D_6、D_8、D_9 存在显著差异（$P=0.0185$、$P=0.0048$、$P=0.0005$、$P=0.0168$、$P=0.0239$）；D_6 分别与 D_1、D_2、D_3、D_5、D_7 存在显著差异（$P=0.0000$、$P=0.0002$、$P=0.0000$、$P=0.0005$、$P=0.0050$）；D_7 分别与 D_1、D_3、D_4、D_6 存在显著差异（$P=0.0366$、$P=0.0010$、$P=0.0307$、$P=0.0050$）；D_8 分别与 D_1、D_2、D_3、D_5 存在显著差异（$P=0.0014$、$P=0.0078$、$P=0.0001$、$P=0.0168$）；D_9 分别与 D_1、D_2、D_3、D_5 存在显著差异（$P=0.0025$、$P=0.0117$、$P=0.0002$、$P=0.0239$）。

9 个项目的公益性优劣排序结果为：D_1（0.2336）、D_2（0.2246）、

D_3 (0.2492)、D_4 (0.1674)、D_5 (0.2190)、D_6 (0.1587)、D_7 (0.2046)、D_8 (0.1803)、D_9 (0.1770),其中最优为 D_3,最劣为 D_6。

(2) 一级指标:创新性比较

表 8-13　　　　　　　　九个项目一级指标的创新性比较

	D_1	D_2	D_3	D_4	D_5	D_6	D_7	D_8	D_9
D_1	—								
D_2	0.0262	—							
D_3	0.2514	0.2312	—						
D_4	0.0001	0.0036	0.0005	—					
D_5	0.0309	0.5622	0.1466	0.0299	—				
D_6	0.0000	0.0003	0.0000	0.6882	0.0073	—			
D_7	0.0003	0.0238	0.0027	0.3680	0.1448	0.1598	—		
D_8	0.0001	0.0036	0.0005	0.9122	0.0265	0.7878	0.3225	—	
D_9	0.0002	0.0197	0.0019	0.3540	0.1371	0.1461	0.9954	0.3094	—

在对九个项目的一级指标创新性两两比较中,D_1 分别与 D_2、D_4、D_5、D_6、D_7、D_8、D_9 存在显著差异($P=0.0262$、$P=0.0001$、$P=0.0309$、$P=0.0000$、$P=0.0003$、$P=0.0001$、$P=0.0002$);D_2 分别与 D_1、D_4、D_6、D_7、D_8、D_9 存在显著差异($P=0.0262$、$P=0.0036$、$P=0.0003$、$P=0.0238$、$P=0.0036$、$P=0.0197$);D_3 分别与 D_4、D_6、D_7、D_8、D_9 存在显著差异($P=0.0005$、$P=0.0000$、$P=0.0027$、$P=0.0005$、$P=0.0019$);D_4 分别与 D_1、D_2、D_3、D_5 存在显著差异($P=0.0001$、$P=0.0036$、$P=0.0004$、$P=0.0299$);D_5 分别与 D_1、D_4、D_6、D_8 存在显著差异($P=0.0309$、$P=0.0029$、$P=0.0073$、$P=0.0265$);D_6 分别与 D_1、D_2、D_3、D_5 存在显著差异($P=0.0000$、$P=0.0003$、$P=0.0000$、$P=0.0073$);D_7 分别与 D_1、D_2、D_3 存在显著差异($P=0.0004$、$P=0.0238$、$P=0.0027$);D_8 分别与 D_1、D_2、D_3、D_5 存在显著差异($P=0.0001$、$P=0.0036$、$P=0.0005$、$P=0.0265$);D_9 分别与 D_1、D_2、D_3 存在显著差异($P=0.0002$、$P=0.0197$、$P=0.0019$)。

九个项目的创新性优劣排序结果为:D_1 (0.2236)、D_2 (0.1994)、D_3 (0.2123)、D_4 (0.1506)、D_5 (0.1909)、D_6 (0.1442)、D_7 (0.1659)、

D_8（0.1486）、D_9（0.1625），其中最优为 D_1，最劣为 D_6。

（3）一级指标：创业性比较

表 8-14　　　　　　　九个项目一级指标的创业性比较

	D_1	D_2	D_3	D_4	D_5	D_6	D_7	D_8	D_9
D_1	—								
D_2	0.0262	—							
D_3	0.2514	0.2312	—						
D_4	0.0001	0.0036	0.0005	—					
D_5	0.0309	0.5622	0.1466	0.0299	—				
D_6	0.0000	0.0003	0.0000	0.6882	0.0073	—			
D_7	0.0003	0.0238	0.0027	0.3680	0.1448	0.1598	—		
D_8	0.0001	0.0036	0.0005	0.9122	0.0265	0.7878	0.3225	—	
D_9	0.0002	0.0197	0.0019	0.3540	0.1371	0.1461	0.9954	0.3094	—

在对九个项目的一级指标创业性两两比较中，D_1 分别与 D_2、D_3、D_4、D_5、D_6、D_7、D_8、D_9 存在显著差异（$P=0.0163$、$P=0.0356$、$P=0.0000$、$P=0.0006$、$P=0.0022$、$P=0.0073$、$P=0.0061$、$P=0.0022$）；D_2 分别与 D_1、D_4 存在显著差异（$P=0.0163$、$P=0.0006$）；D_3 分别与 D_1、D_4 存在显著差异（$P=0.0356$、$P=0.0004$）；D_4 分别与 D_1、D_2、D_3、D_5、D_8 存在显著差异（$P=0.0000$、$P=0.0006$、$P=0.0004$、$P=0.0090$、$P=0.0289$）；D_5 分别与 D_1、D_4 存在显著差异（$P=0.0006$、$P=0.0090$）；D_6 分别与 D_1 比较存在显著差异（$P=0.0022$）；D_7 分别与 D_1、D_4 存在显著差异（$P=0.0073$、$P=0.0450$）；D_8 分别与 D_1、D_4 存在显著差异（$P=0.0061$、$P=0.0289$）；D_9 分别与 D_4 存在显著差异（$P=0.0022$）。

九个项目的创业性优劣排序结果为：D_1（0.1531）、D_2（0.1336）、D_3（0.1357）、D_4（0.0963）、D_5（0.1226）、D_6（0.1144）、D_7（0.1211）、D_8（0.1223）、D_9（0.1160），其中最优为 D_1，最劣为 D_4。

（4）一级指标：创业团队比较

表 8-15　　　　　　　九个项目一级指标的创业团队比较

	D_1	D_2	D_3	D_4	D_5	D_6	D_7	D_8	D_9
D_1	—								

续表

	D_1	D_2	D_3	D_4	D_5	D_6	D_7	D_8	D_9
D_2	0.0054	—							
D_3	0.0458	0.1767	—						
D_4	0.0007	0.1224	0.0103	—					
D_5	0.0025	0.8104	0.1043	0.1700	—				
D_6	0.0000	0.0416	0.0009	0.8388	0.0641	—			
D_7	0.0005	0.3020	0.0199	0.5038	0.4129	0.3088	—		
D_8	0.0000	0.0050	0.0002	0.2432	0.0077	0.2521	0.0485	—	
D_9	0.0028	0.4496	0.0545	0.4261	0.5795	0.2617	0.8474	0.0454	—

在对九个项目的一级指标创业团队两两比较中，D_1 分别与 D_2、D_3、D_4、D_5、D_6、D_7、D_8、D_9 存在显著差异（$P=0.0054$、$P=0.0458$、$P=0.0007$、$P=0.0025$、$P=0.0000$、$P=0.0005$、$P=0.0000$、$P=0.0028$）；D_2 分别与 D_1、D_8 存在显著差异（$P=0.0054$、$P=0.0050$）；D_3 分别与 D_1、D_6、D_8 存在显著差异（$P=0.0458$、$P=0.0009$、$P=0.0002$）；D_4 分别与 D_1、D_3 存在显著差异（$P=0.0007$、$P=0.0103$）；D_5 分别与 D_1、D_8 存在显著差异（$P=0.0025$、$P=0.0077$）；D_6 分别与 D_1、D_2、D_3 存在显著差异（$P=0.0000$、$P=0.0417$、$P=0.0009$）；D_7 分别与 D_1、D_3、D_8 存在显著差异（$P=0.0005$、$P=0.0199$、$P=0.0485$）；D_8 分别与 D_1、D_2、D_3、D_5、D_7、D_9 存在显著差异（$P=0.0000$、$P=0.0050$、$P=0.0002$、$P=0.0077$、$P=0.0485$、$P=0.0454$）；D_9 分别与 D_1、D_8 存在显著差异（$P=0.0028$、$P=0.0454$）。

九个项目的创业团队优劣排序结果为：D_1（0.1268）、D_2（0.1081）、D_3（0.1171）、D_4（0.0941）、D_5（0.1063）、D_6（0.0923）、D_7（0.1001）、D_8（0.0831）、D_9（0.1017），其中最优为 D_1，最劣为 D_8。

（5）一级指标：市场运营比较

表 8-16　　　　　　　九个项目一级指标的市场运营比较

	D_1	D_2	D_3	D_4	D_5	D_6	D_7	D_8	D_9
D_1	—								
D_2	0.0065	—							

续表

	D_1	D_2	D_3	D_4	D_5	D_6	D_7	D_8	D_9
D_3	0.0275	0.3087	—						
D_4	0.0000	0.0007	0.0000	—					
D_5	0.0032	0.8681	0.3408	0.0032	—				
D_6	0.0000	0.0111	0.0003	0.1838	0.0035	—			
D_7	0.0004	0.0465	0.0069	0.3727	0.0292	0.9554	—		
D_8	0.0002	0.2338	0.0233	0.0110	0.1445	0.1371	0.2511	—	
D_9	0.0056	0.5510	0.1397	0.0121	0.4389	0.0969	0.1662	0.6583	—

在对九个项目的一级指标市场运营两两比较中，D_1 分别与 D_2、D_3、D_4、D_5、D_6、D_7、D_8、D_9 存在显著差异（$P=0.0065$、$P=0.0275$、$P=0.0000$、$P=0.0032$、$P=0.0000$、$P=0.0004$、$P=0.0002$、$P=0.0056$）；D_2 分别与 D_1、D_4、D_6、D_7 存在显著差异（$P=0.0065$、$P=0.0007$、$P=0.0111$、$P=0.0465$）；D_3 分别与 D_1、D_4、D_6、D_7、D_8 存在显著差异（$P=0.0275$、$P=0.0000$、$P=0.0003$、$P=0.0069$、$P=0.0233$）；D_4 分别与 D_1、D_2、D_3、D_5、D_8、D_9 存在显著差异（$P=0.0000$、$P=0.0007$、$P=0.0000$、$P=0.0002$、$P=0.0110$、$P=0.0121$）；D_5 分别与 D_1、D_4、D_6、D_7 存在显著差异（$P=0.0032$、$P=0.0002$、$P=0.0035$、$P=0.0292$）；D_6 分别与 D_1、D_2、D_3、D_5 存在显著差异（$P=0.0000$、$P=0.0111$、$P=0.0003$、$P=0.0035$）；D_7 分别与 D_1、D_2、D_3、D_5 存在显著差异（$P=0.0004$、$P=0.0465$、$P=0.0069$、$P=0.0292$）；D_8 分别与 D_1、D_4 存在显著差异（$P=0.0002$、$P=0.0110$）；D_9 分别与 D_1、D_4 存在显著差异（$P=0.0056$、$P=0.0121$）。

九个项目的市场运营优劣排序结果为：D_1（0.1545）、D_2（0.1282）、D_3（0.1381）、D_4（0.0891）、D_5（0.1298）、D_6（0.1011）、D_7（0.1004）、D_8（0.1156）、D_9（0.1209），其中最优为 D_1，最劣为 D_4。

（四）九个项目的综合评价

根据表 8–10 和表 8–11 的数据，运用上述基于层次分析法构建的高校大学生公益创业评价模型，可求解出中国浙江高校大学生公益创业项目的综合评价得由高到低的优先排序分别为：D_1（0.8916），D_3（0.8525），D_2（0.7939），D_5（0.7686），D_7（0.6921），D_9（0.6781），D_8（0.6499），

D_6（0.6108），D_4（0.5975）。

如图 8-4 所示，通过九个项目的综合评价得分排序，可以看出相对较高的前 3 例项目依次是柯来视爱眼中心（D_1，0.8916）、川藏青·光明行——视觉健康公益项目（D_3，0.8525）、温州市乐伢派唇腭裂儿童关怀公益服务中心（D_2，0.7939）；相对较低的后 3 例项目依次是"茶心记"（D_8，0.6499）、i 视觉——公益漫画进化社（D_6，0.6108）、"阳光谱照"银发创意服务项目（D_4，0.5975）为最低。

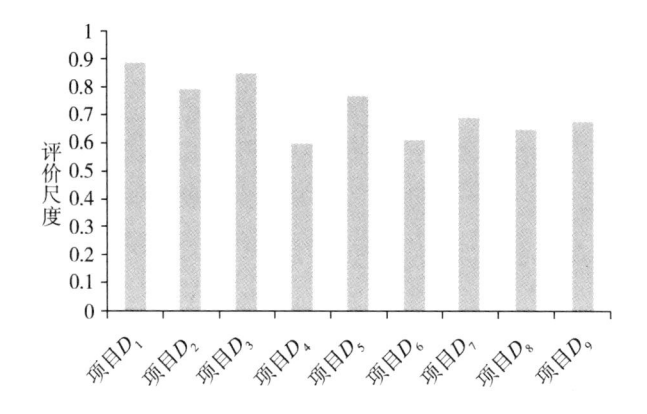

图 8-4　九个大学生公益创业项目的综合评价

三　主要结论

本章主要通过专家评价法，构建起大学生公益创业项目的评价模型，由三层及两级指标组成，第一层是目标层，即大学生公益创业项目影响因子；第二层的一级指标分别由公益性、创新性、创业性、创业团队和市场运营 5 项指标构成；第三层的二级指标有 14 项。

基于专家分别对不同层级指标进行每个因子的两两比较，得到了各级指标评价值，并对评价值加权平均后，获得一级指标和二级指标的相对重要性评价值；通过将评价表转化为判断矩阵，然后分别求出各级指标判断矩阵的最大特征值 w 和特征向量 λ，并对特征向量进行归一化，求得一致性指标 CI 和一致性比率 CR。结果显示，5 个一级指标和 14 个二级指标 $CR \leq 0.05$，说明矩阵具有令人满意的一致性。各级指标判断矩阵的归一化特征向量即为权向量。

根据大学生公益创业项目评价因子的权重分析，获得14个二级指标各因子权重的分析结果，列在首位的是社会需求，列在末位的是运营现状。一级指标5个因子的综合权重，以"公益性"为最高，"创业团队"位列最后。其中，"公益性"因子的3个二级因子相对重要性比较，列首位的是社会需求，最后是收益分配；"创新性"因子的3个二级因子相对重要性比较，列首位的是发展潜力，最后是技术与方法；"创业性"因子的3个二级因子相对重要性比较，列首位的是可持续性，最后是资源利用率；"创业团队"因子的2个二级因子相对重要性比较，列首位的是技术能力，其次是团队完整性；"市场运营"因子的3个二级因子相对重要性比较，列首位的是竞争力，最后是运营现状。

本次实证分析，主要选取了中国浙江高校九个大学生公益创业项目作为研究对象，主要结论包括：九个项目中的14个二级指标的权重呈现复杂交叉的现象，其中柯来视爱眼中心的商业模式占比最大，"阳光谱照"银发创意服务项目的资源利用率占比最低。九个项目的14个二级因子合计得分排序，最为突出的前三项依次是社会需求，受众受益度，发展潜力；相对较低的后三项依次是商业模式、资源利用率、运营现状。其中川藏青·光明行——视觉健康公益项目的社会需求、受众受益度和发展潜力均列在九个项目首位；"阳光谱照"银发创意服务项目的商业模式、资源利用率和运营现状列在九个项目末位。

柯来视爱眼中心项目的8个二级因子得分均列在九个项目首位；"阳光谱照"银发创意服务项目的7个二级因子得分均列在九个项目最后。据此，前者的优势明显，后者的劣势突出。九个项目的综合评价得分排序，相对较高的前3项依次是柯来视爱眼中心、川藏青·光明行——视觉健康公益项目和温州市乐伢派唇腭裂儿童关怀公益服务中心；相对较低的后3个项目依次是"茶心记"、i视觉——公益漫画进化社和"阳光谱照"银发创意服务项目。

第九章 高校主导型公益创业生态研究

第一节 高校创新创业教师的公益创业认知研究

本书探寻了我国高校创新创业教师（以下简称高校"双创"教师）对公益创业的认知及决策表现。研究采用问卷调查的方法探索了教师对公益创业成因、孵化以及决策的认知。

一 文献综述

（一）双因素理论视角下公益创业的"推"与"拉"

从创业三因素理论看，公益创业的形成受到环境、创业者、商机三方面因素的影响，这种影响可以通过双因素理论进行解读。公民在社会福利问题、社会正义主题上有了更大的发言权。他们对社会福利的需求提升，对社会公平的高响应使得政府在面对公共问题时承担着更大的压力。

公益创业对创业环境的响应源于公民在公共事务上的权利扩张。这种影响一方面表现为"拉动力量"：公民对社会问题的责任主体的边界扩张使得公益使命形成了一种市场竞争力量。在市场领域，承担公共责任、具备公益精神的企业可能获得更多消费者的青睐。即环境淘汰[①]对公益创业主体起着"拉动作用"。另一方面环境还对公益创业具有"推动效

---

① Steiner, G. A., *Business and society*, New York: Random House, 1971.

应",这种推动效应来自社会规范的积累①。这种推动作用既有因成熟的法治环境提供的公益创业限定和运作的规则空间②,亦有因丰富的物质文明带来的需求境界的提升。两股力量为公益创业的形成构筑了宏观的生发环境。

站在创业者的角度看待公益创业者,其不仅具有创业者的素养,同时还具备公益精神、奉献精神③,不仅在人格特质上存在差异,公益创业者的产生还与个人经历有所关联。先前的许多研究表明能否成为公益创业者可能存在性别差异,相较于男性,女性更有可能开展公益创业④。创业机遇可能来自就业生涯发展受限、职场挫折等⑤。

着眼于机遇看待公益创业,研究者认为公益创业者是积极响应外部环境创造机遇,而非单纯的识别机遇⑥。并且在机遇识别阶段,公益创业者考察的因素通常包含机遇、需求,还有研究者提出了敏感性。公益创业的推动作用可以来自对广泛的社会问题响应⑦。同时机遇实现过程也会受益于与利益相关者的互动⑧。与此类似但不同的是,环境力量有可能对公益创业造成阻碍(社会体制转型的滞留效应),但这仍然可能给公益创

---

① Sharir, M., Lemer, M., "Gauging the Success of Social Ventures Intiated by Individual Social Entrepreneurs", *Journal of World Business*, 2006, 41 (1): 6 – 20.

② Spaargaren Gert and Mol Arthur P. J. and Buttel Frederick H., *Governing Environmental Flows: Global Challenges to Social Theory*, Cambridge: The MIT Press, 2006.

③ Corner, P. D., Ho, M., "How Opportunities Develop in Social Entrepreneurship", *Entrepreneurship Theory & Practice*, 2010, 34 (4): 635 – 659.

④ Zinger, J. T., Lebrasseur, R., Robichaud Y., et al., "Stages of Small Enterprise Development: A Comparison of Canadian Female and Male Entrepreneurs", *Journal of Enterprising Culture*, 2011, 15 (2): 107 – 131.

⑤ Kropp, Fredric, Yitshaki, et al., "Entrepreneurial Passions and Identities in Different Contexts: A Comparison Between High-tech and Social Entrepreneurs", *Entrepreneurship & Regional Development*, 2016.

⑥ David J. Jefferson, et al., "Technology Transfer in the Americas: Common and Divergent Practices Among Major Research Universities and Public Sector Institutions", *The Journal of Technology Transfer*, 2017, 42 (6): 1307 – 1333.

⑦ Michael, R., Henry, S., "Entrepreneurship, Founders and Joiners", *Science*, 2015, 348 (6240): 1200 – 1.

⑧ Corner, Patricia, (Trish), et al., "Trade Aid: Taking Fair Trade into the Future", *University of Auckland Business Review*, 2010.

业者提供可持续发展的创业机遇[1]。

（二）高校公益创业孵化：传统"一+二"或是新型"师+生"

第一种模式是当今高校公益创业孵化模式，大部分采用的是"第一课堂+第二课堂"的传统模式。在这一教育模式中，学生先通过第一课堂习得学科的整体框架，然后通过第二课堂的活动或竞赛等进行知识迁移形成创业素养，最后审批入驻创业园孵化落地成初创企业。这一模式的优点在于，对学生的教学系统且循序渐进，其缺点在于该模式过于"课本化"。对学生创业意愿与积极性激发力度不足，可能导致最终落地的公益创业企业较少[2]。与此相似，一种新兴的公益创业孵化模式逐渐走入我们视域：教师与学生共同开启创业（共创模式），即第二种模式。新生在入学后借由学长引荐、公开招募等方式进入教师的项目团队。经由"指导—研发—注资—创业—运营"这一过程实现公益创业。相较之前的孵化模式，此模式具备以下几个优势：①产教融合。学生参与教师课题团队，学生获得了专业指导，教师达成了科研目标实现产出；资源分享及风险分摊。作为具有工作经验和技术专长的教师能给学生提供知识资金上的支持，学生通过分享自身时间、精力，推进了项目的完成。②强落地性。师生共创成果通常是专利和产品，已经过产品化阶段具备较成熟的转化前景，且团队成员对产品较为熟悉，有利于创业落地。第三种模式则具备以上两者模式的特征，采用"创意+教学定制化+浸入式项目过滤+孵化落成"的形式。

二 研究结果

（一）高校"双创"教师对公益创业影响因素的认知内涵

1. 研究方法

在问卷设置方面，研究选取了近5年CNKI（中国知网）上的核心刊物以及硕博士论文进行文献分析。运用极端值、相关性等分析方法实现

---

[1] Rihter, Liljana and Zidar, Romana, "Social Entrepreneurship in Slovenia: An Opportunity for Sustainable Development", *Revija za socijalnu politiku*, 2018.

[2] 蒋豪、吴碧玉、薛影：《大学精神视域下的大学生创新创业精神培养》，《文教资料》2017年第14期。

了因素初筛。最后采用主成分分析法,构建了具有二级结构的公益创业影响因素模型。

2. 研究结果

采用 CNKI 高级搜索功能,以"公益创业/社会创业"为关键词,检索获得目标文献 135 篇;再通过标题包含"公益创业/社会创业"进行模糊搜索,获得相关文献 47 篇。通过词频抓取,并对词语进行归类整合,将整合后的词语向创业领域专家请教,进一步校正,最后获得公益创业形成因素有:公益创业教育·政策、公益创业启动政策、公益创业管制政策、项目的经济回报、项目的社会价值、公益缺口、创始人理念、创新想法、融资便利性、创客文化、公益创业课程以及"双创型"导师。

采用模糊评价法,将文献分析形成的评测题项转化为 5 点记分的测量问卷,如表 9-1。

表 9-1　　　　　　　　公益创业影响因素问卷

公益创业影响因素	完全不重要	较不重要	不确定	较重要	非常重要
公益创业教育政策	1	2	3	4	5
公益创业启动政策	1	2	3	4	5
公益创业管制政策	1	2	3	4	5
项目的经济回报	1	2	3	4	5
项目的社会价值	1	2	3	4	5
公益缺口	1	2	3	4	5
创始人理念	1	2	3	4	5
创新想法	1	2	3	4	5
融资便利性	1	2	3	4	5
创客文化	1	2	3	4	5
公益创业课程	1	2	3	4	5
"双创型"导师	1	2	3	4	5

3. 调查对象

我们选取全国创新创业师资培训班第 X 期,向全体参训师资发放问卷,共发放 80 份,排除漏填、乱填 5 份,共获得有效问卷 75 份。

表9-2　　　　　　　　　公益创业影响因素项目分析

项目	M	SD	鉴定系数	鉴定显著度	α
公益创业教育政策	4.04	0.91	-5.52	0.00**	0.71
公益创业启动政策	4.20	0.97	-5.42	0.00**	0.71
公益创业管制政策	4.07	0.99	-4.37	0.00**	0.61
项目的经济回报	4.32	0.94	-2.89	0.00**	0.53
项目的社会价值	3.63	1.10	-4.14	0.00**	0.55
公益缺口	3.96	0.90	-2.24	0.31	0.53
创始人理念	4.51	0.73	-2.53	0.02*	0.55
创新想法	4.66	0.76	-1.95	0.06	0.59
融资便利性	4.31	0.81	-4.97	0.00**	0.65
创客文化	3.79	0.91	-4.26	0.00**	0.19
公益创业课程	3.52	0.86	-4.39	0.00**	0.64
"双创型"导师	3.97	0.94	-5.07	0.00**	0.66

注：$*p<0.05$，$**p<0.01$。

我们进一步对所选因子进行项目筛选，这里主要采用极端值法以及按照关联效度进行升维。具体来说，第一步删除相关系数低于0.30的因子，然后将筛选后总得分排名前后27%的数据分为两组，并算出各组每个一级维度的得分，就每个一级维度得分的两组数据进行独立样本T检验，以确定维度区分度，一级维度区分度达标则该维度保留，最后形成检验后的一级维度。

从表9-2的结果我们可以看出，"创新想法"该因子的相关系数低于0.30，故剔除该因子，进一步进行区分度检验后，结果达标。获得最终的一级维度：公益创业教育政策、公益创业启动政策、公益创业管制政策、项目的经济回报、项目的社会价值、公益缺口、创始人理念、融资便利性、创客文化、公益创业课程以及"双创型"导师。

接下来，就一级维度进行因子分析，将被试关于公益创业影响因素中与认知类似的维度合并，升维得到公益创业影响因素的高级维度。

由表9-3可知，KMO值超过阈值0.7，且样本数为75，大于30，$p<0.000$，KMO显著。由此，所得目标数据可用于主成分分析。

表 9-3　　　　　　　　KMO 检验和 Bartlett 球形检验的结果

取样足够的 Kaiser – Meyer – Olkin 度量		0.810
Bartlett 球形检验	近似卡方	229.546
	df	55
	Sig.	0.000

从表 9-4 的结果可以看出，正交旋转后得到 3 个因子，且首因子载荷数低于 50%，分别为 22.02%（因子 1：公益创业教育政策），20.538%（因子 2：公益创业启动政策），17.96%（因子 3：公益创业管制政策）。由此我们可以排除数据存在虚假共线性的系统误差，即对目标数据采用主成分分析方法是可行的。

表 9-4　　　　　　　　二级因子的方差载荷

成分	初始特征值			提取平方和载入			旋转平方和载入		
	合计	方差的百分比	累积百分比	合计	方差的百分比	累积百分比	合计	方差的百分比	累积百分比
1	4.108	37.349	37.349	4.108	37.349	37.349	2.422	22.020	22.020
2	1.478	13.434	50.783	1.478	13.434	50.783	2.259	20.538	42.559
3	1.071	9.736	60.519	1.071	9.736	60.519	1.976	17.960	60.519
4	0.962	8.742	69.261						
5	0.802	7.294	76.555						
6	0.615	5.593	82.148						
7	0.571	5.194	87.342						
8	0.507	4.606	91.947						
9	0.337	3.061	95.008						
10	0.298	2.712	97.720						
11	0.251	2.280	100.000						

注：成分 1—11 指的是公益创业的 11 个影响因素。

表 9-5 结果显示，高校"双创"教师认为公益创业影响因子包含三大内容。首先，因子 1 影响着公益创业，具体包含创业教育政策、创业启动政策、创业企业监管政策；其次，因子 2 影响着公益创业，具体包含项目的社会价值、创始人理念、项目的经济回报、创客文化以及融资

便利性、公益缺口、创客文化；最后，因子3影响着公益创业，具体包含"双创型"导师、公益创业课程。其中创客文化在社会因素、教育因素上均有高载荷。这可能说明了创客文化作为一种创业的社会资本，通过校园和社会两种环境对教师创业认知产生着影响。

表9-5　　　　　　　　　公益创业主成分旋转矩阵

	成分		
	因子1	因子2	因子3
创始人理念		0.530	
公益创业课程			0.852
"双创型"导师			0.815
创客文化		0.563	0.580
公益创业教育政策	0.729		
公益创业启动政策	0.874		
公益创业监管政策	0.890		
融资便利性		0.522	
项目的社会价值		0.661	
项目的经济回报		0.576	
公益缺口		0.664	

注：提取方法：主成分分析法；a. 旋转在5次迭代后收敛。

根据研究结果及文献查阅，并向创业领域的多年执教的教育工作者、创业学者请教讨论，最终为三类因素进行命名，分别是：因子1——政策因素（公益创业教育政策、公益创业启动政策、公益创业监管政策）；因子2——社会因素（项目的社会价值、创始人理念、项目的经济回报、创客文化、融资便利性、公益缺口、创客文化）；因子3——教育因素（"双创型"导师、公益创业课程）。如图9-1所示：

由图9-1可以看出，高校"双创"教师认为影响公益创业的因素包含政策因素、社会因素、教育因素。其中，政策因素影响作用最大，社会因素影响途径最多，教育因素中课程及师资是核心内容。

对各形成因素的模糊评价得分排序，可得图9-2。

从图9-2可见，对公益创业企业形成非常重要的因素排序中，创始人理念排在了第一位，排在前三的因素分别是：创始人理念 $N_{理念}=103$；

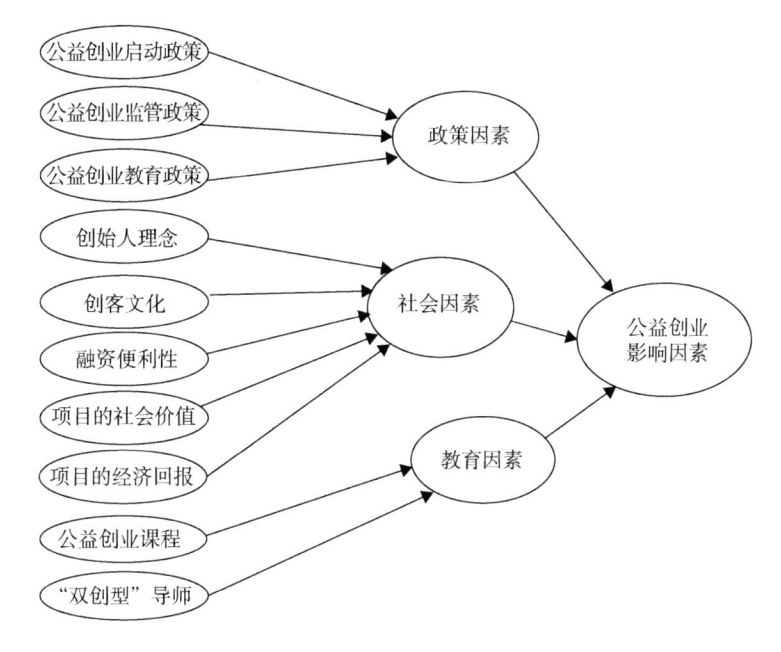

图 9-1 公益创业影响因素认知结构

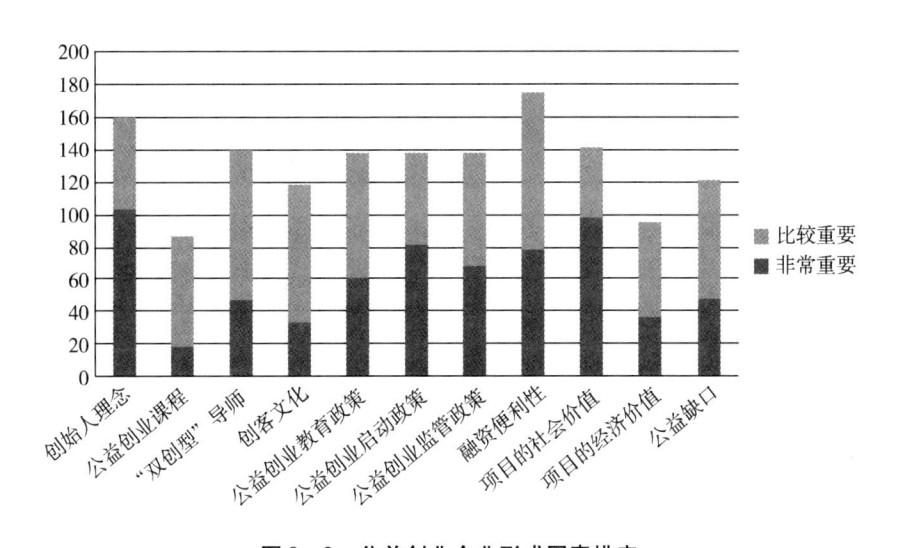

图 9-2 公益创业企业形成因素排序

项目的社会价值 $N_{社会价值}=98$；创业启动政策 $N_{准入政策}=81$。

升维后，每个维度包含多个形成因子，按照每类评价下至少选择一个子影响因子的方法，统计各维度的选择人数（在同类评价中每人每个维度只计算一次），因此由各形成因子升维后的模糊评价得分排序（如图9-3所示）。

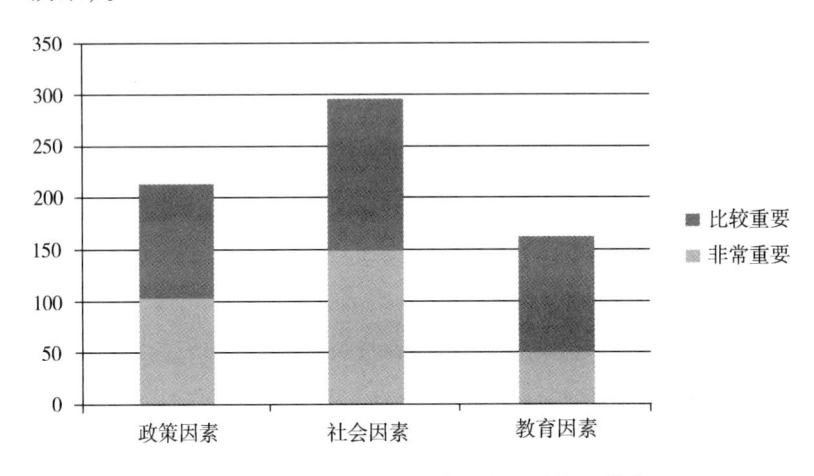

图 9-3　公益创业企业形成因素（升维）排序

由图 9-3 可得，公益创业企业形成因素中非常重要的因素排序，排名首位的是社会因素 $N_{社会}=148$，其次是政策因素 $N_{政策}=103$，最后是教育因素 $N_{教育}=50$；创业企业形成因素中比较重要的因素排序，排名首位的是社会因素 $N_{社会}=296$，其次是政策因素 $N_{政策}=312$，最后次是教育因素 $N_{教育}=162$。

在公益创业评价的分析中，参照表 9-1 对成因进行排序，与公益相关的主要指标（项目的社会价值与公益缺口）排序结果，如表 9-6 所示。

表 9-6　　　　　　　　　　公益创业项目的成因评价

	一级因素（11 个）		二级因素（社会因素 6 个）	
	非常重要	比较重要	非常重要	比较重要
项目的社会价值	第 2 位	第 11 位	第 2 位	第 6 位
公益缺口	第 7 位	第 6 位	第 4 位	第 3 位

由表 9-6 可得，教师对于公益创业项目主要影响因素的评价，将项目的社会价值放在了十分靠前的位置（一级因素，第 2 位；社会因素，

第 2 位),其非常关注公益创业项目带来的社会价值;市场的公益缺口这一因素被排在了中后的位置(一级因素 11 个/M 第 5.5 位:第 5.5 位 > 第 7 位;社会因素 6 个/M 第 3 位:第 3 位 > 第 4 位)。这可能说明,相对于公益市场的需求和机遇,教师更看重公益创业者将产品或服务市场化的能力。

创业角色对政策因素评价的影响(见表 9-7)。

表 9-7　　　　　　　　创业角色对政策因素的评价差异

担任角色	水平	M	F	Sig.
创业者	是	12.11	2.134	0.151
	否	12.28		
投资人	是	11.67	0.934	0.339
	否	12.29		
协助者	是	12.46	0.580	0.450
	否	12.13		
监管者	是	13.60	0.624	0.434
	否	12.14		

注:因变量:政策因素评分(政策因素评分 = 公益创业教育政策得分 + 公益创业启动政策得分 + 公益创业监管政策得分)。

创业角色对社会因素评价的差异,见表 9-8。

表 9-8　　　　　　　　创业角色对社会因素的评价差异

担任角色	水平	M	F	Sig.
创业者	是	25.00	0.000	0.988
	否	24.51		
投资人	是	22.50	1.009	0.320
	否	24.63		
协助者	是	25.04	0.703	0.406
	否	24.26		
监管者	是	24.60	0.070	0.793
	否	24.56		

注:因变量:社会因素评分(社会因素评分 = 创始人理念得分 + 创客文化得分 + 融资便利性得分 + 项目的社会价值得分 + 项目的经济价值得分 + 公益缺口得分)。

创业角色对教育因素评价的差异,见表 9-9。

表9-9　　　　　　　　创业角色对教育因素的评价差异

担任角色	水平	M	F	Sig.
创业者	是	6.90	0.313	0.579
	否	7.68		
投资人	是	5.33	2.170	0.147
	否	7.67		
协助者	是	7.88	9.454	0.004*
	否	7.35		
监管者	是	8.20	1.687	0.200
	否	7.51		

注：*$p < 0.05$。因变量：教育因素评分（教育因素评分 = "双创型"导师得分 + 公益创业课程得分）。

由表9-7、表9-8、表9-9可得，教师在不同的创业经历中，只有作为创业协助者时对教育因素的评价呈现显著差异（F = 9.4541；Sig = 0.004）。

（二）高校"双创"教师关于公益创业孵化的认知特征

1. 研究准备

在前人研究的基础上，通过文献分析获得关于公益创业孵化模式及孵化要素的初步指标，然后编码比对，将提炼后的孵化影响因素及孵化模式送给予专家评定，最后获得问卷题项的规范表达。得到孵化影响因素及孵化模式。孵化影响因素有：人才培养、政策扶持、资金来源、企业前身、同行联盟（资源互补）以及口碑营销。孵化模式有：产学研协同创新模式、传统一+二模式以及师生共创模式。

孵化模式有：（1）产学研协同创新模式。以专业教师横向课题或研究的创新成果为技术支持，借由企业对接或校方孵化实现的创新成果转让或落地，针对公益领域、公益缺口实现可持续的商业运营。

（2）传统"一+二"模式。学生先通过第一课堂习得学科的整体框架，然后通过第二课堂的活动、竞赛等进行知识迁移养成创业素养，最后审批入驻创业园孵化成初创企业。

（3）师生共创模式。新生在入学后借由学长引荐、公开招募等方式进入教师的项目团队。经由"指导—研发—注资—创业—运营"这一过程实现公益创业。

2. 研究结果

我们选取全国创新创业师资培训班第 X 期，向全体参训师资发放问卷，共发放 80 份，排除漏填、乱填 5 份，共获得有效问卷 75 份。题目类型为排序题，并指明按照重要性程度从左至右依次作答。最后对重要性不同位次上各类孵化影响因素进行统计，结果如表 9-10。

表 9-10　　　　　　　　　公益创业企业孵化要素排序

重要性序位	要素	频数（次）	占比（%）
第 1 位	政策扶持	33	0.465
第 2 位	资金来源	28	0.384
第 3 位	企业前身	23	0.324
第 4 位	口碑营销	22	0.310
第 5 位	同行联盟	21	0.296
第 6 位	资源价值	19	0.271

基于频数分析的结果可以看出，首先，大部分"双创"教师认为政策支持因素对公益创业企业的孵化过程起主要支持作用。其次，资金问题也是企业成形过程中较为重要的孵化要素。再次，来源于行业资源（企业前身、同行联盟）与市场资源（口碑营销）的要素则是企业孵化过程中较为次要的因素。而排名靠后的资源价值还有待重视。

下面我们结合创业资本及社会学特征，考察该类创业相关因素是否会影响"双创"教师对公益创业孵化要素的判断（以最重要的孵化要素为例），分析结果见表 9-11。

表 9-11　　　　　　　　　公益创业孵化要素卡方检验

创业资本与社会学特征	F	p
创业经历	0.73	0.21
性别	2.21	0.34
亲属创业	3.42	0.06

表 9-11 显示出来自亲属的创业相关资本，对"双创"教师公益创业认知具有显著影响，亲属具有创业经历的"双创"教师，更倾向于将政策扶持置于公益创业孵化要素的首要位置。

由表 9-12 的结果可以看出大部分高校"双创"教师认为，产学研协同创新模式在公益创业孵化过程中是最为普遍的途径。其次是传统"第一课堂+第二课堂"的模式，较为少见的是师生共创模式，这也与师生共创这一新生创业现象出现的时长有关。但相较于传统模式，教师对于师生共创模式的认同程度更高。

表 9-12　　　　　　　　公益创业孵化模式排序

普遍性序位	模式	频数（次）	占比（%）
第 1 位	产学研协同创新	31	41.33
第 2 位	传统一+二	22	29.33
第 3 位	师生共创	25	33.33

我们仍选取高校"双创"教育教师的创业资本及社会学特征，以此考察其对于公益创业孵化模式认知是否具有显著差异。

通过表 9-13 卡方检验的结果可以看出，无论是直接创业资本还是间接创业资本，其对"双创"教师的公益创业孵化模式认知都不具有显著影响。然而性别这一社会学特征对其则具有显著影响，女性教师更倾向于认为产学研协同创新模式是最为普遍的公益创业孵化模式。

表 9-13　　　　　　　　公益创业孵化模式卡方检验

创业资本与社会学特征	F	Sig.
创业经历	1.76	0.17
性别	4.20	0.02*
亲属创业	0.66	0.41

注：* $p<0.05$。

三　结论与讨论

（一）结论

本节主要结论有三点：一是高校"双创"教师认为影响公益创业的因素包含政策因素、社会因素、教育因素。其中，政策因素影响作用最大，社会因素影响途径最多，教育因素中课程及师资是核心内容。二是产学研协同创新模式在公益创业孵化过程中是最为普遍的途径；相较于"第一课堂"+"第二课堂"的传统模式，教师对师生共创模式认同程度高。三是高校"双创"教师要实现双师型的转变，通过创业实践的途径将能有效达成目标。

(二) 讨论

1. 将政策落地为政策资源

从研究结果可以看出，政策因素作为影响公益创业最重要的因素，就高校公益创业企业孵化而言，我们要实现有效"消化"政策资源，首先应该清楚地界定教育对象的学习需求。公益创业教育并非倡导所有学生创立社会企业，更为重要的是塑造和培养学生公益创业者的特质：创新精神、创业技能、社会责任感等。并且公益创业教育立于首位的应是帮助学生进行正确的职业界定，了解自己适合哪类职业路径、适合开启何种创业。为实现有效的职业分流界定下进一步提供对口的教育内容。

总的来说，参与公益创业教育的学生分为三大类：潜在创业者、准创业者、创业者。潜在创业者不具有公益创业意愿，但对公益创业学习具有一定兴趣和好奇，未来打算通过就业或升学进行职业流动。这类学生应侧重职业道德、社会责任感的培养，并运用第一课堂的教学创新，实现其跨专业学习背景下的良好吸收。应鼓励这类学生多多参与在公益创业教育政策下举办的教育活动、社会活动，实现公益精神的内化。

准创业者具有一定的创业意愿，也打算毕业后开启或尽快开启公益创业，但受限于创业素养不足、创业自我效能感较低等，需要借助公益创业教育培养实现其创业准备。对于这类学生，公益创业教育应着重其创业能力的培养，无论是公益创业学科的知识结构（企业管理、市场运营、财务规划、法规制度），还是公益创业意识形态（公益创业的内在价值、理想信念），抑或是公益创业的实战技能（公益创业准备的商业技能、专业技能、社交技能）都应通过模拟创业、创业实践等方式实现其对公益创业启动的充足准备。公益创业政策的启动政策资源（校方与地方政府）、孵化的政策资源（场地、服务、税收等）、现实的政策福利与待遇都应是公益创业教育的主打内容。

对于在校期间已有创业经历的学生，即创业者，我们将为其提供的公益创业教育分为两个部分：有针对性的创业指导、与公益创业相关的法务培训。一方面创业指导与中小企业主培训（创业者类学生）作为创业政策资源应落实到对创业学生的周期回访中。另一方面法务培训应落实到校方或政府提供的创业支持中。以此为公益创业者自身创业素养完善、公益创业良好发展提供有效支持。

2. 师生共创再造创业团队，资源之困向信念之帆蜕变

首先我们需要承认现今高校公益创业孵化模式主要还是产学研协同创新为主，相较于之前象牙塔式的学术创新，这种模式确实实现了校方与社会的资源对接，并且形成了一些有利于创新转化的渠道。但是其中存在一些问题，限制了创新创业的进一步发展。

创新产出过程中，创业团队内教师主导或教师指挥式的合作模式，使得学生创新目标与个人目标背离，创新成为技术产出的手段而非自我实现的途径。从社会交换理论来看，师生团队在创业过程中的分崩离析，来自其创业团队组建时只注重技艺而忽视理念。教师以评定职称为导向，使得其在高校公益创业孵化过程中呈现出"功利主义"现象，未将学生看作对等的合作伙伴，也未与学生共享自己对创新创业的理想目标。创业团队组建或者说是挑选时，因利择人，而非因梦择人，使得团队创新创业过程中，眼界止步于投入回报而非奉献回报。公益创业团队中没有形成高层次的精神认可回报机制。最终其团队的发展亦陷入资源之困。

因此，在教师或学生组建公益创业团队时，应首要考虑彼此的创业信念和目标，例如：是否同样关注社会痛点、是否真正愿意为社会事业付出？企业的终极回报和自我发展之间的平衡设想是怎样的？在认真考虑了这类价值观念后，建立内在认同再开启公益创业的事业。

第二节　大学生公益创业生态现状及推进路径

一　研究背景

自改革开放以来，我国经济社会高速发展，人民生活水平大大提高。然而，在社会发展进步的同时，社会问题也在不断出现；部分社会问题甚至日趋尖锐，成为制约我国经济社会发展的重要因素。如何妥善地解决当前所出现的种种社会问题，需要我们及时给出答案。

然而，要给出令人满意的答案似乎并不是一件简单的事情。一方面，虽然市场可以有效地调节配置资源，为社会问题的解决提供可能，但市场主要受经济利益驱动，而参与解决社会问题往往并没有可观的短期、直接利益可以获得。因此，在社会问题的处理与解决上，市场不会有太大兴趣，其优化资源配置的优势也就难以发挥。另一方面，虽然政府可以通过完善社会保障体系等方式，以行政手段发挥强有力的宏观调控作用，但社会问题繁杂，政府处理起来往往难以面面俱到，且还存在产生贪污腐败现象的可能。此外，虽然当下有众多社会公益组织扶贫济困，积极承担社会责任，参与社会问题的解决，但它们主要依靠社会各界的捐赠以维持自身的正常运作，其活动的开展容易受到资金的限制，因而其在解决社会问题方面往往难以稳定、持续地发挥作用。显然，在社会问题的妥善处理与解决方面，迫切需要一种新的力量加入。

近些年来，中国大学毕业生人数迅速增加，就业压力持续增大。据教育部统计，从1997年到2018年的短短二十余年间，全国高校毕业生人数从83万增长至820万，增速远超岗位的新增速度。在"大众创业，万众创新"口号的号召与感染下，越来越多的大学生选择投身于创新创业活动，以自主创业的方式实现就业。由中国人民大学牵头，上海交通大学、北京师范大学等三十余家高校、社会组织和企事业单位联合调查形成的《2017年中国大学生创业报告》显示，在校大学生的创业热情持续高涨——近九成的大学生表示自己曾经考虑过创业，26%的大学生有较强的创业意愿，且其中更是有3.8%的学生表示一定要创业。报告还指出，大学生创业存在两大最主要障碍：资金缺乏、经验不足。

事实上，商业创业参与者众多，其在资本、经验、人脉、个人素养等多方面均对创业者提出了较高的要求，竞争颇为激烈。而大学生身处单纯的校园环境，尚未完全步入社会，难以拥有广泛的人脉和有效的融资渠道，同时其自身又往往缺乏足够的创业经验；对于大学生而言，满足商业创业的基本要求以求在这个竞争激烈的领域取得成功，并非易事。相关调查显示，我国大学生实际创业的人数不足大学毕业生总人数的2%，且其中真正能够通过创业途径来实现就业的人数不足创业总人数的5%。可见，对于大学生而言，商业创业竞争激烈，并非最佳选择。

二 公益创业的发展与前景

公益创业作为一个外来概念，也被翻译为社会创新等，是近些年在世界范围内兴起的一种全新的创新理念与创新模式。美国杜克大学教授格里高利·迪斯被认为是最先对"公益创业"这一新的概念进行定义的学者。他认为，公益创业应包括以下两个方面：以创新方式来创造社会效益、解决社会问题；运用商业模式带来的经济效益造福社会[1]。胡馨认为，公益创业是指个人在社会使命的激发下，在非营利领域通过一定的商业模式，追求创新和社会效果，将公益事业发展成为具有可持续性、有竞争力的实体[2]。唐亚阳认为，公益创业，指个人、社会组织或网络等在社会使命的激发下，追求创新、效率和社会效果，是一种面向社会需要、建立新的社会组织或是向公众提供产品或服务的社会活动[3]。由此可见，面对公益创业这一新概念，虽然国内外专家学者提出的定义不尽相同，但他们的观点均包含着一些相近之处，即公益创业在追求社会价值的同时也顾及经济效益，具有公益性、创新性、市场导向性三大特点。

作为一种新型的创业形式，公益创业融社会公益与商业创业为一体，关注市场不愿关注而政府又无暇关注的领域，以自我造血的方式谋求自身健康、持续发展，在帮扶弱势群体、保护生态环境等社会问题的处理上具有独特的优势。而且由于公益创业以社会公益为取向，涉足的领域往往并非商业创业的热门领域，竞争激烈程度较低；加上其着眼于解决社会问题的本质属性，在获取外界支持方面有着更大的可能。另外，相关调查显示，非营利组织在服务业中所占的就业比重世界平均水平为10%，而我国仅为0.34%；国外公益创业的全职就业率已达到社会整体就业率的7%以上，而中国仅有0.1%左右。由此可见，我国公益领域存在的发展潜力尚未被充分挖掘，公益创业事业在中国的发展前景甚是广

---

[1] Dees J. Gregory, *The Meaning of "Social Entrepreneurship"*, Comments and suggestions contributed from the Social Entrepreneurship Funders Working Group, 1998: 15.

[2] 胡馨：《什么是"Social Entrepreneurship"（公益创业）》，《经济社会体制比较》2006年第2期。

[3] 唐亚阳：《公益创业学概论》，湖南大学出版社2009年版，第35页。

阔，大学生投身公益创业事业将大有可为[①]。

三 中国大学生公益创业社会生态现状

作为一种全新的创新理念与创新模式，公益创业在解决社会问题、推动社会变革、促进经济社会发展、维护社会和谐稳定等方面有着巨大的作用。而且，公益创业竞争压力较小，入门门槛较低，相较于竞争激烈的商业创业而言，更适合涉世未深而又缺乏资金、人脉、经验等创业必要因素的有创业意向的大学生。此外，公益创业可以向社会提供众多的就业岗位，可有效缓解当前严峻的大学毕业生就业压力；在参与公益创业的过程中，大学生各方面的素质也可以得到有效的提升。然而，受多种主客观因素的影响，虽拥有众多优点和明显优势，我国的大学生公益创业事业却仍处于起步阶段，尚未获得全面、充分的发展，公益创业的诸多优点自然也就因此而难以显现。

（一）大学生公益创业自身制约因素较多

1. 对公益事业热情有余，但了解和投入有限

虽然在现实生活中，绝大多数大学生拥有强烈的社会责任感，对公益事业有着不小的热情，但他们往往并不是把进入公益事业领域作为未来的主要发展方向，并不能全身心地投入到公益事业中去，而只是将参加公益活动作为自己课余生活的组成部分。此外，大学生时间、精力均有限，受学业、科研、实习等多种客观因素的影响，容易无暇或者无心顾及公益事业，导致其对公益事业的参与难以深入、持续；作为公益事业的组成部分，公益创业的境遇自然也是如此。

另外，对于公益创业这一新兴概念，大学生的了解程度也相当有限。以温州地区高校为例，在受访的600多名大学生中，仅有4.26%的同学表示对公益创业这一概念"非常了解"或"比较了解"。而剩下的逾九成的同学对于公益创业的认识相当有限，甚至不少表示是"第一次听说"[②]。

[①] 于佳乐：《公益创业：经济与社会价值并驾齐驱》，《经济》2017年第1期。
[②] 谈丹：《大学生公益创业的支持体系研究——以温州高校为例》，硕士学位论文，温州大学，2017年。

加上受传统观念的影响，在绝大多数大学生眼中，"公益"应当是强调无私奉献、不求索取的，而"创业"则是以获取经济利益为目标，是寻求回报的；"公益"与"创业"二者风马牛不相及，甚至是两个对立的概念。因此，即便是对于投身于公益领域，有意向将公益作为一项事业来经营的大学生而言，系统理论知识的缺乏和思想观念的限制，也使得他们只关注公益的无偿性而忽略公益事业中可能蕴藏着的巨大商机；以公益创业的方式更好地做大做强公益事业，实现其可持续发展一事也就无从说起。

2. 对创业者综合要求较高，但创业支持渠道较少

虽然公益创业对资金、人脉等要素的要求不如商业创业，竞争相对缓和，但由于公益创业一方面以解决社会问题、承担社会责任为目标，另一方面又按照市场化的原则经营运作，相较于商业创业，可以说对创业者的综合素质要求更高，除了具备无私奉献精神、强烈的社会责任感和创新意识，还需要了解商业运作模式。这些要素对于大多数大学生而言，确实是不小的考验。

公益创业也是创业，也必须依照市场经济的规律办事。在公益创业的路上，融资依然是绕不开的话题。毕竟，再好的想法，若是没有资金使之转变为实际成果进入市场，也就只能成为空想。然而，大学生受限于自身的身份以及社会经验、人际关系等因素，筹资渠道非常有限。虽然国家针对大学生创业推出了多种相关的扶持政策，例如规定高校毕业生在创业时可申请小额担保贷款，但由于目前我国大学生公益创业事业仍处于起步阶段，获利前景并非十分明朗，大学生公益创业组织的还贷能力没有保证，因而较难获得金融机构的贷款支持。而从金融机构获取贷款这一重要筹资渠道的缺失，也就意味着大学生的公益创业之路会变得更加艰难。

事实上，除了获得足够的资金支持外，对于许多成功的公益创业者而言，自身社会资源的积累也是其创业成功的一大因素。印度残疾人领袖贾维德·奥贝迪推动的残疾人维权运动在发起之初，也遇到了许多难以想象的困难。但因出生于印度名门，贾维德·奥贝迪与时任印度国大党主席的索尼娅·甘地有着良好的私人关系，索尼娅·甘地对他的事业给予了强烈赞同和大力支持，帮助其克服困难，这是贾维德·奥贝迪的

残疾人维权运动取得成功的重要因素①。然而,大学生并未完全步入社会,社会关系相对单纯,几乎没有足够的社会资源的积累,因而在取得社会各方面的支持上也往往会遇到不小的障碍。

3. 志愿者参与较多,但团队专业性较弱

公益创业涉及的领域主要有扶贫、环保、医疗、教育、助残、养老等方面,所接触的社会问题复杂多样。要妥善处理好这些社会问题,那么公益创业团队的组织架构就应当系统、合理,团队的核心也应该由专业或是有专长的人组成,以保证公益创业活动的专业、高效开展。但现实情况是,大多数大学生公益创业团体规模较小,成员较少,往往缺乏专业的运营人才,更缺乏系统、合理的组织内部管理体系,决策部门、执行部门、监督部门等现代商业组织所应配置的机构往往没有完整、明晰地建立起来,管理、财务、营销、宣传等方面的人才也欠缺,往往是一人身兼多职,分工模糊混乱。对口人才的缺少与组织架构的混乱,使得公益创业组织在参与社会问题的解决时,无法得心应手。

此外,虽然大学生在人力成本方面具有较大优势,但由于其主要以兼职的形式参与公益创业,在参加的同时需要顾及学业、实习、科研等个人事务,不管是时间还是精力,都无法同全职外聘人员相比。尽管大学生公益创业活动中往往会有一定数量的志愿者参与,但从宏观、长远的角度来看,公益创业组织的正常运作主要还是依靠专业的技术人员;普通志愿者能力与水平有限,难以替代专业人员提供专业的技术服务。然而,大学生公益创业组织普遍存在融资问题,在资金条件的制约下往往不能吸引和留住优秀的人才,尤其是更加专业的全职外聘员工。而优秀、专业人才的流失,反过来又造成大学生公益创业组织专业性不强、运作效率低下,进而导致组织自我"造血"障碍,从而陷入"效益不佳,资金缺乏—待遇低下,人才流失—效益不佳,资金缺乏"的恶性循环。

(二)高校的公益创业人才培养能力有限

1. 对公益创业的重视程度相当有限

由于"公益创业"这一概念相对较新,其被引入国内的时间也很有

---

① 杜银伟:《我国大学生公益创业研究》,硕士学位论文,北京交通大学,2011年。

限,所以即便是作为承担公益创业教育任务的主体,国内各高校也普遍对其缺乏全面、深入的了解,也因此看不到其在培养学生社会责任感、缓解就业压力、解决社会问题、促进经济社会发展与稳定等方面的突出优势。也正是因为如此,国内各高校对公益创业的重视程度普遍有限,几乎不会主动接触公益创业教育的相关内容,更不用说考虑宣传相关知识、给予专项资金、安排系统教学乃至建设专门的师资力量等措施了。据调查,有58.1%的大学生明确表示"愿意参加学校相关公益创业教育和实践活动",但是仅有11.7%的学生表示自己是通过学校相关课程或讲座了解公益创业的[①]。

2. 缺少合理科学的公益创业教育体系

作为人才培养的重要基地,高校理应承担公益创业教育和引导的责任。许多美国高校开设公益创业相关课程,非常重视公益创业教育。哈佛大学、斯坦福大学和牛津大学等著名高校还成立了公益创业研究中心,哈佛大学更是设立了公益创业博士生教育[②]。反观国内,全国各大高校尚普遍缺少系统、科学的公益创业教育体系,难以培养足够的高质量的公益创业人才。除了湖南大学、清华大学等少数高校在公益创业教育的道路上探索得较为深入之外,多数高校的公益创业教育仍处于起步甚至是观望状态。在公益创业教育的具体实践方面,各高校也往往存在着这样或那样的问题。在教育的形式上,许多高校并未开设专门的公益创业教育课程,而仅仅是简单地张贴相关知识、举办相关讲座等。有些高校虽然开设了公益创业教育课程,但是并未制订出公益创业教育的系统性教学计划,课程性质上一般为任意选修课,教育效果大打折扣。此外,大多数高校的公益创业教育课程缺少理论与实践的有机统一,普遍重理论而轻实践。相关调查显示,在开展公益创业教育的高校中,只有很小一部分建立了创业实践基地。实践是检验真理的唯一标准,也是获取相关经验的重要途径,公益创业教育也不例外;实践的缺乏,使学生难以将理论与实际相结合,也难以获得宝贵的创业实战经验。这样一来,公益

[①] 高潮、胡秋燕:《高校公益创业教育发展的现实考量》,《学校党建与思想教育》2017年第18期。

[②] 黄开腾:《公益创业:应对大学生就业困境的路径选择》,《江苏大学学报》(社会科学版)2015年第17期。

创业教育的效果大打折扣，教育的目的也就难以实现。

3. 缺乏承担创业教育指导任务的良好师资

教师是高校教育功能的直接承担者，在高校的理论教育与实践活动中起着重要的作用。公益创业相关教师质量的好坏，在很大程度上能直接影响公益创业人才培养质量的高低。显然，国内公益创业事业刚刚起步，我们迫切需要高校培养出高质量的公益创业人才，自然也需要有良好的教师队伍。然而，在目前的高校创业教育课程体系中，有能力承担创新创业教育和指导任务的专业专职教师的数量不足，而能拥有丰富创业实战经验的老师更是稀少。这样一来，学生能从老师处得到的东西也就相对有限。为了解决这一问题，一些高校在除安排专职教师授课之外，也会邀请校外有实际创业经验的创业人士来提供指导。然而，校外的创业人士往往忙于个人事务，在授课指导的时间上难以保证，其创业的理论知识可能也不够系统全面。理论知识与实践经验兼备的教育力量的缺少，导致学生难以很好地接受公益创业的理论学习与实践指导。虽然大多数大学生在参加志愿服务活动方面有着巨大的热情，但因缺少相关教师专业的教育与指导，难以在日常参与的公益活动中发现机遇、把握机遇，将普通的公益活动转变为公益创业项目，更不用说实现公益事业的自我良性发展了。

（三）政府对公益创业的扶持不足

从美国等西方发达国家公益创业的发展实际来看，政府的支持与引导在公益创业的良性发展方面起着不可或缺的作用。例如英国法律不仅规定公益创业组织可以以担保有限公司、股份有限公司、工业及公积金社团等多样化的法律形式成立，还专门成立了社区利益公司为其提供配套支持，使其运营摆脱了非营利模式与商业模式二者只能选其一的限制，可以以创造社会效益为目标去进行商业活动，从而获得自我"造血"的能力[1]。而在国内，虽然近些年政府针对大学生的创新创业活动出台了一系列的支持性政策，但仍有一部分相关政策未能完善，进而将一些优秀的公益组织扼杀在摇篮里。例如我国的《社会团体登记管理条例》便规定，社会团体须达到"有50个以上的个人会员"的要求，在资金规模上

---

[1] 杜银伟：《我国大学生公益创业研究》，硕士学位论文，北京交通大学，2011年，第16页。

至少要有"3万元以上活动资金"。而大学生创业团队规模往往较小，且大学生个人普遍缺乏经济基础，难以达到上述条例之规定而在民政部门注册登记；如不能注册登记，公益创业组织就缺少合法的正式身份，其活动的开展也将因此而处处受限，其承接政府采购、参与解决社会问题的实践也就无从说起。

对于一个创业团体而言，税收是绕不开的话题，税务政策对于其发展态势也有着重要的影响。为了支持公益事业的发展，西方发达国家在税收方面推出了诸多优惠。例如在美国，慈善组织的收入可以按规定免税，同时政府还给予捐赠者免税优惠。相比之下，目前我国仍缺少明确的能够给予公益创业组织优惠的税收政策，在非营利企业等方面甚至还存在着重复收税的问题。在国内现有的税收政策下，大学生公益创业组织的压力不小。显然，已有的优惠与扶持政策对于大学生的公益创业而言帮助有限，政府仍需要进一步推出相关的优惠政策。

（四）社会的公益创业支持体系薄弱

良好的社会公益文化对于公益创业事业的发展而言也有着不小的帮助。发达的公益文化有助于营造良好的社会公益氛围，鼓励、支持社会公民积极投身于公益活动。然而，受市场经济的利益驱动观念的影响，当今社会仍有一部分民众的公益意识较为薄弱，社会责任感不强，并无兴趣关心公益事业。此外，受一些假借公益之名谋取个人私利等公益方面的负面新闻的影响，民众对于公益团体组织的信任下降不少，甚至完全丧失，进而导致其对整个公益事业持悲观、否定的态度。例如早些年的"郭美美"事件，大大挫伤了民众对于公益事业的热情与信心，直接导致中国红十字会收到的捐款数额大幅减少。显然，要是没有良好的社会公益文化氛围，大学生的公益创业事业也就难以获得足够的社会支持，其发展也就更加不易。

除此以外，由于国内的公益创业事业尚处于起步阶段，公益创业这一概念尚未广泛传播。对于绝大多数普通民众而言，"公益创业"是一个闻所未闻的新鲜词汇；让他们将"公益"与"创业"这两个看似对立的概念结合在一起并非易事。甚至，由于公益创业涉及商业活动，导致民众片面地将公益创业等同为商业创业，抱着"无商不奸"的态度直接否定公益创业。足够的社会支持是公益创业得以发展的重要因素；若是缺乏社会民众普遍的足够的理解与支持，公益创业的发展也就会变得更加艰难。

四 中国大学生公益创业的推进路径

综上所述，虽然公益创业在解决社会问题、促进社会进步等方面均具有独特的优势，但因受个人、高校、政府以及社会等方面因素的影响与制约，国内大学生公益创业的发展仍相当有限，其多种优势也因此而难以显现。显然，如何针对性地构建联合个人、高校、政府与社会的"四位一体"解决机制，促进大学生公益创业活动健康有序发展，成为摆在我们面前的一道现实问题。

（一）大学生应提高公益创业的自身素养

大学生进行公益创业活动，关键还是在于其自身。首先，大学生应当转变观念，不再割裂地看待"公益"和"创业"这两个名词，不再片面地认为公益即不求回报，创业即利益至上；而是应当认识到，创业获得的经济收益可以有力地助推公益事业的持续健康发展。其次，大学生应当加强自身在公益创业方面的理论学习与实践锻炼，不断提高知识水平，增加实战经验，力求提升自身的综合素质以更好地适应公益创业的需要：一方面，大学生要积极学习管理、营销、创新等公益创业相关专业知识，熟悉创业政策，关注社会问题，把握社会热点，不断增强自身的洞察力与社会责任感，培养把握机会、整合资源以及开拓创新的能力。另一方面，大学生应当积极参加各种形式的创业大赛，同时深入企业和非营利组织进行锻炼，在实践中不断检验自己所学的理论，不断提高自身分析问题、解决问题的能力。除此以外，大学生也应广泛社交，积极拓展自己的人脉，积累更多的社会资源，以获得社会各方面的支持。

对于任何一个创业组织来说，资金的获取与运用都是关键。首先，大学生应当积极优化公益创业组织的架构，比照现代商业组织建立起系统的组织内部管理体系，提高组织运营效率，以提高资金的利用效率。其次，大学生也应积极谋求多种渠道的融资：积极参加创新创业大赛，争取来自学校等单位组织的资金鼓励；参与承办公益活动，提供社会服务购买，在创造社会效益的同时主动获取经济收入；借助媒体等平台加强对自身的公益创业组织的展示与宣传，寻求来自社会的资金支持。总之，大学生创业组织应当积极开源节流，努力使资金不再成为使自身陷入"无米下锅"窘境的因素。

(二) 高校应提高培养公益创业人才的能力

作为重要的人才培养基地，高校在公益创业教育方面的重要程度不容小觑。发展公益创业事业是大势所趋，高校的发展规划和教学改革需要有意识地引导公益创业教育可持续发展，提高培养公益创业人才的能力。

首先，高校应转变观念，主动深入了解公益创业，认识到施行公益创业教育的重要性和必要性。高校可通过加大对公益活动的宣传力度，邀请知名公益人士开设论坛讲座，组织各式各样的公益实践活动等，来营造浓厚的校园公益氛围，培养学生的公益精神，将公益文化融入校园文化，为公益创业的教育奠定基础。组织公益活动时，高校要有意识地将公益创业教育融入其中，引导学生积极参与到公益活动中，同时了解到公益事业中的巨大商机，进而激发起学生投身于公益创业的强烈愿望。

其次，各高校应该加强教学改革，在日常的教学活动中融入公益创业教育。因为公益创业教育所传递的社会责任感与创新精神是每一个当代大学生都应当具备的重要素质。高校应当将公益创业教育纳入学生的基础必修内容，开设公益创业教育课程，制订系统完善的教育教学计划，将公益创业教育作为思想道德教育的一部分，并且努力改革教学模式，不但注重理论知识的教授，也积极引导学生参与实践，从而更好地培养学生的公益创业综合能力。

最后，高校应整合优化校内外资源，推动建设一支高水平的公益创业教育教师队伍。高校应有机整合校内管理院系和人文社科院系等的优秀师资，积极引进专业全职教师，并聘请专家教授和社会相关人士指导，以打造一支理论知识丰富、实践经验充足的教师队伍，全面负责学生公益创业教育的教学、研究、实践等相关工作，为学生的公益创业活动提供保障与支持，做好学生公益创业实践路上的引路人。

(三) 政府应提供公益创业的针对性政策

基于公益创业组织的特殊性，政府应当针对性地制定相应的政策法规，为其提供政策上的保障。在我国，由于公益创业仍是一个比较新鲜的事物，许多政策法规并未为之做出相应的调整，从而导致其发展受到多种政策的制约。基于此，政府应当为公益创业组织制定专项法律，或是为其合理修改现有政策中与良性发展不相适应的地方，降低公益创业组织的准入门槛，给予其合法的身份，将其纳入法律框架予以规范。

在公益创业组织的税收政策方面，政府也应当给予其相应的优惠，以减轻其发展压力，从而更有利于公益创业组织的发展。同时，政府也应当加强监管，让非营利组织的运营透明化，并严厉打击借公益之名谋取私利的公益组织，以赢得民众的信任与支持。此外，政府还可为公益创业组织提供多样化的支持，例如设立公益创业专项资金，推动完善小额贷款政策，对积极承担社会责任的公益企业或机构给予表彰奖励等，以行政的力量引导和推动公益创业事业的健康发展。

（四）社会应形成公益创业的全面支持体系

合力建设社会的公益文化，提高全体公民的公益意识，形成积极支持公益事业的社会氛围，是促成大学生公益创业良性发展的重要保证。电视、网络和移动终端等传播媒体通过介绍公益创业文化，讲授公益创业知识，宣传公益创业典型等方式传播公益理念与公益文化，形成良好的舆论导向。

此外，企业和商业机构也应当积极承担社会责任，为大学生的公益创业事业提供多样化的支持。虽然在当下，企业和商业机构的社会责任意识不断增强，各式各样的捐资仪式屡见不鲜；然而，在捐助对象的选择上，公益创业组织往往并不会成为选项。企业和商业机构应当认识到，为进行公益创业活动的大学生提供宝贵的资金支持，可以为其发展注入强大的活力，有助于其更好地发挥社会效益；另外，这也是企业和商业机构更好地承担社会责任的体现——"授人以鱼不如授人以渔"，从长远来看，培育好公益创业组织将优于短时间的针对某一对象的直接资金支持。另外，对于公益创业组织自身而言，必须努力维护好自身的形象，强化自身监督，提高自身的透明度，以赢得民众的认可与信任，获取全社会的支持。

第三节　从国外经验谈我国大学生公益创业保障的构建

一　公益创业的公益性与创业性

公益创业的"公益性"与"创业性"并不相互矛盾,其目标是"公益性"的,方式是"创业性"的。公益创业的"公益性",是指公益创业不是为了个人的经济效益,而是将社会利益置于个人利益之上,解决市场和政府调控下没有解决的社会问题和没有满足的社会需要,以促进社会的进步。从某个层面上讲,公益创业在根本上又是受利益驱动的,致力于公益的人,通常在自身需求已经满足的情况下,基于社会使命和责任感的要求,为社会奉献自己的财富与才能,为公众和社会谋利益。在没有实现最基本的个人需求保障下,公益创业势必也允许有个人利益的驱动。而在其"创业性"上,公益创业与商业创业又是一致的。公益创业同样具有市场导向性,非营利组织需采用创造性的商业运作模式提升其社会价值,借助商业手段来实现公益组织的"造血"功能,既要瞄准社会需求、实现社会价值,又要赢得市场,借助市场的力量推动实现组织的盈利。商业与公益联结在一起,并在运营过程中相互利用和借鉴,彼此需要守住一条底线,也就是商业企业是以获取经济利益为目的,公益企业是以完成社会使命为宗旨①。正确认识公益创业的公益性与创业性,将公益创业与商业创业区分开来,明确公益创业的公益性本质,是构建大学生公益创业保障机制的基础与前提。

二　我国大学生公益创业的现实困境

据中国青年报社、KAB全国推广办公室2016年联合发布的《中国青年公益创业调查报告》显示,现阶段我国青年公益创业呈现出的特点及

---

① 薛敏芝:《社会责任与商业手段的双重协奏——伦梓(David O. Renz)教授对美国公益创业及其研究的最新解读》,《中国广告》2015年第4期。

问题如下：

（一）公益创业地区分布区域集中性、创业青年性别比例趋于平衡

公益创业地区分布有着很明显的区域集中性。调查显示：41%的创业青年来自华东地区，这与当地的经济发展水平、对外交流的情况、创业教育的设置、政府及媒体的支持等密切相关。相比经济发达的东部沿海地区，经济水平较为落后的西部地区由于缺乏基础资源等因素，使得公益创业活动难以进一步开展。

总体而言，公益创业的早期创始人及领导人多为男性，公益创业的主力军也多为男性。女性由于受到儒家传统文化的影响、性格中谨慎求稳的成分与家庭因素的牵制，在公益创业中多处于被动地位。而调查显示，目前我国创业的主力军为18—25岁的大学生，在教育以及校园文化的熏陶下，女性作为创业项目创始人的数量占34.23%，虽在人数上仍处于下风，却逐渐成为公益创业领域的新力量，有着男性所少有的独特优势。

（二）教育对大学生公益创业起推动作用、公益创业教育体系尚需完善

在全球范围的早期公益创业活动发生率方面，高等教育群体的表现弱于中等教育以上和高等教育以下群体。随着越来越多的高校开始开设公益创业课程及相关实践活动，如湖南大学滴水恩公益创业协会、复旦大学公益创业基地、团中央"青年恒好"公益创业行动、清华大学公益创业实践赛等，受过高等教育的创业者在数量及质量上均占优势。目前，在我国的大学课程中，还未建立起完整的公益创业课程体系，还未开设公益创业专业课，多以选修课形式供感兴趣的学生选择。同时，专业师资力量的极度缺乏也加重了完善公益创业体系的难度，现有的公益创业讲师多为兼职教师[①]。

（三）大学生对公益创业认识不足、公益创业项目多停留于计划书层面

大学生了解公益创业的途径主要通过学校课程、政府和媒体等方式，出于兴趣爱好、解决就业、回报社会等动机选择创业。但实际上，很多大学生对公益创业并没有全面的认识，仅仅停留在理论层面的认知上，

---

① 唐亚阳、何飘文、闫森森等：《高校公益创业教育体系的构建研究——以湖南大学公益创业教育为例》，《企业导报》2010年第1期。

大学生群体作为尚未和社会正式接轨的过渡群体，其在市场化模式运作中的执行上又将面临更大的问题。而在针对性强、职业目标明确的医学类、师范类等非综合性大学，选择创业的人数较综合性大学更少，绝大部分大学生以学业为重，认为并没有必要学习掌握公益创业相关知识。调查显示，33.43%的公益创业组织"已经注册成工商企业或非民营企业"，但仍有高达42.34%的公益创业项目仅停留在"创业计划书"阶段而尚未实施，具有成功商业模式运营的代表性公益企业数量较少。大学生公益创业由于受到启动资金来源缺乏、实战经验不足等限制，多停留在项目计划书层面，难以付诸实践，要在实践中检验计划书的可行性。

（四）社会舆论氛围消极、大学生公益创业缺乏有效的政策及法律保障

我国的公益创业正处于起步阶段，并没有典型的实例来证明其内在活性，使得社会舆论对公益创业的认识褒贬不一，加上"郭美美事件""尚德诈捐门"等公益丑闻的出现，动摇了公益组织自身的公信力，社会公众对公益创业存在很大程度的误解，甚至将其简单地等同于商业创业。一方面，公益创业的出发点在于为社会谋福利，当公益创业的初衷被曲解、发展的空间被压缩，必然削弱大学生对公益创业的热情。目前，我国还未形成公益创业领域的法律体系，没有明确公益创业组织形式[1]。另一方面，政府虽出台了一系列针对大学生公益创业的优惠政策，但大学生仍面临资金来源缺乏、后续进程缺乏指导等问题。

三 国外经验对我国大学生公益创业的启示

20世纪80年代，英国、法国和加拿大等国家最早开始创业培训。随着西方慈善组织越来越多地在中国活动，近年来海归创业与公益并肩趋势渐增，我国的公益组织不断涌现，公益创业也逐渐进入大众视野，借鉴国外公益创业经验及教育模式，再结合我国自身国情发展完善我国公益创业体系成为公益创业理论研究必不可少的环节。

---

[1] 杨道波：《我国非营利组织信息公开法律制度研究》，《河北法学》2008年第9期。

（一）美国的经验及启示

公益创业能在美国盛行，因为具备以下条件：公益资金充足且自由；成立非营利组织的公民自由；非营利组织监督及评测体系；一些专业的管理人士进入该领域①。美国公益创业由营利和非营利两部分组成，同时关注经济收益和社会效益，其资金来源十分广泛。在美国，公益创业团体甚至个人都可以不经过政府批准建立非营利组织，这些组织可以自行接受社会的捐赠，并享受政府免税政策，许多非营利组织为了赢得广大捐赠者的信任，吸引更多的资金，注册成为公司形式的社会团体，而美国的许多基金会和政治行动委员会则多采取信托的形式，将某机构用于公益事业的资产或某个人的遗产用于特定目的。此外，美国的高校在推动美国创业研究和实践方面起到重要作用。自1947年Mace将创业课程引入哈佛大学后，斯坦福大学、芝加哥大学等相继开设"公益创业"课程，哈佛大学2004年9月招收了首批公益创业专业的博士生，引领了大学生创业的方向，培养出了许多优秀的公益创业家，也促进了公益创业在全球范围内的传播。

（二）欧洲的经验及启示

欧洲公益创业的组织形态主要是合作或协会；许多欧洲国家在法律上将公益创业列为一种特殊的组织形态。它提供小众化的社会公共服务，主要创造社会效益，政府资金的支持力度很大②。英国政府于2004年颁布了《公司（审计、调查和社区企业）法案》，确立了公益创业的合法地位，并通过减免税收等政策促进中小企业的发展，同时建立专门的创业管理机构对创业教育进行系统化管理，还建立各种企业孵化器，设立相应的基金组织等来促进创业事业的发展③。德国不仅逐步完善了大学的教授席位制度，还建立起大学创业教育课程体系与专业课程相匹配，促进了国家政策和机制建设同大学的创业教育体系架构相衔接。

---

① 王扬眉、俞玥颖、泮巧楠：《美国公益创业教育对中国高校的启示》，《商业经济》2015年第5期。

② 刘志阳、邱舒敏：《公益创业投资的发展与运行：欧洲实践及中国启示》，《经济社会体制比较》2014年第2期。

③ 秦伟：《2005年英国社区利益公司条例》，《公司法律评论》2015年总第15期。

(三) 发展中国家的经验及启示

与发达国家相比,发展中国家的公益创业启动时间较短,实践中不乏成功的案例,为我国有效推进公益创业提供了宝贵经验。自2006年,尤努斯凭借孟加拉乡村银行的公益创业模式荣获诺贝尔和平奖以来,以尤努斯的乡村银行为典型代表的社会企业模式就备受关注。孟加拉格莱珉银行专为穷人提供小额贷款,通过一种有效机制确保贷款顺利偿还,借款者6—8人一小组,相互监督还贷情况,小组如有贷款逾期,全组都要受罚。还款通常从借款的第二周开始,虽然表面上具有紧迫感,实际却减缓了借款人在年终偿付一大笔钱的压力。同时,每位借贷者都拥有这家银行一份不可转让的股份。如今,这家银行成为国际公认风险控制表现最佳的"穷人银行"。借助社会企业产生的盈利,使其能够自给自足,也就可以摆脱单纯的慈善所造成的枯竭负效应,如果能将社会企业放到宏观经济框架中运行,将会实现更高的社会企业救助效率。

四 构建大学生公益创业保障体系的五点网络

在合理分析我国公益创业现状的基础上,吸收借鉴国外公益创业经验,构建我国大学生公益创业保障机制,让热衷于公益事业的大学生想创业、敢创业,从而推动我国公益创业事业稳步发展。

(一) 平台点:搭建社会公益创业平台

大学生无法凭借一己之力将一个公益创业的想法演变成初具规模的企业,这需要社会相应的引导与支持,共同搭建起社会公益创业平台。

1. 组织大学生公益创业实践赛

自2009年起,"青年恒好"公益创业行动、清华大学公益创业实践赛等大学生公益创业大赛项目陆续在北京、上海、浙江等地开展,陆续培养了一批优质的公益创业项目,影响力却远不如"挑战杯"系列竞赛。从最初的19所高校发展到1000多所高校参与,"挑战杯"系列竞赛已经成为目前大学生最关注的全国性竞赛,也是全国最具代表性、权威性、示范性、导向性的大学生创业竞赛。2014年,在原有的"挑战杯"中国大学生创业计划大赛的基础上,开创了"创青春"全国大学生创业大赛,将公益创业赛设置为3项主体赛事之一;2016年,第二届中国"互联网+"大学生创新创业大赛于华中科技大学开幕,将"互联网+"公益创业引入参赛项目。在大型全国性创业赛事中引入公益创业板块,可以极大地激发大学生的公益创业热情,吸引全国各地的大学生投入到公益创业事业中来。

2. 推进公益组织孵化器建设

公益组织孵化器的建设是公益创业平台搭建过程中必不可少的环节,这一环节的建设需要社会多方力量的参与,以公益组织为主体,以政府为主要推动者,以高校为联系纽带,整合多方资源,发挥协同效应,从而有效配置资源,适应公益事业发展的需要。我国公益组织孵化器的建设主要由以上海恩派为代表的民间主导模式和政府主导模式共同展开,相比之下,政府主导模式省去了许多中间环节,并便于政府直接的管理,是更为推崇的孵化器模式。公益组织孵化器作为大学生公益创业项目的培育基地,在大学生公益创业的存活率上起到了关键性的作用,专业的管理人员、优惠扶持政策、在孵企业、共享空间和共享服务等是一个成功的孵化器的基本要素[①]。由于我国目前孵化器的数量较少且规模有限,在加强推进孵化器自身建设的同时,也应合理地筛选孵化目标,选择团队优势明显、有前途的项目进行全方位的跟进指导和重点培育,取得效果的最大化。

(二)主导点:**发挥高校自主引导作用**

高校作为人才的汇聚地,大学生接触社会的启蒙者,在大学生公益创业事业中起主要推动作用,在大学生公益创业中发挥着主导作用。

1. 完善高校公益创业课程体系

学校高等教育应突破传统的教学模式,紧跟国际潮流,加强国家间的交流,促使高等教育的国际化。引入国外领先的公益创业课程体系,整合各类资源,形成适合我国国情的公益创业专业课程,并将公益创业的知识点融入日常的各类专业教学中。同时,加强专业师资队伍培训,利用自身丰富的教师资源,构建一支高素质的大学生公益创业导师队伍,对大学生的公益创业项目进行指导和监督,避免大学生的盲目性与经验不足,培养综合素质全面的大学生。

---

① 张庆祝:《大学生创业孵化基地建设理论初探》,《现代教育管理》2007年第8期。

2. 发展高校公益创业社团

创新创业型社团与普通学生组织和兴趣社团相比，着重突出了其创新性和实践性，使得创业类社团的准入门槛大大高于其他社团。学生需要具有魄力、耐性和坚定的品质，以个人的兴趣爱好为基础，跨专业、跨学科组成创业群体，在各类竞赛中加强自身的创新性培养。其成功的关键也在于师资力量的设置，指导老师自身需要有一定的专业背景，在保留与激发学生的自主性的同时，在学生选题立项、研究过程中给予指导与帮助。

（三）调控点：加强法律宏观协调保障

健全的法律体系保障是进行任何活动的准则与先决条件。完善的法律用于规范大学生公益创业中的方方面面，也是对大学生公益创业合法权益的保障。

1. 健全公益创业相关法律法规

政府应该对公益创业的组织合法性、体制结构、组织规模、社会职能和活动形式等进行法律上的规范，为公益创业提供良好的发展环境。《社会团体登记管理条例》中对社会团体具备条件的规定过于严苛，极大地拉高了大学生公益创业的准入门槛，对于人员组成较少、没有固定住所、起步资金不足的大学生公益创业者来说难以达到条例规定的标准，自然也就得不到政府全面的保障[①]。

2. 完善大学生创业监督机制

政府应在完善大学生创业的政策扶持、建立针对大学生创业的专项法律的同时，规范非营利组织的资格审查机制，强化政府的监管职能，保证资金来源去向透明化，提高民众的监督意识，让非营利组织在阳光下运行，接受社会的检验。

（四）轨道点：大学生公益创业资金保障

常规的风险投资公司不会给仅有一纸商业计划书的大学生创业者投资，融资渠道窄、融资难度大，是大学生创业者面对的最大障碍，创业资金的充足与否，决定着一个项目的成功与否。

---

① 金锦萍：《〈社会团体登记管理条例〉修改的若干法律问题思考》，《中国社会组织》2008年第3期。

1. 企业互联网融资

随着互联网的普及，以众筹为代表的互联网融资方式逐渐进入大众视野。相比传统的融资方式，众筹具有低成本、依靠大众力量、交互性强、注重创意性等特点，通过互联网方式发布筹款项目募集资金的众筹为大学生这样有创造能力却缺乏资金的创业者提供了无限可能。众筹模式指的是通过互联网的无界性，可以在短时间内汇聚数量众多的参与者；而且每位投资人投资额很低，有利于降低融资风险[①]。另外，筹资项目必须在一定时间内达到一定目标金额才算成功，通过互联网众筹平台这一连接大学生创业者和大众投资者的桥梁，让大学生在获得大众支持投资的同时，也检验了公益创业项目实际操作的可行性。

2. 发展公益创投

公益创投借鉴商业创投的运行机制，是一种新型的公益伙伴关系和慈善投资模式，不同于商业创投的是，公益创投的投资目标是非营利性的，追求社会利益的最大化。除了资金，公益创投还提供管理和技术支持，企业通过和大学生创业者分享管理经验和创业资源，为他们提供必要的公益创业实践平台，建立长期的合作伙伴关系，从而有效弥补大学生创业在经验和能力上的不足，达到促进能力建设和模式创新的目的。

3. 设置大学生公益创业补助奖励基金

大学生公益创业补助奖励基金和奖学金一样，能够极大地起到对大学生公益创业的激励作用。公益创业本身不具有营利性质，设置的创业基金除了对大学生创业过程中所需资金进行补助，也是一种对大学生个人热心公益、奉献自我的物质化回报。其资金来源可通过政府拨付、个人捐赠、慈善捐款等方式，基金以捐赠方命名，实行专项管理，在对提交申请的创业项目及团队进行筛选、评审后，选择扶持对象，通过网上公布等透明方式全程跟踪，监督方案的落地实施。

（五）发散点：公益创业宣传保障机制

提高社会对公益创业的关注热度，需要构建公益创业宣传保障机制。媒体作为联系公众与大学生创业者之间的纽带，很大程度上决定了公益

---

① 那晓钟：《大数据时代下的小微企业互联网融资》，《中小企业管理与科技》（上旬刊）2015年第6期。

创业的舆论导向，各大新闻媒体可以选取大学生创业的优秀项目进行跟踪报道，通过系列新闻报道、纪录片等形式提高公众对公益创业的认识水平，拉近公众与大学生创业者之间的距离。媒体正面的公益创业宣传导向，也对培养大学生的社会责任意识及环境保护意识起着引导作用。树立正确的社会责任意识及环境保护意识，才能保证大学生在公益创业的路上不走偏，才能实现公益创业真正的公益性目的。

第十章 他山之石

——美国高校创业教育案例研究

第一节 包容性创业教育:美国高校创业教育的新范式

一 引言

包容性创业概念于2013年由经合组织(OECD)与欧盟委员会(European Commission,EC)提出[①],专门将特殊人群(包括青年、女性、老人、少数民族、移民者、残疾人及其他群体)与创业结合起来探讨,真正将包容性创业与高校教育结合起来,而这也是美国高校近年来所开辟的全新范式。包容性创业教育(Inclusive Entrepreneurship Education)作为当前美国高校在解决特殊群体,尤其是残障群体就业创业抑或重新适应生活的有效途径,通过创业技能和知识以及身心康复的锻炼让残疾人群体更好地融入社会,提升他们的就业和可持续的竞争力,破除了过去在关爱这类群体时的"输血"式帮助并向"造血"式帮助提升转变,在解决残疾人群体等公共问题上已经取得了显著成效。

二 美国伤残退伍军人触发高校包容性创业教育的兴起

随着现代医疗技术的进步,美军服役人员在战争中受伤存活比例越

---

① Potter, J., Halabisky, D., *The missing Entrepreneurs: Policies for Inclusive Entrepreneurship in Europe*, Paris: OECD Publishing, 2013, p.18.

来越高。人数众多的受伤军人退伍后要与战争带来的生理创伤、心理疾病进行长期斗争。伤残退伍军人回归正常生活面临着严峻挑战，在就业中处于明显劣势。2012 年 8 月，海湾战争中的退伍军人失业率为 10.9%，显著高于美国总失业率（7.9%）；20—24 岁年龄段的退伍军人失业率高达 19%[1]。

根据美国国家退伍军人分析和统计中心 2016 年的统计数字，美国有退伍军人 19386589 名[2]。2013 年，男性退伍军人失业率为 11.1%，女性退伍军人更是高达 14.7%[3]，尽管退伍军人的女性总数要少很多。这些退伍军人回归日常生活时会面临许多问题。

21 世纪以来，从阿富汗、伊拉克战场回到美国存在生理健康、心理问题的退伍军人超过 6 万名，他们主要面临生理疾病、并发症、药物滥用、心理问题、缺乏工作和住房等诸多问题，除了严重生理疾病，占比约 19%[4]的老兵还需要接受心理治疗。调查发现，尽管退伍军人比例约为美国成年人口的 11%，然而每 4 个流浪汉中就有 1 名退伍兵，需接受心理治疗的人最高达到了 1500[5]。从全美范围来看，退伍军人无家可归的情况非常突出，虽然各州情况会有所不同，如：纽约州、布拉斯加州和佛蒙特州的无家可归退伍军人数量呈现明显上升趋势；佐治亚州、科罗拉多州和肯塔基州呈现明显下降趋势[6]。尽管很多退伍军人愿意重操旧业，

---

[1] Institute for Veterans and Military Families, *The Employment Situation of Veterans*, Syracuse University, June 19, 2017.

[2] National Center for Veterans Analysis and Statistics, "Profile of Veterans: 2014—Data from the American Community Survey", *United States Department of Veterans Affairs*, Amherst, January 6, 2016.

[3] Interagency Task Force on Veterans Small Business Development, "Report to the President: Empowering Veterans Through Entrepreneurship", sponsored by Small Business Administration, Washington, 2011: 1. https://www.sba.gov/sites/default/files/FY2012 - Final%20Veterans%20TF%20Report%20to%20President.pdf.

[4] Hoge, C. W., Auchterlonie, J. L., Milliken, C. S., Mental Health Problems, Use of Mental Health Service, and Attrition from Military Service after Returning from Deployment to Iraq or Afghanistan, *Journal of the American Medical Association*, 2006, 295 (9).

[5] Cunningham, M., Henry, M., Lyons, W., "Vital Mission: Ending Homelessness Among Veterans", *The Homelessness Research Institute at the National Alliance to End Homessness*, November 8, 2007.

[6] Cunningham, M., Henry, M., Lyons, W., "Vital Mission: Ending Homelessness Among Veterans", *The Homelessness Research Institute at the National Alliance to End Homessness*, November 8, 2007.

然而由于身心障碍等因素，使得他们在寻找工作时面临着严峻的挑战。

在对退伍军人群体进行重新定义和帮其转变职业生涯目标上，大学一直扮演着重要角色。美国1944年颁布了《退伍军人权利法案》就是很好的例证。该法案旨在帮助退伍军人通过接受高等教育深造，接受适当的训练，更好地适应和融入平民生活。该法案的颁布，对美国迅速从战时经济转向民用经济，提供了人才保证与智力支持。具体来说，就是通过大学面向退伍军人实施的"灵活的入学渠道、关注学费援助的计划、帮扶者结对伤残退伍军人项目"，确保每位退伍军人获得完成学业的诸多帮助。[①] 高校开展的这些项目，能够更好地为退伍军人融入传统职业和尽快适应社会做好准备。

美国雪城大学对于退伍军人的支持，有着悠久的历史。第二次世界大战以后，当时的雪城大学校长威廉·托里采取了退伍军人专项"统一招生政策"，以确保退伍军人能够顺利入学。随后，注册该校的退伍军人人数快速增长。到1947年止，退伍军人注册数量，雪城大学在纽约州全部大学中位列首位，在全美的大学中位列第17位[②]。美国雪城大学支持退伍军人教育所做的贡献，为美国大学开展包容性创业教育树立了表率。

三 包容性创业教育的案例研究

包容性创业教育是指对伤残人士的商业训练，主要提供订制式商业发展目标及支持机制，并在共识驱动的合作框架下通过公共的多元化资源和私人的合作伙伴资源以获取财务支持[③]。也就是通过大学的商学院与残疾康复机构的合作来共同帮助伤残人士完成职业发展转变[④]。美国大学的包容性创业教育主要以雪城大学为样本，逐渐向其他高校进行辐射。对美

[①] Maclean, A., Elder, G. H., "Military Service in the Life Course", *Annual Review of Sociology*, 2007, 33.

[②] Syracuse University Archives, "Exhibitions: Remembering the GI bulge" (Summer 2017), http://archives.syr.edu/exhibit/bulge.html.

[③] Shaheen, G. E., "'Inclusive Entrepreneurship': A Process for Improving Self-Employment for People with Disabilities", *Journal Policy Practice*, 2016, 15 (1).

[④] 卓泽林:《美国雪城大学全校性创业教育：路径、影响及启示》,《大学教育科学》2019年第2期。

国雪城大学的包容性创业教育关键环节的解析,具体如下。

(一) 文化逻辑:以包容性创业教育履行社会责任和担当

前文已经提到,雪城大学第二次世界大战时期的校长威廉·托里向退伍军人敞开大门,为国家解决退伍军人再融入社会生活做出重要贡献,并使得雪城大学逐渐成长为美国退伍军人选择大学时的优先考虑。随后,该校一直在为退伍军人接受高等教育而默默贡献。从二战结束至今的70余年内,分别创建了面向退伍军人、现役军人和即将参军的群体需要的创业项目,社会贡献和影响力突出。笔者认为,从其办学理念、组织架构和运作机制等多个方面可以发现,雪城大学这种长期形成的办学理念已经上升为成熟的办学文化,并为大学管理者、教员和学生所接受和认可。而这样一种文化背后的逻辑,是大学与国家互动过程中的特殊产物。

大学跳出"象牙塔",扮演更多的"社会服务站"的角色,为推动社会发展和国家进步做贡献,实际上是在美国高等教育的发展进程中得到了明显推进的。"威斯康星理念"的提出和传播就是一个最好的例证。然而,大学究竟应当如何服务于国家发展的需要? 对这个问题的回答催生出不同的办学模式。雪城大学首先是应对政府在二战后的号召,为服完兵役的军人提供接受高等教育的机会,在此基础上,该校还根据伤残退伍军人众多的特点,为他们提供需求导向型教育资源。具体来说,注重退伍军人尤其是伤残退伍军人社会融入问题的办学文化,不仅获得雪城大学自二战以来的学校领导的支持,这种文化还融入到该校办学的组织设计和具体制度中。例如,雪城大学包容性创业教育核心组织伯顿·布拉特研究院的创始人伯顿·布拉特长期关注作为社会少数群体的残疾人的教育问题,正是在他的支持和影响下,雪城大学才创建了伯顿·布拉特研究院,形成了成熟的包容性创业教育机构。此外,相关机构的管理理念也展现出该校文化中对于社会责任和担当的理解。退伍兵和军人家庭研究院(Institute for Veterans and Military Families)是一个高等教育跨学科研究院,核心关注点在于改善国家退伍军人及其家人的生活。

(二) 实践逻辑:依次推进和选择多样的包容性创业教育活动

包容性创业教育的主要推动者盖里·沙辛(Gary Shaheen)和米扎·提希客(Mirza Tihic)曾说,包容性创业是帮助处于经济和社会劣势的不同类型残疾人士进行创业的战略和过程,强调运用个性化商业发展目标和支持计划，并运用多样化合作伙伴在共识推动下所提供的资源。① 由此可知，包容性创业教育的实践强调"个性化"和"多样化"等特征。而在雪城大学，这样一种认识和相应的实践逻辑表现为以"依次推进"和"多样选择"为标志性特征的创业教育活动内容和关系。具体来说，这一实践逻辑的主要表现是多样化和渐进性的课程设置与实践活动。在伯顿·布拉特研究院，为伤残退伍军人提供的创业项目就超过40个，主要涉及以法律、技术和商业等领域为主的社区导向型包容性创业教育。② 而具体到其中的每个项目，"依次推进"的理念在项目设计上得到了鲜活的体现。例如，"纽约新企业/包容性创业"（Start-Up NY/Inclusive Entrepreneurship）项目的实践模式就主要分为三个模块，分别是：（1）加速和扩大规模，即为未来的创业者验证创业想法，提供他们所需的指导和帮助；（2）发挥影响力，即通过修读相关专业的学生到雪城大学所在的社区，为伤残退伍军人提供创业咨询服务和其他形式的援助；（3）商业化，即通过学校与区域内的高科技企业等外部组织合作，在通过小型企业带动地方经济的过程中让伤残退伍军人也参与其中，并确保他们的利益得到保障。雪城大学还进一步拓展影响力，创建了退伍女兵创业项目、现役军人创业项目等，其中，参与现役军人创业项目的人数超过了3万人③。

除上述项目以外，课程的实施也同样值得关注。鉴于受众群体不同，包容性创业教育在实践的过程中具有一般性创业教育所欠缺的特点，例如在基础课程学习中更加强调跨学科的创业咨询。在考夫曼基金会全校性创业教育资金的资助下，雪城大学魏特曼商学院开发了一门新的体验性课程——包容性创业咨询（*Inclusive Entrepreneurship Consulting*），虽然是商学院课程，但是注册范围并不局限在商学院学生，其他专业学生都可以注册④，该课程主要包括三部分内容：首先，对伤残学生自身优势的探讨和剖析，通常由创业原理、实践及残疾相关的专家负责教学；其次，教授

---

① Hamburg, I., et al., "Inclusive Entrepenurship Education" (Summer 2018), http://www.archimedes2014.eu/doc/journal-articles/Inclusive%20Entrepreneurship%20Education.pdf.
② Burton Blatt, "Our Projects" (Summer 2018), http://bbi.syr.edu/projects/index.html.
③ Morris, M., Liguori, E., *Annals of Entrepreneurship Education and Pedagogy* 2016, Massachusetts: Edward Elgar Publishing, Inc., 2016, p.367.
④ Shaheen, G. E., "'Inclusive Entrepreneurship': A Process for Improving Self-Employment for People with Disabilities", *Journal Policy Practice*, 2016, 15 (1).

学生咨询的基本技能，主要包括积极聆听的态度、研究学习方法、信息资料收集、客户信任关系的建立以及有效的团队合作等；最后，创业方法和商业规划的教学及体验，学生通过与残障创业者合作，亲手制作出具有一定价值的产品，并通过咨询报告及团队合作分享展示成果。不少学生从该课程学习中获益。包容性创业咨询作为一门特殊课程，既是对残障人士资助方式的探索，同时也助推了社区创业的发展。通过不断实践，雪城大学的包容性创业教育模式逐渐发展成型。以注重责任与担当的文化逻辑，在强调渐进性和多样性发展的实践逻辑引领下，美国雪城大学打造出稳定的包容性创业教育四阶段培养模式，如图 10-1。

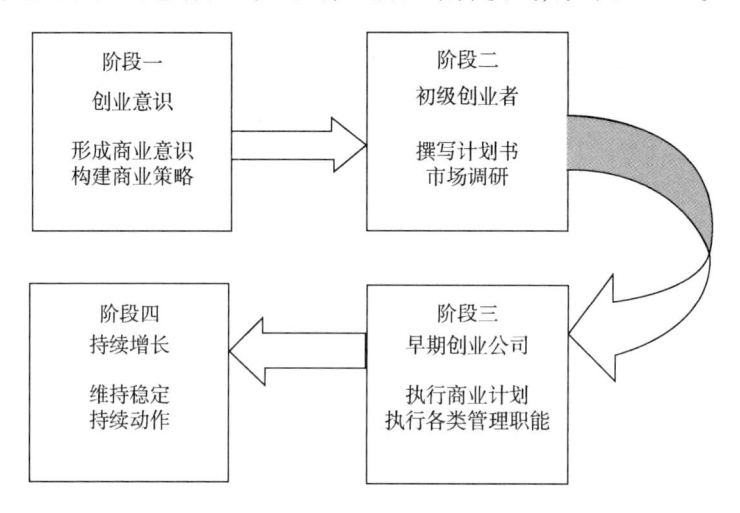

```
┌──────────────┐       ┌──────────────┐
│   阶段一     │       │   阶段二     │
│   创业意识   │──────▶│  初级创业者  │
│              │       │              │
│ 形成商业意识 │       │  撰写计划书  │
│ 构建商业策略 │       │  市场调研    │
└──────────────┘       └──────────────┘
                                │
                                ▼
┌──────────────┐       ┌──────────────┐
│   阶段四     │       │   阶段三     │
│   持续增长   │◀──────│  早期创业公司│
│              │       │              │
│  维持稳定    │       │ 执行商业计划 │
│  持续动作    │       │执行各类管理职能│
└──────────────┘       └──────────────┘
```

图 10-1 包容性创业教育四阶段培养模式[①]

具体而言，阶段一的主要目标是向潜在的创业者阐释和解析较明晰的商业理念、创业的一些细节。在此阶段，商业导师主要通过商业发生过程，对伤残学生展开引导学习，了解学生的创业理念，帮助其把握自身优势、技能及愿景，并为学生实现创业目标提供支持。总之，在此阶段，有意向自主创业的伤残学生完成自己的商业愿景的市场测试后，可以形成一个较清晰的商业意识，并构建起一套适合自己的商业策略。阶

---

① Shaheen, G., Tihic, M., "Abdul-Qadir, ElJ. InclusiveEntrepreneurship" (Summer 2018), http://bbi.syr.edu/docs/projects/startup_ ny/Inclusive%20Entrepreneurship%20APSE.pdf.

段二的主要目标是初级创业者需要学会撰写自己的商业计划书，并学习如何开展商业性的市场调研。阶段三的主要目标是开始执行自己的商业计划。并在计划执行中，承担企业运作过程中的会计、销售和管理等方面的任务。阶段四（最后阶段）的主要目标是维持创业企业的稳定性、持续性运作，主要通过与商业性质孵化器的合作来巩固。

（三）发展逻辑：精准帮扶实现创业梦想，持续赋能扩大创业影响力

持续成长与不断扩大影响力，一直是高校创业教育可持续发展中的一大挑战。同样作为接受考夫曼基金会支持的一些高校，在改革过程中因为资金链条断裂而被迫叫停创业教育项目。然而，雪城大学却在多年的发展中探索出了一条自己的道路。具体来说，推动雪城大学包容性创业教育可持续发展的逻辑是为伤残退伍军人提供精准帮扶，并在创业教育教学与实践过程中向学习者、教师和管理者等多个参与主体不断赋予动能，进而实现包容性创业教育的自给自足。笔者认为，面向伤残退伍军人的创业教育不同于一般性的创业教育，要注意这些退伍军人在再次融入社会过程中的心理调适和军队生活对他们的职业选择所造成的影响。发展逻辑可在多个地方寻找到痕迹，包括特色鲜明的创业咨询课程，以及针对美国"9·11事件"的伤残退伍军人及其家人所提供的三阶段式的培训项目。值得注意的是，这些项目基本只在前期的学习中花费大量的时间，例如在"退伍军人—家人训练营"（Entrepreneurship Bootcamp Veterans-Families）中，第一阶段只用30天的时间学习创业基础知识，并且是网络课程；第二阶段是在EBV联盟高校中为期9天的集中式学习；第三阶段则是创业项目的孵化和后期支持阶段，学校将通过融合了创业导师、资源和全国性合作伙伴网络的广域平台向参与者提供12个月的支持与指导，确保创业者能够在创业初期获取所需的支持。

雪城大学包容性创业教育的开展并非一帆风顺，项目可持续性的维持牵涉诸多因素，而这些因素是理解其发展逻辑所必须了解的前提，具体包括以下几点。首先，需要有一名成熟的召集人。在开发和维持合作中存在以下挑战：确定每个利益相关者的既得利益；确保开放的对话和信息共享、记录会议内容并关注成果。对于未来的共识来自信息共享和对其他利益相关者的清晰认识。其次，各主体间相互信任的合作关系。具有明确的社会使命和融入社区的悠久历史的大学，如雪城大学，是构

建跨系统合作的理想伙伴，这样的系统能够为创业的残疾人提供机会和消除障碍。大学可以为合作注入资源，例如擅长创业、商业管理、教育和（或）残疾政策的研究或实践的教员。大学还可以安排实习生去援助社区创业项目，与此同时还能够充分满足学生的创业兴趣。大学要与残疾人服务管理平台和其他利益相关者建立相互信任关系，才能使得创业教育服务有序进行，大学可以其资源在合作中占据主要地位。最后，强烈的内在自我使命感。雪城大学校长的就职演讲就以"作为公共事业的大学：探索雪城之魂"（University as Public Good：Exploring the Soul of Syracuse）为题。"学术在行动"（Scholarship in Action）是校长提出的大学规划推动力。该规划引领了教员和学生的创新和创造力，并开发了有意义的合作，以带来积极的可持续的社区变化。雪城大学的使命是不仅要"身处社区，还要代表社区"（in the community, but of the community）。雪城大学通过将包容性创业注入大学的文化和课程中，通过教育学生将残疾视为人类本质的一部分，赞美每一个残疾人所拥有的独特技能和潜质，其中包含了成为成功创业者所需的技能，如此，大学才能成为改善社区和公民状况的强大力量。

四 包容性创业教育所带来的积极意义

（一）重树伤残群体生活的希望与信心

作为一种较新颖的教育形态，美国高校的包容性创业教育具有较大的现实意义。据统计，美国的残障人士数占总人口的20%[①]，其中就业的人数只占到总就业人数的38%[②]。可见，美国残障人士的失业、未充分就业以及生活贫困情况较为突出，包容性创业教育能够有所作为。更深远的意义在于包容性创业教育可以转变弱势群体的职业发展轨道，重塑生活信心，激发残障人士对工作的热情。正如纽约州的精神健康办公室委员会的

---

① Kingma, B., *Academic Entrepreneurship and Community Engagement*, Edward Elgar, Cheltenham, 2011, p.110.
② Erickson, W., Lee, C., Von Schrader, S., "DisabilityStatus Report: the UnitedStates. Ithaca" (Summer 2017), http://digitalcommons.ilr.cornell.edu/cgi/viewcontent.cgi?article=1 285&context=edicolletc.

特别助理，以及收容事务局的主管兼心理疾病康复中心顾问约翰·艾伦（John Allen）认为，包容性创业教育不仅要帮助残障人士找到一份工作，还要帮助已完全放弃参与竞争环境中工作的残障人士重拾信心①。

很多残障人士由于自身条件所限，过度依赖政府特殊津贴勉强维持生计，而不愿意去寻找有意义的工作，更不可能创业。换句话说，他们害怕因参与创业实践而失去难得的政府补贴及社会福利。一定程度上，这种心态不仅进一步加剧了残障人士群体的就业失衡，而且会给所在社区的经济和社会发展带来巨大的消极影响。

事实上，也有不少残障人士具有成为创业家的内在动机与外部动力。他们渴望从"病态人""纯消费者"转化为自主创业者。他们不满足于现状，期待社会能够改变对他们的态度，而自主创业是一条较为可靠的转变途径。

当残障人士以小型企业主身份能够获得一定收入，也就减轻了对社会福利和公共援助的依赖。他们还可能通过购买设备和支付租金等形式为当地经济作出一定的贡献。同时，他们还会通过缴纳商业税收的形式回馈当地社区。更重要的是，当这些残障人士创办了自己的小企业时，可能会优先聘请残障人士作为雇员，这样可以一定程度上缓解残障人群的就业压力，这种示范效应还会形成带动其他残障人士积极加入自主创业队伍的良性循环。雪城大学的盖里·沙辛（Gary Shaheen）教授认为，随着社区里越来越多的残障人士了解到同伴中的成功创业故事，更可能点燃他们寻找创业的希望火种，同时随着更多的残障人士在同伴企业中找到就业岗位，为当地社区作出贡献，对地方经济的积极影响成为现实②。

（二）为解决伤残群体问题开创新民主模式

公益创业家兼诺贝尔和平奖获得者穆罕默德·尤努斯博士曾经说道："我们想要什么和我们怎么得到它，取决于我们的思维……随着新知识的出现，我们需要发明持续改变的观点和重置思维的方法。如果我们能重

---

① Kingma, B., *Academic Entrepreneurship and Community Engagement*, Cheltenham: Edward Elgar, 2011, p.110.

② Kingma, B., *Academic Entrepreneurship and Community Engagement*, Cheltenham: Edward Elgar, 2011, p.119.

置思维，那我们就能够重置我们的世界。"① 如果思维不转变，那么在处理社会日益复杂的公共问题上就会处于无序或者被动的境地。长期以来，在解决公共问题上，主要由政府部门完成，且不管政府部门在解决公共事务上是否存在无法绕过的官僚体制抑或其他缺陷，但是公共部门所提供的规模是巨大的，而且也是合法性的来源。包容性创业教育通过重构伤残群体价值的表达方式，使其以创业者的身份融入当地的经济发展之中，运用新工具来推动已有的创业系统，让他们成为创业课程中的学生，为其提供融合了残疾和创业的课程，最终使高校及其学生成为所在社区公益创业的关键伙伴。显而易见，在解决伤残群体就业问题上，高校通过包容性创业以寻求一种非完全授权又非完全市场驱动的方式。但这种方式并非作为政府部门在残障人群体等公共问题上的有效补充，相反，高校这时已经具备了一种主体身份。

尽管在推行包容性创业教育的过程中，残障人士必然会与很多残障社会服务机构及系统接触，这些机构和系统对他们的生活施加了影响。当他们失业的时候，可能还要接触劳动力职业中心（Department of Labor Career Centers）、职业再适应机构（Vocational Rehabilitation Agency）和诸多雇佣培训项目。而作为未来的创业者，他们可能需要联系小型企业发展中心、租赁机构、退休主管服务联合会（Service Corps of Retired Executives, SCORE）和其他大量的创业援助项目。当这些系统聚集到一起、共享信息的时候，才能很好地理解各个系统推动残障人士创业的方式。这些机构或系统的有效运作少不了政府的支持，但是在落实包容性创业教育的情境下，高校需找到和这些机构或系统（政府）合作的办法，而不能只围绕政府开展工作。这种做法意义重大，其中较为重要的一点就是在解决类似于残障人士就业等公共问题上开创新民主模式，即政府有关部门不再是唯一或必不可少的主要参与者。此生态系统中的行为主体包括了公共政策机构、高校、残障社会服务机构以及为此类教育项目提供资助的公益团体。全体参与者需要加强合作，只有这样才能形成一种多方参与、相互连通和富有成效的新民主模式。

---

① Yunis, M., *Creating a World without Poverty*, New York: Public Affairs, 2007, p. 246.

(三) 凸显高校的社会服务角色

在美国兴起包容性创业教育初期，美国退伍军人及家庭面临着多重挑战。相比面向普通学生的传统教育而言，高校对退伍军人的角色和作用定位是不同的。不少教育决策者和学者逐渐意识到，创业能够为退伍军人带来灵活性、自主权等，这些好处特别珍贵，因为具有自主权的创业行为可以让伤残者获得独特的控制感，弥补战争带来的恐惧感和无助感①。当然，帮助伤残退伍军人重新点燃创业希望的确是一件极富挑战的事。因为除了要遭遇普通创业者面临的共同困难外，还有可能因为身体条件限制无法身体力行地去推动和实施创业项目，谁来为他们的创业项目运作提供具体支持，是鼓励和推动伤残退伍军人创业无法回避的问题。尽管面临着重重困难，因为很多伤残退伍军人通过领取政府特殊津贴来维持基本生活，而不主动去寻求改善生活现状，形成了慢性失业，渐渐脱离主流的社会生活。但不可否认，希望通过创业来融入美国商界的伤残退伍军人也不少。美国人口统计局统计显示，超千万的伤残退伍军人想要加入到创业队伍②，这一群体并不缺少创业的毅力和斗志，主要是当前的社会环境中针对伤残人士创业的支持、奖励和培养体系还不完善。因而，大学包容性创业教育的系统性和智力资本的集合性便担负起化解这些问题的重要职责。

从更深的层次来看，大学推动全校包容性创业教育的初衷绝不仅仅是帮助伤残退伍军人实现职业发展的轨道转向，以缓解该群体严峻的就业失衡。我们发现，高校的包容性创业教育不仅符合其服务社区的理念和方略，更是促进了社会公平。通过高校来推动伤残退伍军人创业，就是社会融合的一种途径，而每一个社会融合的倡导者都能意识到，要帮助伤残退伍军人实现职业转变，首先是态度的转变，这种转变代表的是价值观及公民责任的转变，不仅仅是"消费者"向"主人翁"身份的转型。显然，高校在承担社会角色的同时，也成为推动社区公民成长和社会进步的强大力量，这是高校推动包容性创业教育的真正价值所在。

---

① Janoff-Bulman, R., "Assumptive Worlds and the Stress of Traumatic Events: Applications of the Schema Construct", *Social Cognition*, 1989, 7 (2).

② U. S. Census Bureau, "Statistics Abstract of the United, States" (Summer 2017), http://www.census.gov/compendia/statab/.

五　美国高校包容性创业教育的经验与启示

从美国高校，尤其是雪城大学包容性创业教育的经验中，我们可以清晰地看出，高校推行面对伤残群体的包容性创业教育的主要目标是重新点燃他们对生活乃至工作的热情和希望，同时亦体现了高校对服务社会这一角色定位的新阐释。而在我国，此方面尚处于摸索阶段，但仍能得到某些启示。

(一) 利用校园资源优势，促进跨学科合作

我国高校在创业教育过程中相对独立，跨学科性与融合性做得还不尽如人意，关注硕士博士的培养，对于特殊人群的培养更多地托付于特殊教育学院。例如我国的长春大学特殊教育学院，悠久的特殊教育历史使其走在全国特殊群体创业教育的前列，主要为听障大学生搭建创业平台，引入或联合中小企业，力争将长春打造成为中国最大的残疾人大学生暨残疾人就业基地。[①] 当然，这样的特殊教育学院有着先天的创建优势，但更大的舞台应在非特殊教育学院，以此促使校园资源的充分整合与利用。

高校创业教育的生态系统本就具有跨学科性，美国高校在开展包容性创业教育的过程中，由于商学院或管理学院并不具备与残疾或康复治疗有关的必要特长，因此，在具体推行包容性创业教育过程中，充分利用校园已有的资源优势和与康复相关的专业学院展开合作是必然选择。有必要指出的是，双方的合作并不仅仅是在专业知识或技能上相互补充这么简单，而是在包容性创业教育已有的协作性框架的基础上进行，以雪城大学开展的包容性创业教育为例，该校的魏特曼管理学院能够提供的培训包括构思企业、开发创业思维等内容，以帮助有想法的创业者正确理解创业意义，获得创业过程所需的相关技能和知识。随后，致力于治愈和包容残疾人士的伯顿·布拉特研究院开办的"定制和探索"培训，旨在帮助创业者提升个人技能和优势，能够寻找到创业资源。可见，从

[①] 李季、袁旭东：《听障大学生创业实践研究——以长春大学特殊教育学院为例》，《产业与科技论坛》2011 年第 10 期。

专业知识的角度,要推行包容性创业教育必须保持与其他学院的通力合作,这种跨学科合作会反过来促进包容性创业教育的发展。

(二) 维持项目可持续发展,需理清相关影响要素

在当代短短几十年里,我国成功脱贫,GDP已居世界第二,在减少贫困方面最主要的措施之一就是鼓励创业,已有的途径主要表现为创业活动的间接作用、小微借贷、包容性创业、非正式经济体、公益创业和与破坏性创新相结合的可持续性创业6种途径,[①] 而基于中国这样一个发展中国家,包容性创业将是减少贫困人口基数的重要举措。至于高校应如何将包容性创业与教育结合起来,就需要结合我国具体国情以及高校自身特点进行,发挥自我特长,换句话说,各个高校想要持续性地针对不同弱势群体开展类似项目,应具体情况具体分析。

同样的,包容性创业教育在雪城大学附近的社区发挥了显著作用,但这并不意味着雪城大学没有考虑自身特征,也不意味着全面移植这种模式到其他社区抑或其他国家的高校就能发挥同样的作用。撇开对包容性创业教育进行"本土化"改造的重要性,对包容性创业教育模式感兴趣的高校都应该对其进行全面的规划,理清促进或阻碍包容性创业教育的因素,抑或是需求和差距。各个高校要借鉴其模式,自身独特的文化、社会和经济环境中,这些要素都是应该优先考虑的问题。比方说,包容性创业教育的支持者应该清楚,包容性创业教育要想在学校取得可持续发展,需与学校的使命或者发展愿景相符,只有在这样的基础上才能为项目的开展提供合法性地位和源源不断的资源支持。

(三) 解决伤残群体等公共问题,高校可发挥至关重要的作用

我国残疾人数量庞大,根据我国第六次全国人口普查和第二次全国残疾人抽样调查,我国残疾人约8502万人[②],处于就业年龄段(男15—59岁,女16—54岁)约3200万人,其中城镇约800万人,农村约2400万人,[③] 残疾人群体占我国总人口比例约6%。而高校在解决残疾人就业

[①] 斯晓夫、钟筱彤、罗慧颖、陈卉:《如何通过创业来减少贫穷:理论与实践模式》,《研究与发展管理》2017年第12期。

[②] 中国残疾人联合会官方网站,http://www.cdpf.org.cn/sytj/content/2012-06/26/content_30399867.htm,2017年6月27日。

[③] 刘稚亚:《被就业捆绑的套中人——残疾人》,《经济》2015年第5期。

创业方面的努力显然是不够的。《2016年中国残疾人事业发展统计公报》显示，全国普通高等院校仅录取残疾学生9592名，进入高等特殊教育学院学习的残疾学生1941名①。李克强总理专门就促进残疾人就业创业工作作出重要批示，指出提升残疾人职业技能，促进他们就业和增收，既是保障基本民生，加快残疾人小康进程的要求，也是践行"大众创业，万众创新"的生动体现②。残疾人劳动者是大众创业、万众创新的一支重要力量，应该得到我国高校在构建创新创业教育体系中的重视。

"授人以鱼不如授人以渔"，传统的解决残疾人就业的方式一直被称为"输血"式帮助，因为残疾人依靠国家和社会的救济与扶贫来生活只能缓解一时之需，无法从根本上解决。若要"授人以渔"，我们必须让教育在其中发挥作用。一方面，将这类群体中的更多人引入高校这一优质资源中，帮助他们找到自我发展的努力方向，形成良好的职业技能和经济发展能力。另一个方面，政府部门应该鼓励和资助高校拓展残疾人群体接受职业技能训练的教育渠道，因地制宜，努力提高残疾人群体接受包容性创业教育的质量和规模。只有从"输血"式单向帮助向"造血"式扶助提升转变，才能促使残疾人群体积极发挥自身主观能动性，主动适应市场竞争，增强参与社会的积极性。高校作为集优质资源和公共使命为一体的公共机构，在帮助解决社会公共问题方面具有义不容辞的责任，中国高校应契合这一价值理念，主动承担起服务社会的角色，借鉴其优良模式，为残疾人搭建起更广阔的平台，促进"大众创业，万众创新"的进一步深入。

第二节　马里兰大学创新创业转型案例

一　引言

自20世纪70年代末以来，美国公立大学试图挣脱公共使命束缚的枷

---

① 中国残疾人联合会：《2016年中国残疾人事业发展统计公报》，http://www.cdpf.org.cn/zc-wj/zxwj/201703/t20170331_587445.shtml，2017年3月31日。

② 《李克强就提升残疾人职业技能促进残疾人就业创业工作作出重要批示》，http://www.gov.cn/guowuyuan/2019-10/27/content_5445548.htm，2019年10月27日。

锁，转向推动全校性的创新创业教育。基于马里兰大学的质性研究指出，该校创新创业教育从局部向全校拓展，并在实践上增设创新创业基础设施、增加创新创业课程与项目、修订终身教职晋升政策和寻求校友外部资金等。但由于整个实施过程中，学校领导层的权力过于集中，缺乏各方主体的积极投入和参与，因此，在取得一定成效的基础上也引起了张力。我国高校在推行全校性的创新创业教育的过程中上应当汲取马里兰大学的有益经验，避免实施过程中过于强调自上而下，缺乏多方互动、各类主体共同参与的倾向。

二 问题的提出与研究方法

自20世纪70年代末以来，尤其是近年来，美国公立院校特别是顶尖的公立研究型大学，为了维持市场地位和正常运作，"私营化"（Privatization）倾向较为明显，运营方式与私立院校相似，比较独立自主[1]。公立大学试图挣脱其"公共使命"的束缚，在寻求外部资源和自治性上尝试了诸多变革，其中最应提及的是，公立大学在创新创业，抑或知识创造（Knowledge Creation）方面进行的转变。对公立大学而言，知识创造已经成为寻求更多资源和提升声望的重要途径，由知识创造所产生的资源已经获得大学领导层的拥抱，这反过来又会影响到大学的使命和文化。如今的公立研究型大学必须拥抱具有感染力的创新和创业文化。大学的任何功能如理念、研究、教学、管理或服务等都可以从创新思维中获益。所以，尽量在学生学习的初级阶段培养创新创业思维[2]。

本书试图以具有代表性的公立研究型大学——马里兰大学（Universityof Maryland，College park）为案例，采用实证研究方法，对受访者进行深度访谈，并对考察的学校就有关创新创业电子文本、相关的新闻报道、论坛信息和校长演讲等文献资料进行分析，以期深入剖析马里兰大学创

---

[1] 卓泽林：《美国公立研究型大学私营化：原因、路径及影响——以弗吉尼亚大学为例》，《清华大学教育研究》2014年第5期。

[2] Synthesized, "Report of the Findings and Recommendations of the Flagship", 2020 Commission Work Groups (Winter 2016), http://www.umd.edu/Flagship2020/pdf/2020commissionrecommendations-final.pdf.

新创业转型过程中的变革轨迹和实践。具体而言，笔者利用在 2015 年 9 月—2016 年 9 月在美国访学期间就创新创业主题对该校进行了包括管理者和教师在内的 10 个人的访谈，参与访谈的受访者包括 6 位行政管理人员和 4 位教师，如果将受访者按照职务进行分类，有副校长 1 人、教务长 1 人、院长 2 人、主任 2 人，其余 4 人均属于创新创业教学和研究以及人文社会学科领域的教师。

三 马里兰大学创新创业教育的历史演化

创新创业教育在马里兰大学并不是一个新鲜的词汇，早在 20 世纪 80 年代，该校的工程学院和商学院就分别通过各自的技术转化机构和创业中心推行相应的创业教育活动。1984 年，工程学院成立了马里兰科技企业机构（Maryland Technology Enterprise Institute），该机构的愿景是致力于帮助教师创建企业，正如该机构主任在受访中进一步确认其发展愿景：我们大学内部有一个技术转化机构（OTT），它们负责收集发明，进而对有发展前景的发明授予专利，然而寻找适合的人对其进行许可，这是技术转化机构所应承担的职责，但至此还没有创办企业，这也正是他们缺乏的一个必要环节，而这正是我们机构所要做的事情。

1987 年，商学院校友——同盟信号（Allied Signal）企业的创始人迈克尔·丁曼（Michael D. Dingman）向商学院捐赠了 200 万美元创立了丁曼创业中心（Dingman Center for Entrepreneurship），该中心也是美国高校成立最早的创业中心之一。自此，商学院和工程学院所依托的创业中心（机构）推行的创业教育活动和发展目标随着时间的推移也在不断调整，1987 年之后，科技企业机构开始提供研究资金帮助马里兰大学的教师发展科技产品、服务和训练。在 2000 年，该机构向所有专业的毕业班学生开展了希尔曼创业者项目（Hillman Entrepreneurs Program），鼓励和推动对创业感兴趣的所有学生投身于企业的创建。

尽管 20 世纪 80 年代开始，工程学院和商学院就陆续推行和组织了相应的创新创业活动，但这些活动仍局限于工程学院和商学院之内，创新创业教育仍以局部性发展为主。该校一位执教于商学院的教授在受访中表达出创新创业教育在此前发展的局限性：在新校长上任之前，创业教育理念局限于缺乏沟通和合作的简仓结构之中。必须指出的是，我们在调研过程中也发现，在受访过程中，涉及这两个创业中心访谈问题的受访者都会表明，"在马里兰大学谈及创业教育言必称这两个创业中心"的普遍性，并且受访者透露，华莱士·罗汉（Wallace D. Loh）校长于2010年明确将创新创业列入大学发展战略规划中。两个学院在推行创业教育过程中明确表现出相互争夺创业教育主导权的迹象。

2010年10月华莱士·罗汉就任马里兰大学第33任校长，在他的就职典礼上明确将"创新创业"列为马里兰大学四大发展愿景之一，仅在"学生机遇和成就"之后，列于"大学国际化"和"向马里兰公民服务"愿景之前[1]。至此，创新创业在马里兰大学发生了质的转变，学校开始从大学发展战略的角度推行创新创业教育，并且试图把创新创业融入学校的各个方面。就职典礼上，罗汉校长指出："把创新创业纳入大学未来发展愿景的目的是将其融入大学学术文化之中，拓展其相应的课程和活动，接纳商业化理念，使大学成为地区经济发展的催化剂。"[2] 该校成立了校级层面的创新创业研究院，被视为创新创业发展愿景上最具标志性的事件。

创新创业研究院是马里兰大学主导全校性创新创业教育的中央办公室，独立于学校所有的二级学院，隶属于教务长办公室，该研究院院长就有关创新创业的事务直接向校长汇报，形成了校长监督下的院长负责制度，其使命是通过与全校15所学院通力合作把创新创业辐射至全校37000名学生。[3] 研究院成立之初，校长立即投入了200万美元的州政府资金。在校长等学校领导的亲自推动并且拥有大量运作资金的情况下，受访者也纷纷表示相比之前隶属于工程学院和商学院的创业中心或机构而言，当前的创新创业研究院变得与众不同而且辐射范围也更广了，如："创新创业研究院不同了""我们现在开始把创新创业列入学术课程开

---

[1] Wallace Loh Inauguration（Winter 2016），https：//www.president.umd.edu/communications/statements/wallace-loh-inauguration.

[2] Wallace Loh Inauguration（Winter 2016），https：//www.president.umd.edu/communications/statements/wallace-loh-inauguration.

[3] Academy for Innovation and Entrepreneurship，"Year in Review：Academic Year 2015–2016"（Winter 2016），http：//innovation.umd.edu/wp-content/uploads/2016/11/AIE-2016-Year-in-Review.pdf.

发""创新创业出现在教务长办公室了",受访者的这些表述都道出了相比于以往,创新创业教育受到了前所未有的重视,各个学院和部门都明确感受到创新创业教育在学校地位上的提升。

总体而言,在校长等领导的亲自推动下,依托创新创业研究院,马里兰大学创新创业教育已经进入了正常发展轨道,全校学生都可以根据自己的专业基础及本人兴趣选择创新创业教育课程,参与创新创业课程或活动的本科生和研究生人数呈现逐年上升趋势,并在2015—2016学年达到了13250人(见图10-2)。简而言之,此阶段的马里兰大学创新创业明显表现出创新创业理念上升至学校的办学使命层面、创新创业教育的覆盖面广、创新创业教育的组织架构健全、全校性创新创业生态系统基本上建成等特点。

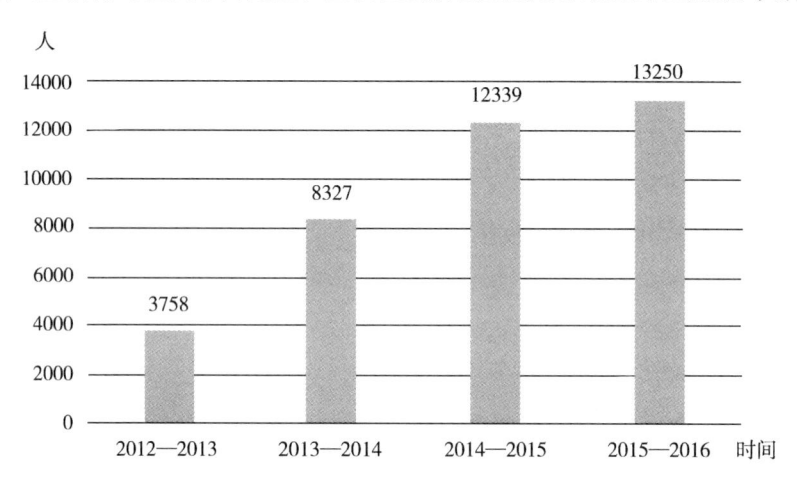

图10-2 马里兰大学学生参与创新创业教育的人数[①]

四 马里兰大学推动创新创业的实践举措

(一)构建支撑创新创业的基础设施

在原有基础上拓展新的创新创业基础设施(Infrastructure)是马里兰

---

① Academy for Innovation and Entrepreneurship, "Year in Review: Academic Year 2015 – 2016" (Winter 2016), http://innovation.umd.edu/wp-content/uploads/2016/11/AIE-2016-Year-in-Review.pdf.

大学进一步推广创新创业教育的根本性举措，亦是确保创新创业教育能够在全校范围内拓展和可持续发展的保障。2004年，在莫特·丹（Mote Jr., Dan）的领导下，马里兰大学修建了科学研究园（Research Park），占地138英亩，这广袤的占地面积为大学提供了200万平方英尺的办公和研究空间，大大拓展了马里兰大学在创新创业研究和探索的空间，更为重要的是，研究园的修建进一步打通了产学研合作创新的通道，活跃了风险和创新投资、创新文化建设等。正如莫特所言：修建研究园的目的是为大学在全球范围内与企业和政府的合作增加一个维度。

马里兰大学科学研究园在修建完成之后，开始成为与国家安全、环境和地球科学、高级语言学（Advanced Linguistics）和食品安全有关的研究机构及企业集群的集聚地。具体而言，科学研究园的修建目的是连接当地企业和国外企业，在从与大学研究的紧密关系和国家经济拨款中的受益，并在此基础上展开合作。而其最终目的是指向与推动该校的创新创业教育与活动。正如笔者调研过程中问询在该校原校长在修建大学科学研究园与推动创新创业教育之间的关联时，一位参与完善科学研究园的中心主任认为：完善研究园真的是为了推动创新创业。更具体地说，我们现在关注的是技术转化和初创公司的创建，以及类似的相关交易活动。鼓励教师进行更多的发明创造，与大学分享他们的思想，然后再用这些资源将那些思想带向市场。

（二）构建创新创业教育课程和项目

我们对马里兰大学每年所有开设课程总目录进行检索之后发现，在20世纪80年代，尽管当时工程学院和商学院已经分别成立了科技企业机构和创业中心来推行相关的创新创业活动，但是没有提供任何相关的创新创业课程，到了2013年，仅仅是工程学院的科技企业机构每年就提供了大约20门有关创新创业的课程，该机构负责人在受访中说，仅工程学院创新创业课程对学生的覆盖每年就高达1000人左右。该校目前有141门有关创新创业的课程，分别由来自34个不同部门或学院的103位教师共同执教。[①]

---

① Academy for Innovation and Entrepreneurship, "Year in Review: Academic Year 2015 – 2016" (Winter 2016), http://innovation.umd.edu/wp-content/uploads/2016/11/AIE-2016-Year-in-Review.pdf.

该校有关创新创业课程明确分为两个层次，面向本科生的创新创业课程数量有141门，面向研究生的有87门，本科生层面的创新创业课程由农业学院、艺术和人文学院、商学院和工程学院等10个学院共同承担；研究生层面的创新创业课程分别由公共政策学院、工程学院和商学院等6个学院承担，具体每个层面的创新创业课程名称和隶属学院的名称见图10-3。①

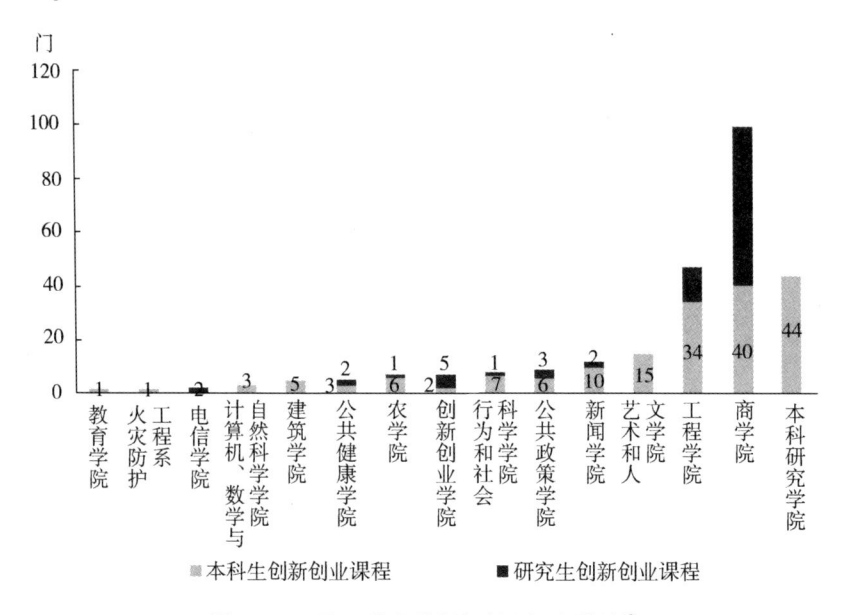

图10-3 马里兰大学创新创业课程统计②

资料来源：根据马里兰大学创新创业研究院网站的课程总目录整理而成。

具体而言，每个学院或部门根据自身的学科优势和专业基础设立了相应的创新创业课程。例如，在本科生层面，农学院设立了"农业管理和可持续食物生产""商业管理"等课程；艺术和人文学院设立了"艺术和人文的跨学科研究：社会活动和大众文化""公益创业写作"等课

---

① The Princeton Review, "Programmatic Highlights from University of Maryland for Princeton Review/Entrepreneurship Magazine's 2013 Top Entrepreneurship Colleges Ranking Survey"（Winter 2016），http://www.umd.edu/TopEntrepreneurshipCollegesRanking2013.pdf.

② 马里兰大学官方网站，http://innovation.umd.edu/wp-content/uploads/2016/06/UMD-IE-Courses-Full-Listing-Spring-2016.pdf，2016年12月。

程；工程学院设立了"发现企业——创业的基础""创业和创新研讨会""创业和创新基础"等课程。在研究生层面，农业学院设立了"房地产开发商的创业基础""房地产高峰体验"，商学院设立了"创业和新企业""公益创业"等课程。可以看出，在新任校长华莱士·罗汉提出把创新创业体验辐射至全校学生的大学发展愿景之后，该校的创新创业课程开始超越工程学院和商学院，创新创业已经向艺术和人文学院、农学院和新闻学院等学院拓展，呈现了全校不同学院和部门共同推行创新创业教育发展的现象。而且本科生和研究生创业课程每年的持续增长正好迎合了华莱士·罗汉校长把创新创业教育辐射至全校学生的大学发展战略目标。尽管该校有关创新创业的相关课程并不是强制性的，但是这些课程都已经融入学生要获得马里兰大学学位前必须学习和体验的学习项目。

（三）修订终身教职晋升标准，促进创新创业

在美国高校，终身教职晋升的标准主要依托候选人的教学、研究和服务做出决策，这三个标准是高校教师整个学术职业发展的三大支柱，它们在终身教职的评审中被形象地比喻为"三条腿"的板凳。但是，教学、研究和服务在不同的高校会有不同的衡量标准，比方说，研究型大学的教师终身教职评审中可能会在要求一定教学工作量的前提下，强调研究产出的比重，简而言之，对终身教职的三大影响因素，不同的高校，或同一高校内不同学院或部门都能分别设置不同的标准和权重来考量教师的晋升阶梯。不过就马里兰大学而言，如果要给三者依次排序的话，是研究—教学—服务。

然而，为了进一步促进和鼓励更多的教师投身于创新创业研究和教学之中，马里兰大学的学术领导层提倡修订晋升和评选终身教职的政策，以承认和奖励为创新创业教学和研究做出贡献的教师。该提议最早是由学校的教务长办公室发起，紧接着教务长组织了一个由各个学院负责人和相关的中心负责人组成的会议来探讨如何将对创新创业的认可整合到终身教职的晋升和评选的过程中。副校长兼教务长玛丽·兰金（Mary Ann Rankin）在会议上明确提出了创新创业应该成为构建教师工作评价或终身教职评审的第四个支柱，排在教学、研究和服务之后。

不过，把创新创业考核纳入终身教职评价指标，还存在很多问题需要解决：如何科学评价创新创业？是以创办公司数量还是以开发创业课程的数量为标准？如何界定创新创业活动同教师的服务业绩界限？正是因为评价本身是模糊的，在兰金教务长宣称考虑将创新创业纳入该校终身教职的评价维度时，很多参会教师一开始非常不理解。一位艺术与人文学院的教授在受访中表达出了这种疑惑，他说，直到参与到由玛丽·兰金教务长组织的这个会议之前，他对创新创业所能想到的就是挣钱。尽管有些教师群体对该政策不甚理解，但是此次会议之后，教务长办公室联合学校学术委员会落实了该政策，委员会在最终的报告中提议在终身教职评选中纳入创新创业决议和评审范围："终身教职中对创新创业的认可将考虑到教员参与的广泛创业、公共管理和创造性活动，所在单位可以此确立自己的晋升和终身教职标准。这些创业和（或）必须强化评价教员的一个或多个标准（研究、学术、艺术创造力、教学和服务）。"①

（四）培养捐赠者和进一步寻求创新创业资金

尽管充裕的资金是创新创业教育有效推行的必要不充分条件，但是在州政府公共资金持续减少的背景下，对美国当前的公立大学而言，创新创业投入资金也面临着资金运作的瓶颈。因此，讨好捐赠者和进一步筹集更多外部创新创业资金成为学校领导层推广全校性创新创业教育的重要工作。例如，为了让该校具有创业体验特征的创业生活学习组织（Living-Learning Communities）顺利筹建，兰金教务长就联系到从该校毕业的一位著名企业家校友，通过几次的交流和游说之后，兰金教务长为该创业生活学习团体筹集到了为期十年的资助，而获得资助的学习团体至今仍以捐赠者的名字冠名。

需要指出的是，校友对创业活动的慷慨捐助一般都是以专款专用的形式，即与学校的管理层达成协议，这些捐助资金是专门用于那些固定的活动或项目。比方说，商学院院长在 2008 年的时候就与该校的一名从事运动品牌创业的校友合作，组织开展了一个商业计划竞赛。学生向评委们宣讲他们的商业思想，以期获得最高可达 5 万美元的现金奖励和其他奖项，而这些奖金都是校友捐赠的。除了向私人捐赠群体游说捐款之外，学校领导层还向州政府层面争取创新创业资金，2013 年，学校在成

---

① APT, "guidelines-Faculty Affairs" (Winter 2016), https：//pdc-svpaap1. umd. edu/policies/documents/APTManual. pdf.

立创新创业研究院之后，罗汉校长与兰金教务长共同向州政府争取了200万美元的运作资金，或许是因为州政府本身就希望地区范围内的高校能够加大创新创业的投入力度，抑或说，马里兰大学洞悉州政府对创新创业在推动地方经济发展和就业岗位创造上的现实需求，州政府一次性给该大学的创新创业研究院拨款了200万美元。在获得州政府和相关校友的资助后，罗汉校长任命了副校长兼教务长玛丽·兰金主管创新创业研究院的运作，并声明在运作过程中确保创新创业教育与活动必须服务于整个学校。除此之外，兰金教务长重整创新创业研究院的工作团队，并在研究院的发展纲领中声明创新创业与促进地区经济发展的联系，以确保州政府对创新创业资金的持续投入。

五 创新创业实践分析

（一）参与同行院校竞争，增加创新创业课程

哈佛大学原校长德里克·博克认为，美国高等教育发展的本质特征和驱动因素是竞争。我们在调研的过程中也发现，马里兰大学在调整或增加创新创业课程数量上与"为参与同行院校竞争"或者"为获取更多的外部资源"等密切相关。该校希望通过开展全校性创新创业教育在同行院校竞争中处于优势地位，不希望成为创新创业教育的"后进者"，希望在卓越机构及市场排名中拥有先发优势，譬如，马里兰大学这几年陆续收集和整理所开展的创新创业教育活动和课程并上交至有关高校创新创业排行的独立机构。在2013年，《普林斯顿评论》（*Princeton Review*）和《创业者杂志》（*Entrepreneur Magazine*）排名上，马里兰大学在为本科生提供创新创业活动或课程等指标上位居全美高校第20名[①]。

笔者以"贵校鼓励和进一步拓展创新创业教育课程是否与受到其他学校的影响相关"为题对10位受访者进行访谈时，几乎所有的受访者都认为该校进一步拓展创新创业教育课程及相关的活动确实受到了同行高校的影响，创新创业活动成为本校与同行院校竞争的一个有利条件。一

[①] The best 381 Colleges（Winter 2016），https：//www.princetonreview.com/college-rankings?rankings = best-381-colleges.

位受访的创业中心主任如此说道:"斯坦福、哈佛和 MIT 在创新创业上都特别活跃,如果别的高校不做类似的事情,是会吃亏的。我不认为这是唯一原因,但这一定是其中一个重要因素,可以令大学保持与其他大学的竞争优势,更具有吸引力……"另一位受访的教务长则指出,由于马里兰大学在推动全校范围内的创新创业教育属于同行院校中速度较慢的,因此他们正在通过拓展创新创业课程而迎头赶上,如其所言:"罗汉校长希望我们能够追赶其他高校在创新创业领域的步伐。"

在看到越来越多的高校如斯坦福大学、麻省理工学院等,正如火如荼地推进全校性创业教育,马里兰大学以此为契机,正在加大力度拓展创新创业教育课程与活动,因为谁都不希望在创业教育项目中落后于其他学校。因此,创新创业教育课程或活动成为大学参与外部资源竞争的一个有利条件。

(二) 间隙组织为高校推行全校性的创新创业教育营造良好的环境

高校的间隙组织通过与社会建立广泛的外部联系,形成了高校、社会良性互动,可持续发展的创业生态系统。斯劳特等人认为,间隙组织的目的是保护和销售知识产权,然而,马里兰大学在推行创新创业教育的实践中所成立的一些建筑或组织,就类似于斯劳特提出的间隙组织,例如创新创业研究院。并且,基础设施连接公私部门使新型网络的出现成为可能。在马里兰大学,前任校长莫特·丹等通过完善科学研究园等实践积极参与到基础设施的建设与完善中,而这些举措所指向的便是刺激地方经济发展,或者说,马里兰大学确保这些方案有助于推动地区的经济发展以换取地方政府对该计划资金的持续资助。

(三) 拓展管理能力,确保全校性创业教育的有效推行

在马里兰大学,全校性创新创业理念的确立及其具体实践的推行都由校长和教务长等高层管理者自上而下推行的。例如,自 2011 年罗汉校长公开宣称把创新创业列入大学四大发展愿景,到由副校长兼教务长牵头组织成立创新创业研究院,再到教务长亲力亲为去寻求支持校友等外部资金来支撑创业生活学习团体的运作,都表现出高校领导层对创新创业运作和资源管理上的绝对控制权。

马里兰大学学校领导层在创新创业资源筹集以及组织开展相应的创新创业拓展活动中所发挥了决定性作用。不可否认的是,高校领导层在筹集

和争取更多的外部资源上发挥了决定性作用，但在高层管理者被赋予更大的权利的同时，基层教师在高校的治理中的角色却有被边缘化的迹象。我们在调研的过程中发现，一线的教师明确表达出这种担忧。一位来自艺术和人文学院的教师在受访中如此说道："据我了解，我不认为学校在让不同部门的主管接受创新创业上做过什么努力，我感觉这非常自上而下，极其自上而下。"另外一位受访的教师甚至质疑学校如此大规模强调创新创业教育发展的必要性，抑或说创新创业这样被着重强调会导致与此无关的教师处于弱化的地位。如其所言："我想对创新创业的强调太过严重了，这听起来似乎每个人都应该去从事创新创业一样，我们甚至不清楚它具体指的是什么，这听起来似乎与钱有关，我担心学校已经过于强调了。"

六 评析与启示

自20世纪70年代末以来，美国公立大学开始进入一种新的生存环境，这种新环境赋予了公立大学一种新的经济图景，使其在技术转化、知识创造以及创新创业等领域开疆拓土，作为同行院校中较慢参与创新创业的高校，马里兰大学在创新创业上实践的是一种自上而下的运作模式，不可否认，一元化的自上而下运作模式能够在短时间内产生一定的效果，但却明显表现出未能广泛、充分地听取来自各种利益相关群体，尤其是基层教师的声音，决策过程时常简单而急促。这种垂直性、长官意志色彩浓厚的推行方式已经在高校内部引起张力。以下我们将进行逐一分析。

（一）修订终身教职晋升标准、促进创新创业，需全面考虑不同群体的利益

为了深入推动创新创业教学和研究，鼓励更多的教师群体积极参与其中，近年来，美国高校开始在教师聘用及晋升等方面出现转向，即在教师聘用、晋升时，高校不仅要考察教师对学术领域发展的兴趣，还要考察教师是否能够将掌握的技术应用到商业领域或从事与学科相关的创业活动中[1]。2010年弗吉尼亚大学医学院第一次将创新创业活动纳入到教

---

[1] 美国商务部创新创业办公室：《创建创新创业型大学——来自美国商务部的报告》，赵中建、卓泽林译，上海科技教育出版社2016年版，第29页。

师晋升和获得终身教职的标准体系中。该医学院要求参加晋升或竞争终身教职的候选人必须提供一份本人发明及发明申请专利的进展情况报告、版权注册材料、技术许可证以及其他在创新创业领域能够产生影响的技术转化行为[①]。为推动马里兰大学的创新创业教育，副校长兼教务长组织专门会议，邀请高级教师参与商讨修订教师的晋升及终身教职等相关政策，将创新创业标准嵌入到终身教职和晋升的政策中。

但是，终身教职政策调整必然触及教师群体中部分人的既得利益，特别对于非商学院教师更是如此，因为有些教师长期从事历史研究，文献考究才是他们擅长的领域。因此，该校社会科学教师纷纷表示了自己的担忧。一位受访教师谈道："构建企业需要花很多精力，必然会导致没有更多时间来从事其他工作。"正是因为这种晋升政策的转变难以兼顾很多教师专业发展或研究的场域，一些来自人文社会学科领域的教师抱怨说，由于学校过于强调创新创业发展，他们开始被"边缘化"了。

终身教职政策调整的复杂性可能触及教师群体中部分人的利益。因此，尽管将创新创业纳入到终身教职评价体系中，虽然有鼓励更多教师积极参与创新创业活动或研究的美好愿景，但是，高校应当审慎处理，务必兼顾人文社会科学教师的专业发展。

（二）推动创新创业既要学校领导层的居高临下，亦要多向互动

学校领导层对推动一个全校范围的创新创业方案所发挥的作用是至关重要的，如果没有来自校长或教务长自上而下的积极倡导和直接支持，要想在高校创建起全校性创业教育项目几无可能。学校领导层的支持和鼓励能够推动创业教育项目的顺利通过，并获得资金保障。一位商学院的创业中心主任在谈及学校领导对于推动创新创业的作用时就明确表达了这种观点，他说道："推进全校范围内的创新创业教育的首要因素是校长的全力支持，其他院系领导也认为这是推动全校性创业教育必须要做的事情。"然而，从马里兰大学本身的经验来看，在推动创新创业实践和修订相关政策过程中过分强调自上而下，抑或说权力过于集中，而没有在行动之前听取各方意见，容易引起高层领导与基层教师之间的张力。

---

① 美国商务部创新创业办公室：《创建创新创业型大学——来自美国商务部的报告》，赵中建、卓泽林译，上海科技教育出版社2016年版，第30页。

我们在调研过程中发现，受访者明确表达出学校领导层在推行创新创业教育过程中所展现出来的权力运行单向，缺乏多向互动、各类主体平等参与、民主协商的运作机制。因此，尽管学校大张旗鼓地推动全校范围的创新创业，但很多教师却就如何把他们的工作嵌入到创新创业的优先事项上感到被疏远了。质性访谈过程中，一些受访者陈述的观点很有代表性："就我现在所知道的，我认为学校在鼓励各学院和部门加入创新创业行动这方面做了很多努力，我感觉这非常值得肯定。"实际上，在受访过程中，作为推动创新创业教育方案的主要领导者之一，教务长兰金也深刻意识到这种居高临下的推行方式的弊端，如其所言："坦率而言，这并没有完全引起基层教师和学生的兴趣，尽管有所转变，但很多教师仍然把创新创业归为商学院和工程学院承担的范围。"

所以，我们必须深刻意识到，高校在推行创新创业教育的过程中，在肯定高层行政管理人员发挥关键作用的同时，领导层管理人员应该积极寻求基层教师的共同参与，换言之，推动高校创新创业教育，既需要学校领导层自上而下地推动，亦要与学校基层教师等利益相关者多向互动。毕竟全校性的创新创业教育希望吸引尽可能多的教师群体参与到创新创业教育活动中，否则"全校性"就名不副实。

第三节 "全校性"创业教育：现状、成效与趋势

——美国知名高校创业研究者访谈

访谈背景： 国务院副总理孙春兰于 2019 年 10 月 14 日出席中国"互联网+"大学生创新创业大赛相关活动时强调，要将创新创业融入人才培养全过程。"全校性"创业教育以广泛性为着眼点，在教学理念上超越以往只针对少数人的精英式教育，其内涵在于覆盖性地培养学生创业精神和创业思维，这与我国面向全体学生开展创业教育在逻辑和内涵上具有一致性。同时，深入访谈了卡尔·施拉姆、杰尔姆·卡茨和布鲁斯·金玛三位学者，他们从各自的教育背景和岗位上对美国高校"全校性"创业教育兴起的原因做出了回答，并针对考夫曼基金会主导下美国高校"全校性"创业教育项目的开展取得了何种成效以及需突破何种困境等现

实问题进行了探讨,同时还对学界认为高校推动"全校性"创业教育有悖于大学使命和学院传统的观点,以及在全校范围内开展创业教育是否存在合理性等富有争议的问题提出了不同见解。

卡尔·施拉姆是国际上公认的创新创业及经济增长研究领域的重要领袖,他在考夫曼基金会(Kaufman Foundation)担任了10年主席,随后执教于雪城大学(Syracuse University)的信息研究学院。在担任考夫曼基金会主席期间,考夫曼基金会发展成为一个全球性机构,成为促进经济增长和推动创新创业的最大私人资助机构。卡尔在创业研究领域也颇有建树,他的著作主要有《真正创新的内部》《医疗保健及其成本》《创业力》《好的资本主义,坏的资本主义》。

杰尔姆·卡茨(Jerome A. Katz)先后在罗德学院、哈佛大学和密歇根大学学习,曾就职于圣路易斯大学(Saint Louis University)管理部门,他致力于创业教育和中小企业研究,曾经两次被 *INC* 商业杂志评为世界顶级的小企业研究人员之一。他的主要著作有《中小企业创业管理》,并在《商业投资》《创业:理论与实践》等国际顶级学术期刊上发表多篇论文。

布鲁斯·金玛(Bruce Kingma)是信息经济学、经济发展学、图书馆学和非营利组织管理领域的教授。他在雪城大学信息研究学院和惠特曼管理学院担任联合讲席教授。金玛教授在雪城大学担任主管创业教育副教务长期间(2007—2013年)转变了该校的创业教育发展模式,将重点放在帮助学生、退伍军人、教师和社区成员创业上。他通过与整个校园的教师合作,在创业教育中创建了以实践为基础、以学科为重点的项目。这种体验式创业教育模式使该校的创业教育年入学人数每年增加至7500多名学生;该书每年产生超过100个新的学生创业项目;并在《福布斯》《美国新闻》《普林斯顿评论》《创业家》、彭博社和《商业周刊》上获得了全国前10的创业教育排名。2012年,奥巴马总统邀请金玛教授在白宫举行的美国全国创业教育峰会上发言。

一 "全校性"创业教育的兴起

访谈者: 20世纪80年代开始,美国各州政府的社会保障方面,公益性项目支出不断增长,而高等教育能够获得的政府资金大幅下降,尤其是公立大学的公共财政资助遭到前所未有的裁减。密歇根大学安娜堡分校原校长詹姆斯·杜德斯塔特(James Duderstadt)曾使用从"州政府资助"到"州政府辅助",再到高校仅仅坐落于该州的变化趋势来形容当时美国公立大学的财政状况。贵校作为一所私立大学,在公共经费使用上也无法独善其身,因此,请问您是否认为贵校推动"全校性"创业教育(University-wide/Cross Campus Entrepreneurship Education)是为了回应经济迟滞?抑或是为了应对财政资源变化?

卡尔·施拉姆教授: 我们知道,获得考夫曼基金会校园计划(Kauffman Campus Initiatives)资助的高校应该担负起协助基金会推进"全校性"创业教育的远景目标的责任,这其中就包括了通过开展创业教育促进所在区域的经济发展,所以高校开展创业教育确实存在回应经济迟滞的动机。必须指出的是,一旦大学在全校范围内开展创业教育,能够吸引更多的学生注册缴费学习,确实也能为大学的财政收入拓展更加多元的收入渠道。

杰尔姆·卡茨教授: 在经济大萧条期间,越来越多的人失业了,由此,创业也成为一个可能的解决方案。因为新企业是就业岗位的主要来源,所以,我们希望在经济衰退期间创造更多的企业和就业岗位,经济迟滞确实增加了创业的重要性。

布鲁斯·金玛教授: 州政府和大学的管理层希望我们培养的学生能够成为企业家并创立新公司,创造新的就业机会和推动纽约上州(Upstate New York)地区的经济增长。尤其是近些年来纽约上州的经济发展乏力,邻近州的经济发展势头明显超过我们,因此,学校在推动经济发展中也承担着紧迫的任务。因为我们做得不够好,所以我们要借助包括雪城大学在内的其他高校通过投资来改善纽约上州的经济状况。州经济欠佳的表现、GDP 的萎缩和大幅度的失业率,这些都是他们在做预算决策时经常讨论的问题,而我认为对这些问题的担心引起了人们对创业项目的兴趣。

访谈者: 美国是个高度市场化的国家,在此背景之下,美国的高等教育体系也逐渐呈现出市场化特征,竞争关系充斥于高等教育市场,因此,一些大学通过开展"全校性"创业教育项目加入到与其他院校的竞争中，不希望成为高校创业教育领域中的"落伍者"。请问贵校开展"全校性"创业教育是否受到其他学校的影响？

卡尔·施拉姆教授：学校面向全校学生开设创业类课程的主要理由：第一，高校商学院关注公司构建的研究较少；第二，商学院教师一般不愿意为非商科学生开设商业相关课程，他们认为自己课程内容中的一些见解，非商科学生不会有兴趣；第三，人们很主观地认为，商学院教学的重点对象理应只有商科学生。我曾经对美国高校商学院创业课程设置及其教学方法进行过调查和研究，不可否认，我对其现状感到十分失望。并且更让我感到讶异的是，他们竟将书写商业计划作为主要的创业教育方法，但从实战来看，商业计划似乎并非创业者创业的必需品。因此我相信创业教育并非商学院的专属范畴，我坚信其他学科的研究者也应该参与到创业教育研究中来。也就是说，创业教育应该突破观念桎梏，走出商学院，不同学科或院系都有权利和义务开展创业教育的研究和教学工作。

杰尔姆·卡茨教授：是的，高校之间总是在为资金和优秀生源而相互竞争，所以不同的高校之间也在时刻关注着相应领域的发展动态；当各学院院长参加会议聚在一起时，总是在谈论不同的观点和发现的新东西，其中必须提及的是，创业是其共同的关注焦点，因为这关系着大学的发展，尤其是商学院的发展。他们试图把高校的创业教育与社区学院衔接起来，因为在社区中最富裕的就是企业家，一旦企业家与大学相互联系，就会实现双赢。

布鲁斯·金玛教授：不排除这种影响因素的存在。在当前的美国高等教育体系中，大学与大学之间的竞争在某种程度上就如同军队的军备竞赛。从我们学校的自身情况来讲，我们需要更好的基础设施和优秀的创业课程等来吸引全球市场中的优秀学生，所以我们总能清楚地意识到我们现在所做的事会有哪些影响，但是我不会说接下来只需要资金和支持即可。你知道的，我们试图了解其他院校正在做什么，但坦白地说，其他大学也会受到我们所举办的创业教育活动或项目的影响。

二 "全校性"创业教育的发展

访谈者：2006年贵校获得考夫曼基金会试验推行"全校性"创业教育的300万美元项目资助，并且学校也为此配套了5∶1的资金进行巩固和推广，现在已经过去10多年了，请您介绍一下贵校当前的"全校性"创业教育发展现状？

卡尔·施拉姆教授：总体而言，考夫曼基金会所推行的"全校性"创业教育是成功的，获得考夫曼基金会资助的高校开展"全校性"创业教育取得了显著成效，"全校性"的创业教育课程体系在不断完善、全职创业教师不断增长，非商科学生注册数量以及其他学院开设的创业教育课程也都处于持续发展的进程中。

杰尔姆·卡茨教授：我们的"全校性"创业教育项目是世界上最早的25个项目之一，始于1973年。我自己是在1987年加入的。在1973年，鲍勃教授开始教授创业课程时并没有得到任何支持，直到1980年才获得考夫曼基金会授予的创业讲席教授岗位。1987年，我来到圣路易斯大学任教，共同为学校的小型企业发展中心（Small Business Development Center）而努力，并开展了许多活动。此外，还有一个名为"小企业研究所"的国家项目，方便学生向小企业咨询。20世纪80—90年代，鲍勃教授以及其他学者在美国高校开展创业教育的情况也大抵如此。我们必须承认，真正参与考夫曼基金会的"全校性"创业教育项目的学校数量不多，只有20所。而我们的不少创业教育项目获得过考夫曼基金会的资助。

布鲁斯·金玛教授："全校性"的创业教育取得了显著的成效，它从根本上转变了大学的创业文化。在考夫曼校园计划实施之前，我们学院内部就已有一个创业项目，但它是个学术项目，虽然提供了创业相关课程，却无法为学生创办企业提供实质性支持。改变成为必然！现在我校商学院正在指导学生开展创业实践。如果没有考夫曼校园计划，其他学院也是无法开展创业项目的。

访谈者：已有研究发现，目前美国高校校长的平均任职时间仅七年。据我所知，贵校自2006年获得考夫曼基金会的"全校性"创业教育项目资助以来，在 10 年左右的时间已经更换了 2 位校长，显然，校长对"全校性"创业教育的可持续发展具有全局性的作用，请问贵校新更换的领导还继续支持"全校性"创业教育吗？

卡尔·施拉姆教授：如果你具体问雪城大学新校长是否支持"全校性"创业教育，答案是肯定的，我们新校长继续支持学校以往开展的多样化创业教育项目。此外，学校在推进"全校性"创业教育时还强调退伍军人创业的重要性，这也是我们学校开展创业教育的一大兴趣所在。2010 年，雪城大学依托原先的伤残退伍军人创业训练营，重新组建起面向伤残退伍军人及其家庭的创业训练营，将创业教育惠及退伍军人和其家庭成员，为他们提供创业技能训练，使其更好地适应公民生活。

杰尔姆·卡茨教授：在过去的三年里，我们学校的行政领导班子进行了较大的调整，我们有一位任职长达 25 年的校长退休离开了，迎来了新校长和主管学术事务的新教务长，九个学院院长在过去几年里也进行了更替。新校长上任伊始就提出学校发展的三大战略，其中一项就是在全校范围内开展创业教育，当我听到这个消息时，我简直不敢相信。而主管学术事务的教务长是一位生物学家，所以大学的技术转化等跟创业相关的事宜是他非常感兴趣和想了解，当他发现大学向艺术专业、工程专业和商业领域的学生进行不同的创业教育教学时，他开始认识到创业本身魅力所在。因此，领导是否支持"全校性"创业教育，与领导的教育背景是息息相关的。

布鲁斯·金玛教授：是的，确实如此。从发展来看，当我到这里工作的时候，创业教育已经被接受，但它并没有受到足够的关注。现在我想说的是，你可以看到它对我们学校发展有多么重要。就你刚才所提到的，我们的新校长简特·西华鲁（Kent Syverud），他对于经济问题很敏感，同时也是一位充分认识和理解经济发展状况的人。我的意思是说，有那么多同等条件的学者和优秀的管理者来申请我们的校长岗位，为什么偏偏聘用他？因为他向外界述说经济发展的重要性。新校长的委任，以及他近年来的投资项目，都表明我们现在比以往任何时候都更强烈地支持"全校性"的创业教育。

三 "全校性"创业教育的机遇

访谈者：根据已有的文献和与其他受访者的访谈，我们发现其实在学术界，特别是人文社会科学领域，仍有一部分学者认为大学推动"全校性"创业教育有悖于大学使命和学院传统，毕竟大学是产生公共知识的场所，而创业作为一种商业价值取向的活动恰好与这种人文取向背道而驰。请问您如何看待"全校性"创业教育在大学继续推行的合理性？

卡尔·施拉姆教授：这在大学总是被认为是合理的，在大学里推行"全校性"创业教育会使大学看起来与当前的商业领域更具相关性并使人感兴趣。值得提出的是，当前许多大学也在以公益创业的视角来重新定义创业，正如您之前提到的，教师们对那些营利性公司仍存在一种偏见，尽管他们能够为大学拓展多元的收入渠道。

杰尔姆·卡茨教授：我并不认为大学本身的合理性和是否推行"全校性"创业教育相关，我认为大学的合理性更多地体现在项目的排名上，以及学生或教授的知名度等领域。世界上大多数人都不知道"全校性"创业教育是什么，甚至大多数教授创业教育的大学教授也不知道，因为这是新事物和新模式。在2004年对美国高校进行创业教育情况的摸底调查时，美国有2062所大学和学院在开展创业教育教学，实际上，这个数字还在增加。但是冠以"全校性"创业教育这个模式推行创业教育改革的大学在美国还是比较少的。

布鲁斯·金玛教授：这是个有趣的问题，因为创业本身就意味着许多。两年前，我们召开过一次会议，会议的主题是"创业是什么？"参会人员主要来自学校内部各个主管部门的负责人和教师代表，这个会议是由我主持的。在研讨过程中，几乎每个代表都从自身的知识背景或经验出发来谈自己对创业的见解。技术转让办公室的一名代表，只谈及高科技、高增长公司或是许可大公司使用技术。但是研究生院的一位教师代表说：他根本不接受创业，他认为大学没有责任发展纽约上州的经济，因为大学的职责是研究和教学，不应该受到诸如预算之类的相关约束。

在推行"全校性"创业教育的前期，我们必须清楚地描述创业项目对经济发展的影响，而这是我们以前没有做过的。换言之，"全校性"创业教育的管理者和推动者必须考虑清楚该怎么做，学校要求的预算机制，以及对必要条件的满足，这是我们正在做的人们关心的一些事情，正是他们赋予了我们一定的合法性。我们很幸运，因为我们学校有很多"全校性"创业教育项目，并且都做得不错，所以有足够的底气回应质疑，这也是大学开展"全校性"创业教育的合理性体现。也就是说，我们学校的创业活动并非只限于商学院或工程学院这一方小天地，相反，我们的创业教育是铺陈全校，遍及各个院系的，教师和学生们对创业教育的兴趣无处不在，所以从这方面而言，我们也获得了商学院以外的不同院系的支持，如一些其他学院的院长、终身教授及技术转化机构主任等，他们的积极支持赋予了创业教育活动在大学及学科领域的合理性地位，能够鼓励下属、带动其他教师参与到创业教育活动中，推动"全校性"创业教育顺利发展。

访谈者：作为创业教育研究相关项目的负责人，我了解到您在考夫曼"全校性"创业教育期间，亲力亲为地推动全校范围内的创业教育活动和相关的课程开发，请问在这个过程中您认为哪些因素有力地推动了"全校性"创业教育的发展？

卡尔·施拉姆教授：高校内部的商学院院长是推动"全校性"创业教育的关键性力量，如果商学院院长参与高校的"全校性"创业教育改革并且支持这项改革，那么"全校性"创业教育在高校内部就会蓬勃发展；否则，"全校性"创业教育就会面临失败的窘境。

杰尔姆·卡茨教授：现在我们能够获得更多的资源。我尝试提供一份清单给学校领导。于是便有了可以让创业者集会的校园中央办公室，通过交流思想并获得帮助。因为有了校级层面的支持，很多事情办起来会更为顺利。"创业的花朵"盛开在校园内，如我刚听说学校图书馆还会把一层楼改造成为全校的创业加速器，这是以前从来不敢期待的大好事。我也看到校园的其他地方正在开展一些新的创业教育项目，如最近教务长成立了一个委员会，用来评估学校能够为"全校性"创业教育再做些什么。可见，学校领导的大力支持是推动"全校性"创业教育发展的重要力量。

布鲁斯·金玛教授：一个成功创业教育项目必须具有教师领袖，即一个将项目视为其责任并投入心力以确保其成功的单独个体。教师领袖不是一个设计或创造项目的委员会、团体、部门或院长，而是一个愿意付出额外的精力使其顺利开展的个人。没有了教师领袖，项目将会逐渐消亡。另外，项目所在的学院和院长必须支持该计划。一个孤军作战的教师可以决定计划的成败，而一个不合作的院长则可以扼杀一项计划。明智的院长会给予教师成功所需的时间、支持和权限。

具体而言，我认为像雪城大学这样，有能力去让学生获得诸如商业、化学等某些学科的艰深知识，并且把创业精神放在第一位。而这一切能够成为可能，在于我们不仅有项目，亦为其配备了相应的场所和载体，能把学生聚集在一起，他们能在项目以及场所中认识彼此。我们有一个提供证书的教学项目，把教学与认证统一起来，这样的机制让学生来到校园一起学习，而且有助于将创业广为宣传。他们回来说："嘿，我做了这个项目"，其他的学生也会考虑创业。我们有很多艰深的学习项目，包括各单位的博士研究项目，我们很幸运，因为有很多人一起努力，很多人融合进来，合作无间。简而言之，我们可以通过如下途径促进"全校性"创业教育：退伍军人创业项目、学位项目、非学分项目。通过这些项目将不同的学生群体融合在一起，进而推动"全校性"创业教育的可持续进行。

以退伍军人创业项目来说，雪城大学魏特曼商学院在获得考夫曼基金会"全校性"创业教育资金支持的前提下，开发并推出了一门新的体验性课程——"包容性创业顾问"（Inclusive Entrepreneurship Consulting），全校任何专业的学生都可以注册这门课程。这是一门独特的课程，它融合了对残疾问题的研究和借助社区体验学习的创业方式，通过探索资助残疾人的方式，为他们进行创业上的技能训练，帮助他们顺利进行生活转变[①]，同时也推动了社区创业的繁荣发展。

四 "全校性"创业教育的挑战

访谈者：您在推动"全校性"创业教育期间是否遇到过相应的挑战

[①] 卓泽林：《美国雪城大学"全校性"创业教育：路径、影响及启示》，《大学教育科学》2019年第2期。

或困难?

卡尔·施拉姆教授： 由于人们对创业存在认知偏差，往往会先入为主地摒弃、否定创业教育，这种莫名质疑和抵制是推进"全校性"创业教育的主要困难。甚至夸张地说，部分教职工对创业教育的排斥已经形成了一种内部文化和"政治正确"，他们秉持的理由是创业教育无关大学利益以及核心使命，所以创业活动不该是大学应有的事务。

杰尔姆·卡茨教授： 每个人都喜欢创业家，是因为创业家能够为学校捐款。校长和院长们都为学校在全国高校的创业排名上感到骄傲。校长表示支持"全校性"创业教育，却没有投入任何的经费，院长也是同样的态度。所以，我们遇到了一定的困难。

布鲁斯·金玛教授： 在学校的运作机制上，我们也面临着一些挑战。那就是我们在推动"全校性"创业教育的过程中除了从上至下的互动外没有横向的协作，我们将这种运作机制称作筒仓（Silo），即大学内部就是一个筒仓结构，我们在推行"全校性"创业教育时都是垂直的（Vertical）。换言之，在这种运作体制之下我们在向学生或其他利益相关者传达有关"全校性"创业教育信息时往往面临着很大的困难，这跟我们学校内部高度分权化的运作机制有必然的联系，即我们学校内部的每个学院、每个系所都享有最大自由，都可以自主交流，因此我们难以在一起分享有关我们所做的一切，以达到"同一个声音"的效果。

五 "全校性"创业教育产生的积极影响

访谈者： 我们现在回过头来看，距离考夫曼基金会在贵校试验推行"全校性"创业教育项目，已过去十年了，从贵校官方网站和举办的实际活动中可以看出，在 2012 年考夫曼"全校性"创业教育项目结束之后，贵校（组织）仍在不遗余力地确保"全校性"创业教育在后考夫曼阶段的可持续发展。请问到目前为止，"全校性"创业教育项目对学生和教师带来什么样的变化或影响?

卡尔·施拉姆教授： 受考夫曼资助推行"全校性"创业教育的院校，每年都会给考夫曼基金会提交相应的运行报告，从他们报告的结果来讲，自"全校性"创业教育项目开展以来总体的形势和带来的影响都是积极的。具体来说，其在提高院校声誉、激活学生创新创业能力、加强院校对社区的服务能力等方面都产生了较大的影响。例如，在考夫曼基金会的资助下，雪城大学的"学术在行动"计划就以服务地区经济发展为战略愿景，通过服务社区以提高大学声誉与影响力，同时，社区的繁荣也将反哺大学发展。所以，通过"全校性"创业教育活动推动高校更好地为当地社区提供服务，不仅能够获得公众信任，还能使大学适应区域经济的发展需要，为中小企业提供人才和技术支持。

杰尔姆·卡茨教授：我们学校现在比以往任何时候都更欢迎创业者。我认为他们（创业者）非常重要，因为学校的教师对创业很感兴趣，但是学校曾担忧教师是否能够接受创业。现在他们不仅能够接受创业，而且创业对教师获得终身教职非常有益。我们还记得这所大学曾对创业深感担忧甚至向后退缩，那时候年轻教师刚刚走上他们的职业道路，所以他们需要一定的时间才能接受创业，年轻的教师需要获得终身教职，这需要他们发表论文和著作，因为这些要求是他们经过同行评审和正式评审之后成为一名学者的必要条件，在他们履行义务之后，就可以获得终身教职。

我们学校现在有更加灵活的机制，如果教师们有技术，他们可以考虑把这项技术推广到市场，如果他们想要利用技术创业，就会热衷于讨论创业。技术转化办公室试图发现终身教职的教师，但年轻的教师们没有终身教职确保的前提下，学校让他们成为创业者，停止他们发表或出版的任务，因为成为创业者会毁掉他们的终身教职的期望，一则他们在创业期间没有时间发表论文或著作，二则他们教学和个人名声也会随之消失，大学名气通常是一去不复返。我认为行为榜样在教师欢迎创业者中能够发挥强大的作用，尤其是那些做好准备获得终身教职的教师，这种作用非常重要，我们不想腐化青年教师，因为他们真正的事业是学术，如果他们过早地参与创业也许会削减他们的学术精力，但是我们也想让他们现实一点，也就是说，他们能够把自己的想法带给周围的人并把他们的想法推广到世界，我们将不遗余力地帮助他们实现这些目标，因为创业是正确的行动，但只有在确保他们终身教职的前提下创业才是更好的策略。

布鲁斯·金玛教授：任何大学的首要使命都是为学生营造高质量的

学习环境。作为一所参与学校与社区创业的机构，每个项目都必须为学生提供价值。创业项目应该扎根于学术环境，并且通常都关联学术课程。创业应该被植入到课程的学习成果中，基于社区的项目应该反映出课程内在的价值。对社区有益但对参与的学生无益的项目会使一所学术机构偏离它的核心使命，进而浪费大学的资源。我们学校在推行"全校性"创业教育项目过程中对学生具备巨大影响力的创业项目的例子有：学生初创企业加速器（Student Startup Accelerator）和创业参与研究员（Entrepreneurship Engagement Fellows）项目。加速器项目包括培养构思能力、建立新企业和参与孵化器的活动。学生在参与中获得创建、整合以及运作企业的完整经历。企业在社区技术孵化器中进行开发。在技术孵化器这一设施内，学生的出现增加了一定水平的激情和动力，而这不仅有利于学生自己，而且还有助于负责管理技术企业的同事。

访谈者：我们知道，一直以来美国高校的创业教育多由商学院或工程学院负责，但随着其不断发展，创业教育开始迈出商学院，向全校范围的不同院系拓展。而且根据我初步阅读的文献来看，"全校性"创业教育已经开始在世界范围内蔓延。为什么高校纷纷推行全校范围的创业教育？"全校性"创业教育对大学为何变得如此重要？

卡尔·施拉姆教授：现今对创业教育感兴趣的非商学院学生越来越多，创业教育不能局限于商学院之内。创业教育也并不仅仅是写商业计划那么简单，它需要有不一样的教学方法，不同的学科都可以开展创业教育研究与教学。

杰尔姆·卡茨教授：从具体专业上讲，超出50%的美术或平面艺术专业毕业生，选择了从事自主创业，还有30%的工程师、20%的图书管理学学生以及80%的注册牙医都选择了自我雇佣。通过"全校性"创业教育可以帮助到非商科学生获取商业相关知识，为他们毕业后选择自主创业打下较好基础。

布鲁斯·金玛教授：在过去的十年间，创业和创业教育对我们学校来说变得越来越重要了，因为这是学校优先考虑的事项。一方面，纽约上州的政府希望看到它们投资的回报，它们认为"回报"意味着创建许多初创公司，有更多的就业岗位，获得活动相关的税收等，但这表明大学使命的转变。另外，大学内部的教师和学生对创业的兴趣不断激增。

例如在我们的计算机科学系，学生可能会以他们开发的和他们想要传播的软件或应用程序为核心来进行创业，从我们的视角来看这是伟大的事业。学生们发现通过一个应用程序来组织信息是解决问题的新方法，即我们的创业学习项目"开发产品"，他们向商学院寻求把产品推销到市场的方法。同样的，从实验室走出来的生物学家可能想要把他发明的产品推销到市场，同时也需要向商学院寻求帮助。创业涉及我们大学的每一个部门，每一个系，他们对此都很感兴趣。

研究生对创业的兴趣也在逐渐增加，他们通常无法从事学术工作，而是会到企业工作。在研究生阶段，对通常不能进入高等教育工作或不能获得终身教职的博士而言特别麻烦。他们正在寻求把创业教学作为企业发展路径或创业教学途径，以此进入企业界或创办自己的企业。创业的本质更像是综合管理项目，涵盖了从识别机会到评估机会再到成功利用机会的整个过程，这需要会计知识、营销知识、金融知识，但是直到有一天，你必须知道所有的这些都是成为一名成功创业者的必要素质。

综上所述，"全校性"创业教育对美国高校变得如此重要主要可以归纳为两个方面的原因：第一，大学所在州的经济现状敦促学校在经济发展上定位和目标；第二，在大学内部开展"全校性"创业教育并没有威胁到同事的学术研究，与此同时，他们发现了创业教育的价值。

访谈者： 开展"全校性"创业教育对大学自身的发展有什么帮助吗？

卡尔·施拉姆教授： 正如我在前面所言，我是一位坚定的跨学科研究和教学的支持者，我支持创业教育走出商学院，可以肯定的是，大学开展"全校性"创业教育对于打破学科壁垒，鼓励不同学科之间建立起联系、对话和合作大有裨益。通过"全校性"创业教育项目促使大学内部的跨学科合作，我认为至少有两个方面的原因：一方面，非商学院的学生对创业教育的兴趣和热情高涨；另一方面，为了解决一个更为重要的复杂问题，也就是通过"全校性"创业教育项目满足学生的创业教育需求从而架构起不同学科或院系的桥梁。同时，还能为拥有相同创业兴趣的不同学科或院系的学生提供交流机会，以激发各自的创造性。

杰尔姆·卡茨教授： 当前的大学应该摒弃这样一种观点，即只有商学院科班出身的学生才能成为创业者，实际上，从我们学校现有的情况来看，化学、英语等非商学专业的学生也能成为创业者。创业反映了学生的现实生活，他们齐心协力寻求并投身于创业课程以及项目之中。或许是对创业教育有兴趣和需求的非商学院学生剧增，满足原有学习计划中不具备创业课程学科专业中学生需求已经成为大学在课程体系调整必须做出的一个迫切的回应，如果我们只向想要获得学位的商学院本科生提供创业课程，这将会产生破坏性的结果，这就是我们提出"全校性"创业理念的原因。

布鲁斯·金玛教授： 这个问题非常有趣。我们可以获得一些宝贵的经验：首先，由于越来越多的学生同时攻读多个学位，我们需要把创业思想传授给学校的每一位学生，例如，我教过的学生中经常有攻读双学位的本科生，有时还有攻读三门专业的本科生，他们学习计算机科学专业的同时，攻读商学或人类生态学等有关创业教育的相关专业，创业无处不在。我的意思是，有能力的学生可以攻读多学位，但是对我班上和创业寄宿学习共同体内的学生而言，创业通常是一门很有趣的课程，如今创业者随处可见。学生正在通过跨学科找到这些联系，并且从中他们会发现相应的机会。从大学层面来讲，我们会通过创设"全校性"创业教育平台和创业课程来帮助学生获取创业机会。

"全校性"创业教育的显著特点是突破了传统创业教育的精英模式，教育对象不再是少数群体，而是面向了全校学生。基本定位是通识型教育，主要目标是导入"创业意识"和培养"创业精神"；提升"自我雇佣"和"持续学习"的能力[①]。"全校性"创业教育不但要求学生掌握创业基础知识，更教授学生将创业知识和创业技能应用于实践中，在增强学生创业能力的同时提升了综合素质。

---

① 王占仁：《"广谱式"创新创业教育的体系架构与理论价值》，《教育研究》2015 年第 5 期。

第十一章　政府和高校双主导型公益创业生态发展规律及对策建议

第一节　构建政府和高校双主导型公益创业生态系统

一　政府和高校双主导型公益创业生态图谱

(一) 政府和高校双主导型公益创业生态主体关系简图

图 11-1 为以政府和高校为双主导的公益创业园区主体关系简图，主要包括政府或高校（科研院所）的角色、园区管理方职能及作用、园区企业主要类型。以政府和高校为双主导，在政府政策支持下，由科研院所支持或高校直接建设的地方创业园或国家大学科技园，主要致力于构建服务功能完善的公益创业生态。园区系统中的创业孵化器可能包括完全商业性质（孵化器1）、商业和公益结合性质（孵化器2）和完全公益性质（孵化器3）三种属性的孵化器。"在孵企业2"代表着园区引导和扶持的重点企业，处于系统核心地位；"在孵企业1"和"在孵企业3"，分别代表着主流产品链上的上游或下游企业，属于"在孵企业2"的重要合作伙伴，是系统不可分割组成部分。"支持企业1""支持企业2""支持企业3"分别代表着提供"法律、会计和金融"等服务的企业，为推动"在孵企业"成长，促进园区系统的可持续发展发挥着积极作用。

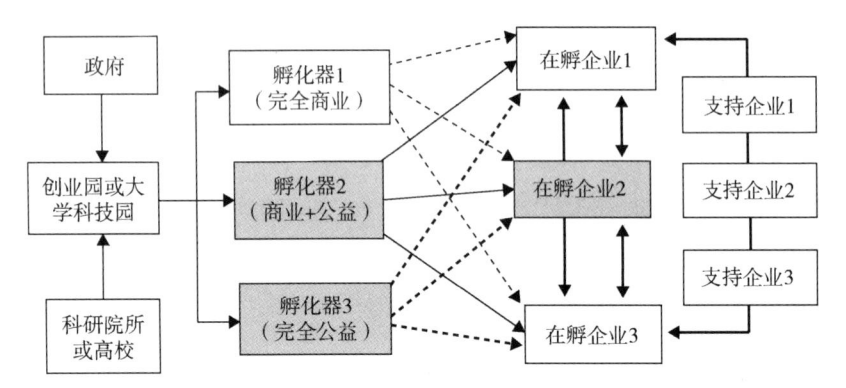

图11-1 政府和高校双主导型公益创业生态主体关系

(二) 公益创业园区生态系统要素图谱

1. 生态系统要素之创业群体图谱（见图11-2）

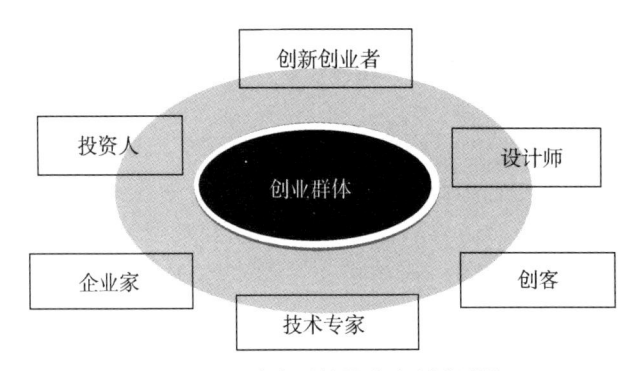

图11-2 生态系统要素之创业群体

2. 生态系统要素之服务机构图谱（见图11-3）

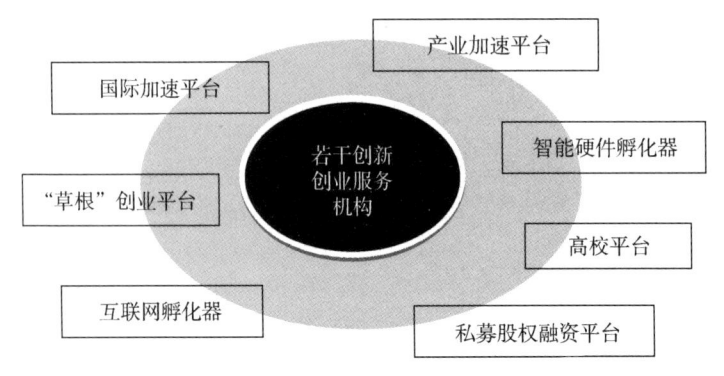

图11-3 生态系统要素之服务机构

3. 生态系统要素之投资机构图谱（见图11-4）

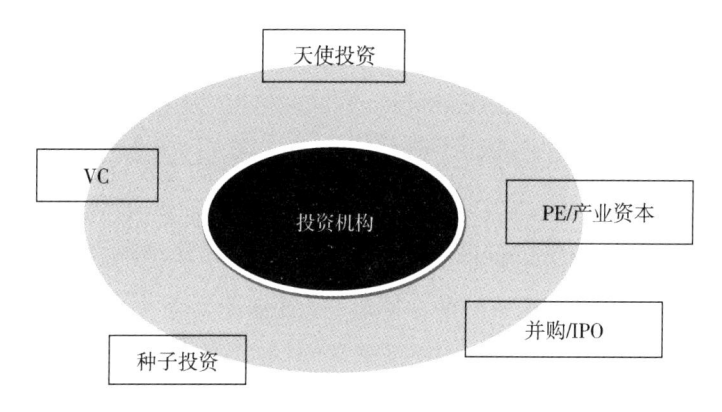

图11-4 生态系统要素之投资机构

4. 生态系统要素之合作机构图谱（见图11-5）

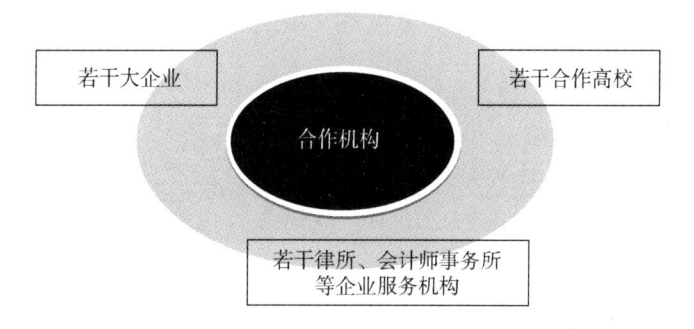

图11-5 生态系统要素之合作机构

5. 生态系统要素之主体活动图谱（见图11-6）

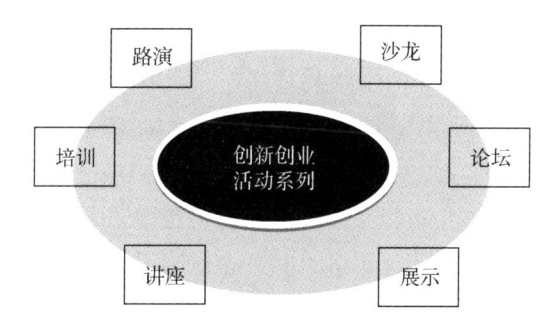

图11-6 生态系统要素之主体活动

二 政府和高校双主导型公益创业生态的主要特征、主体关系和基本规律

(一) 政府和高校双主导型公益创业生态系统的主要特征

政府和高校双主导型公益创业生态系统是以地方创业园、大学创业园及国家大学科技园为典型代表，它们的主要特征包括：（1）各地公益创业园区的发展是不平衡的；（2）这类创业生态系统的构建具有曲折性；（3）园区内同一主体内部要素间的关系及相互影响是复杂的，园区内的不同主体关系及相互影响是复杂的；（4）不同园区主体之间关系及相互影响是复杂的。

(二) 政府和高校双主导型公益创业生态主体关系及对整体系统的影响

在政府和高校双主导型公益创业生态系统中，以社会责任为纽带，政府主要通过宣传引导和政策支持等，服务于整体系统的创业活动；高校主要通过完善管理机制，充分利用政府政策和社会资源，支持在校大学生或校友的创新创业活动，为创新创业的可持续发展提供生力军与技术支持；社会企业是创业活动的主力军，通过整合资源、充分挖潜和完善管理，或直接从事公益创业活动，或作为公益孵化器为创业青年提供一系列配套服务等，以提升自身影响力。主体间的相互支持和协同配合，推动着公益创业园区生态的可持续发展。

(三) 政府和高校双主导型公益创业生态系统产生与发展的规律

在全球响应"社会责任"的背景下，公益创业应社会需要而产生。政府和高校双主导型公益创业生态系统必将经历一个产生、发展和逐步灭亡的过程，存在自身发展的规律性。自然生态系统的能量来源是持续的太阳能。自然生态系统中生物与环境、生物与生物之间的主要联系是通过能量流动来实现。能量流动属于自然生态系统的重要功能。自然生态系统能量流动规律主要包括：能量流动是单向的；能量是逐级递减的。社会生态系统的能量来源主要包括物质能量和精神能量等。社会生态系统中人与人、人与社会之间的联系也是通过能量流动来实现的。社会生态系统能量流动规律主要包括：能量流动是交互的、多向的；一定条件下，能量流动既可以增量，也可能减量；如果能量流动保持持续性

增量，将会推动系统的不断发展；相反，可能会导致系统失衡和衰退。政府和高校双主导型公益创业生态系统的能量流动规律同于社会生态系统的能量流动规律。

第二节 政府和高校双主导型公益创业生态的发展必然性及制约因素

一 政府和高校双主导型公益创业生态的创建与发展必然性

在政府和高校双主导下创建起来的，具有典型公益性特征的地方创业园、大学创业园和国家大学科技园既是我国创业环境现状的客观要求，也是我国中小企业成长的客观需要。

（一）当代经济发展的必然

新经济时代的来临，科学与技术日新月异的不断发展，经济与技术日益明显的一体化趋势，日益缩短的产品生命周期，使全球化经济与贸易加速发展。只有将基础设施、人才资源、技术资源和金融资本等有机结合在一起，才能为创业者提供良好的发展空间。创建"公益性"和"效益性"高度统一的地方创业园或国家大学科技园，改变了传统企业生存与发展模式，通过"组织"形式，集中"孵化"初创企业的模式，是一种制度创新。

为了改善我国的创业环境，推动中小企业的快速健康成长，促进科技与经济的结合，适应经济发展的新形势和实现全面建成小康社会的奋斗目标。现阶段，我国地方创业园和国家大学科技园的发展是在借鉴发达国家成功经验基础上，结合我国国情、通过不断探索、政府支持力度大、适应社会主义市场经济体制发展需要的必然结果。

（二）园区创建与发展的主要理论依据

运用比较优势原理、企业生命周期理论、产业集群理论、社会网络理论和博弈论等，分析和揭示出地方创业园、大学创业园或国家大学科技园创建与发展的必然。

二 政府和高校双主导型公益创业生态发展的主要制约因素

(一) 管理体制的滞后性

在管理体制上,由政府主导或支持的创业园或国家大学科技园,容易导致政府行政过度干预或直接介入到园区的管理和运营中;部分实行事业单位管理体制的园区管委会往往可能需要代行政府的部分职能,承担政府安排的一些行政任务;日常管理实践中容易形成重视行政任务的完成质量,忽视园区自身建设目标;容易形成服务质量差、服务项目少,重管理、轻服务、低效率的管理局面。当前,地方创业园和国家大学科技园的投资主体是政府、科研机构、大学或国有企业,所以一般定位为公益性的科技事业服务机构。地方创业园或国家大学科技园对获取政府资源的过度依赖;"吃皇粮"的园区工作人员,没有生存危机,缺少进取心。在入园审批、项目评审、确定场地面积和审核配套资金等环节,如果相关管理机制不规范、制度执行不透明,较容易滋生腐败,导致不公平和产生不良社会影响。当前,由于大部分科研机构及研究人员的项目选择、研究目标、政策支持、资金来源、效果评价和人员评职晋级等都相对独立,与企业科技开发不一致,"产学研"脱节,科研成果难以转化。

(二) 资源投入的有限性

当前,各地创业园或国家大学科技园,主要由地方政府直接投资创建,园区管委会大多隶属于政府科技部门;资金来源主要为国有资本,即国家或地方政府的创业投资基金。这些政府基金来源数量有限,而且具有不确定性。各行业改革与发展都需要大量资源的投入,面对各地数量众多的创业需求,资源总量紧缺决定了政府对创业园或科技园的资源投入有限。政府有关部门在资金预算上需要同时考虑负责科学研究、科技服务、下级行政及事业单位的日常业务支出,对园区企业发展所需金融、市场及管理的资源投入相对较少,导致不少园区资金短缺,无法满足园区企业发展的多方面需要。

(三) 工作人员的低素质

园区管委会受限于事业单位编制问题。建园初期,工作人员一般由政府部门外派或分流，到岗前主要从事行政管理、技术管理及技术开发等工作，比较缺乏企业经营管理知识及经验等，无法提供高质量的创业辅导以帮助企业成长。同时，由于基层管理人员配备不足，仅能提供低层次基本服务，无法为不同企业提供个性化服务。

（四）投资决策的盲目性

在地方创业园或国家大学科技园创建过程中，一部分地方政府未重视当地可孵化项目的能力有限，过度投资致园区规模过大、资源利用率不高。一个不到20个管理人员的创业园，却有超过200家在园企业，服务质量难以保证。不少地方政府由于没有充分考虑当地实际，很多地方都跟风设立了一个以上的留学人员创业园或国家大学科技园。这些园区自然成为政府职能部门的下属机构，受政府政策及规划影响，园区盲目将政府重点扶持的各类高新技术产业统统纳入园内，走进了定位不清和特色不明的误区，出现了重复建设多、产出效率低下、资源浪费严重的局面。

（五）园区选址的不合理

由于对地方创业园及国家大学科技园的设计与规划未充分考虑到园区发展需要的交通、人才、信息和物流，以及相关配套产业做支撑，导致一些地区的创业园或国家大学科技园选址在工厂密集地或偏远城郊，造成入园项目不足、场地空置，出现数量较大的"空壳公司"。

（六）评价体系的不科学

由于没有一个科学系统的评价指标体系来衡量园区管理及服务绩效、判断园内企业的成熟程度，在园区建设及孵化企业过程中存在的主要问题包括：一是园区建设缺乏动力，经营不善，靠政府资助；二是责权不清，园区工作重点从孵化企业偏移为园区创收；三是工作定位不准，创业服务型园区变成了创业管理型园区；四是一些已成熟企业不愿迁出，"背靠大树好乘凉"，习惯了享受税收优惠、政府补贴等政策红利；另外一些不合格企业长期占用有限的园区资源，造成资源浪费和孵化低效。

（七）园内企业自身的问题

企业经营的诚信度问题，如偷税漏税、投机经营等。据了解，确有打着高新技术旗号的一些企业游走于各地不同的地方创业园或国家大学科技园，通过套取当地政府资助及园区资源，无本经营或以极低成本获得最大利益。一些企业不重视企业文化建设，对园区服务要求过多，过分依赖政府优惠政策。一些创业者不重视企业发展规划与战略管理，对自身企业发展盲目乐观，企业管理水平较低。

第三节 政府和高校双主导型公益创业生态可持续发展的对策与建议

一 充分发挥政府和高校在公益创业生态发展中的主导作用

（一）转变体制机制，推动服务型政府建设

政府最突出的优势在于拥有足够庞大的区域网络，可以为广大创业者提供低成本、有价值的信息和建议。政府需要创新行政管理与服务手段，逐渐从微观层面的管理者转变为创业政策和园区运行规则的制定者，从微观管理转变为宏观管理及运行方案的评估、资金使用的审计等，从直接的投资转为间接的扶持等。从网络化支持、完善融资环境和政策支持等方面，转变到经济调节、社会管理、市场监管和公共服务等政府职能方面。主要通过政策、规划、计划、管理和服务等多方面引导，对地方创业园和国家大学科技园发挥引导和推进作用。

建立公平竞争的市场规则和"运动场"规制，发展拥有包括人才、资金、信息和劳动力等多种要素市场，完善包括会计、审计和法律等中介服务市场。不做"运动员"。加强市场监督和管理，当好"裁判员"。以超前和创新意识，选择主导产业，做好地区产业发展向导。

政府可通过优惠的扶持政策、合理的产业布局、产业结构的体系构建、技术平台支持和完善政府采购方式等，引导和推动地方创业园和国家大学科技园发展。如实施科技成果转化政策，减少入园企业审批环节，提高办事效率与服务质量；提供对在园企业实行房租减免、财政税收减免及土地出让金返还等扶持政策。

由于我国科技资源分布的不平衡，国家和政府坚持"非均衡发展"原则，注重产业合理布局，主要根据不同地区经济发展重心，依托高校、科研院所丰富的科技资源，创建各具特色的地方创业园和国家大学科技园，逐渐形成不同产业发展方向的产业集群。

（二）制定地方创业园及国家大学科技园的发展规划

组织力量及时总结我国地方创业园和国家大学科技园建设和发展的经验教训，确定园区发展的方向和原则，包括园区的性质、功能和运营，企业入园条件和毕业标准等。发挥政府信用优势，积极引入高新科技项目。通过"产学研"方式，推动大学、科研院所、园区和入驻企业的协同发展。整合利用高校和科研院所的科技资源，孵化高新技术和项目，为创业企业提供优质的科技信息、研究设备和培训服务；支持科研人员带着成果入驻园区创业，以满足科技人员创业需求；推动创业企业与科研机构的"产学研"合作，加快科技成果的落地转化。形成成果转化、内外环境和软硬件环境有机结合的"一体化"完整体系。实现政府职能部门、地方创业园或国家大学科技园、科研院所和大学、创业企业、金融机构和中介服务机构等多方整合，充分调动各方积极性，有效推动地方产业及经济发展。

（三）拟定园区的人才政策

政府应为地方创业园和国家大学科技园建设提供人才支持政策，以调动各类人才的积极性，如主要依托高等院校、科技中介机构及行业协会等，加强园区管理人才的培养与培训等。

（四）加强园区的信息化服务

政府投资建立起产业信息化网络，发布创业企业需求信息，通过各创业园区网络服务平台的信息沟通和资源共享，在孵化场所、硬件配置、融资服务和管理服务等方面，实现平台共用、优势互补。

（五）拓宽园区的融资渠道

政府应促成银行和企业的合作，建立创业园区投资体系，为风险投资发展创造条件等，以解决创业企业资金短缺的难题。首先是银企合作，鼓励各类金融机构增加信贷种类、改善信贷服务、确定贷款合理期限等。其次是建立投资体系，如创业种子基金、风险基金、担保基金和保障基金等。启动科技专项计划，设置政府创新基金和专项基金等，以支持技术创新。

以政府投入为主转向多元投资主体，吸引各类主体参与地方创业园或国家大学科技园的建设和发展，构建起以政府投资为前期导向性投入，风险投资或大型企业为后续发展性投入的综合投资模式。

(六) 完善园区的评价体系

开展园区运营及服务评价工作，主要利用专家评估、咨询机构，组织定期测评。完善园区评价指标体系，按照市场规律，以园区经营成效为主要标准，建立起完善的运营管理与服务机制，对园区服务质量、孵化成功率、成果转化率、毕业企业质量、资源聚集力、资本吸引力和使用率、经济效益与社会效益等方面进行考核、评价。将考核结果作为政府提供后续支持力度大小的主要依据，形成一定的竞争机制，才能促进园区活力，提供给在园企业高品质服务。

二 建立科学高效的运行机制，促进公益创业生态有序发展

(一) 加强公益创业服务主体的管理，提高服务质量

1. 确保基础服务优质高效。基础服务的质量保证，首先需要落实责任、服务到位；其次是针对不同企业的需求及规模提供相配套的硬件设施；最后是重视园区发展的可持续性，既要杜绝在园区规划时的不顾财力而贪大求全，又要平衡和确保入园企业的基本需求，做到"基础服务有保障，优质服务不打折！"

2. 提升增值服务水平和实效。园区需"不忘初心，牢记使命"，始终致力于增强企业自身发展能力，培育和造就一批能经受住市场考验的高新企业和优秀企业家。首先，园区的教育培训服务，可以通过定期上课、举办论坛，传授组织管理、市场营销、产品开发、财务管理和企业法律等知识和技巧。其次，组建专家团队开展创业辅导。利用园区资源和网络优势，组建专家团队，主要由专业背景扎实的教授、专家和实践经验丰富的企业总裁担任。能够为发展中的企业各类问题"问诊把脉"，提出有效解决方案，帮助企业选择正确的发展战略等。再次，逐步完善经济信息的数据库，收集最新的经济政策、投资指南、法律法规、市场行情和产品销售等动态信息，为园区企业的经营管理提供重要参考和依据。最后，着力解决企业的资金难题，协助园区企业的贷款及担保，引入风险投资，为其争取各类研究经费和政府资助基金等。

(二) 完善创业企业的评价机制及进出机制

如果说，创业园是"母体"，那么初创企业就是"雏鹰"，毕业企业

是"雄鹰"。首先，确定企业入园标准。如：公司已成立，有独立法人资格；其产品开发与生产符合政府主导、园区扶持的产业方向；较强技术团队和开发能力；基本资金投入；较高素质的经营管理团队等。其次，需通过竞争机制，以增强园区企业活力。如：规定园内企业每年的技术开发目标和经营利润目标，组织定期检查和考核。最后，建立科学的评价机制。以此判断企业经营状况；预测企业经营前景；为企业解困提供咨询；根据评价结果，优选留园企业，责令问题较多企业及时整改，淘汰问题严重企业等。

（三）完善园区的组织结构

园区的企业化经营管理，首先需要一支稳定性好、专业性强的现代化组织管理队伍。一个"层次少、人员少"的扁平化组织结构有利于园区的业务开展，便于直接管理与决策，减少运营成本。此外，针对不同的需要可成立各类事务部。如风险资金事务部，主要负责对入园企业的资质及运营能力评估；为园区企业发展提供资金资助；督导企业资金使用情况等。技术咨询事务部，主要负责对入园项目的技术可行性评估、提供技术指导、对技术发展趋势作出预测等。培训事务部，主要负责为园区企业提供人才资源培训，包括日常管理、创业能力和技术提升培训等。市场发展部，主要负责把握国内外市场发展方向；为企业提供市场信息和产品推广平台。综合服务部，主要负责提供社区化服务，包括日常办公、沙龙活动、休闲娱乐、运动健身等。

（四）探索园区的企业化经营

由政府委派园区负责人制度，改为由具有企业经营管理经验丰富人才担任，从人员结构、资金筹集、经营决策、激励机制等方面实行企业化管理。

首先，实现公益性园区的"盈亏平衡"。园区创建之初主管部门提供必需的硬件设施，并在2—3年内提供一定的财力支持，以后逐年减少园区财政预算资金。公益性服务为主的创业园，逐渐转变为针对入园企业的不同情况收取一定的服务报酬，作为园区日常运营的资金来源。

其次，创建园区运营合理的激励机制。为调动各方面人员的积极性，需要一定的激励机制。如：园区管理中的股权激励，即由员工个人持有园区股份，将员工利益与园区利益捆绑在一起；园内企业的股份公司运营模式，当一个项目入园后，即由项目发起者、园区管委会、风险投资人等，持有该企业一定比例的股份，通常为50%、20%、20%、10%。可令各方利益与社会利益相统一，合力促进企业和园区共同成长。

再次，充分利用园区的网络资源。网络资源的好坏，决定园区提供给企业的服务质量。高质量的网络资源能够支持企业通过捕捉潜在的竞争对手、寻找到主要客户及主流供应商，规划发展战略；高质量的网络资源可以帮助园区了解自己与合作伙伴的不同需要，通过资源和能力的组合，促使其建立起互相信任、互相合作的网络关系，发挥"1+1>2"的功效。

（五）正确处理好园区与企业的内在关系

1. 为每个入园企业派驻一个专家组。对创业的各个环节进行指导，主要针对可能出现的各种困难，提出预防或解决方案。

2. 设计和创建园区时，首先要考虑园区定位，利用政府导向、区域优势确立一个重点领域，引入一批关联公司，聚集于园区内，形成研发公司与生产企业、硬件制造与软件公司、上下游企业之间的竞合关系，可共享信息和相互学习，可节省成本和运输费用，可令初创企业较快把握行业动态和创新方向，增加技术研发、市场拓展和股权转让的便利，增加园区成长企业与园外支持企业之间的合作可能。

三 推动公益创业生态园区的专业化和网络化发展

（一）推动园区发展的专业化

专业化的创业园或科技园，可以大大降低企业的创业成本，提高初创企业的生存能力和创新能力，通过构建专业化服务体系，有利于实现产业之间的互动等。因为专业化技术平台可以减少初创企业在公共技术设施上的投入，同时专业的管理培训和技术咨询，也可为创业公司在技术研发、生产运营、日常管理和市场拓展等方面节省大量开支。如果专业型创业园或科技园能重点扶持本地区特色产业，必然能和地方特色、优势产业形成良性互动，促进共同发展。

（二）推动园区发展的网络化

当前，各地创业园和国家大学科技园的发展有必要互通资讯、加强交流与合作。建立地区性或全国性的联盟,实现信息、资金、空间和服务等资源共享,促进园区之间、园区与其他支持机构之间的多向交流和互惠互利。构建地区性、全国性的产业大网络,主要以地方创业园和国家大学科技园为核心,在各地方政府支持下,吸引投融资机构、担保机构、贸易机构、物流组织、证券机构和服务机构等进入网络群,形成多元化、多层次、市场化的开放性网络结构。主要通过创业园和科技园的网络化发展(如网络化的组织结构、信息、资源和服务体系)来实现。

四 鼓励社会对公益创业生态发展的参与和支持

(一)形成多元化的投资主体

在政府主导和支持下创办起来的地方创业园和国家大学科技园,虽然可以获得来自政府及政策的优惠扶持,较之一些纯商业化运营的创业集群具有先天的竞争优势,但是如果这些园区(如本次研究中的所列案例)有了背靠大树好乘凉的心态,容易将先天优势转变为后天弱势。因为等、靠、要的心态,可能会令园区入驻企业一直难以摆脱母体的培育,外部输血永远无法转变为内部造血。因此,除了政府财力和政策的支持,还需要多方吸引社会资本、风险投资等,桥接入驻企业和促进园区自身发展。

(二)构建中介服务"小社会"

严选中介服务机构。园区创建之初首先需要吸纳管理咨询公司、律师事务所、会计师事务所、商业银行等中介服务机构进驻园区或设立分支机构。同时,园区中介机构的"一站式"服务,必须是质优价美,能够创造相对优化的创业环境,以促进初创企业的成长。因此,园区需要严选出优秀的中介服务机构,并达成长期合作协议,通过目标约束和激励机制,构建战略合作伙伴关系。

参考文献

一 中文文献

［美］布拉德·菲尔德（Brad Feld）：《创业园：创业生态系统构建指南》，机械工业出版社 2016 年版。

曹兆敏：《慧谷十五年　上海交通大学——国家大学科技园中的国家级孵化器》，上海交通大学出版社 2014 年版。

陈浩、张琳：《贷款利率市场化背景下农村小微企业融资信号博弈分析》，《江苏农业科学》2015 年第 12 期。

陈劲、王皓白：《公益创业与公益创业者的概念界定与研究视角探讨》，《外国经济与管理》2007 年第 8 期。

陈树生：《创业教育应纳入高校课程》，《光明日报》2005 年 6 月 29 日。

陈迅、韩亚琴：《企业社会责任分级模型及其应用》，《中国工业经济》2005 年第 9 期。

成都高新青年（大学生）创业示范园：https：//cdgxqjsc.cn.china.cn/，2018 年 7 月 10 日。

戴维奇：《美国高校社会创业教育发展轨迹与经验》，《比较教育研究》2016 年第 7 期。

段丽：《风险控制视角下的公益企业创业》，《管理研究》2015 年第 11 期。

冯·诺依曼、摩根斯坦：《博弈论与经济行为》，王文玉、王宇译，上海三联书店 2004 年版。

冯立威：《博弈论与信息经济学》，《中国信息导报》2004 年第 8 期。

付八军:《学术资本转化:创业型大学的组织特性》,《教育研究》2016年第 2 期。

高潮、胡秋燕:《高校公益创业教育发展的现实考量》,《学校党建与思想教育》2017 年第 18 期。

《关于大力推进大众创业、万众创新若干政策措施的意见》,国发 2015 年 32 号。

郭劲光:《网络嵌入:嵌入差异与嵌入绩效》,《经济评论》2006 年第 6 期。

郭梦君:《基于社会网络分析的手机业务推送模型研究》,硕士学位论文,山东大学,2018 年。

郝秀清、张利平、陈晓鹏、仝允桓:《低收入群体导向的商业模式创新研究》,《管理学报》2013 年第 1 期。

何文:《对社会工作发展中一些现象的反思与建议》,《中国社会工作》2013 年第 30 期。

洪银兴:《科技创新与创新型经济》,《管理学报》2011 年第 7 期。

侯仕军:《社会嵌入概念与结构的整合性解析》,《江苏社会科学》2011年第 2 期。

胡馨:《什么是"Social Entrepreneurship"(公益创业)》,《经济社会体制比较》2006 年第 2 期。

黄开腾:《公益创业:应对大学生就业困境的路径选择》,《江苏大学学报》(社会科学版)2015 年第 2 期。

黄亲国:《中国大学科技园发展研究》,江西人民出版社 2006 年版。

黄兆信、王志强:《论高校创业教育与专业教育的融合》,《教育研究》2015 年第 7 期。

黄中伟、王宇露:《关于经济行为的社会嵌入理论研究述评》,《外国经济与管理》2007 年第 12 期。

霍华德·H. 斯蒂文森:《企业风险与企业家》,机械工业出版社 1998 年版。

Jeffry, A. T., Stephen, S. J.:《创业学》,周伟民、吕长春译,人民邮电出版社 2005 年版。

焦豪、邬爱其:《国外公益创业研究及其对构建和谐社会的启示》,

《外国经济与管理》2008年第1期。

金锦萍：《〈社会团体登记管理条例〉修改的若干法律问题思考》，《中国社会组织》2008年第3期。

金仁仙：《韩国社会企业发展现状、评价及其经验借鉴》，《北京社会科学》2015年第5期。

金仁仙：《日本社会企业的发展及其经验借鉴》，《上海经济研究》2016年第6期。

雷家骕、冯婉玲：《高新技术创业管理》，机械工业出版社2001年版。

李长萍、赵新良：《海归创业 海淀留创园20年》，清华大学出版社2017年版。

李季、袁旭东：《听障大学生创业实践研究——以长春大学特殊教育学院为例》，《产业与科技论坛》2011年第10期。

李敬等：《中国区域经济增长的空间关联及其解释——基于网络分析方法》，《经济研究》2014年第11期。

《李克强就提升残疾人职业技能促进残疾人就业创业工作作出重要批示》，http://www.gov.cn/guowuyuan/2019-10/27/content_5445548.htm，2019年10月27日。

李万勤、李鸿伟：《防范项目经理道德风险的博弈分析》，《河北建筑工程学院学报》2009年第1期。

李伟铭、黎春燕、杜晓华：《我国高校创业教育十年：演进、问题与体系建设》，《教育研究》2013年第6期。

李志能、郁义鸿：《创业学》，复旦大学出版社2000年版。

李智、崔校宁：《标准作用下的价值链定价博弈与利益分配研究》，《管理世界》2009年第7期。

厉以宁：《宏观经济调控和运行》，《理论前沿》1994年第19期。

刘晨、汪泳：《公益创业在中国发展的环境因素浅析》，《现代交际》2012年第8期。

刘键钧：《创业投资原理与方略：对风险投资范式的反思与超越》，中国经济出版社2003年版。

刘杰、孟会敏：《关于布郎芬·布伦纳发展心理学生态系统理论》，《中国健康心理学杂志》2009年第2期。

刘晋波:《大学生创业导引与风险规避》,上海立信会计出版社 2013 年版。

刘军:《QAP:测量"关系"之间关系的一种方法》,《社会》2007 年第 4 期。

刘军:《公共关系学》,机械工业出版社 2006 年版。

刘军:《整体网分析 UCINET 软件实用指南 第 2 版》,格致出版社、上海人民出版社 2014 年版。

刘俊海:《关于公司社会责任的若干问题》,《理论前沿》2007 年第 22 期。

刘徐方:《企业技术创新行为的演化博弈分析》,《技术经济与管理研究》2016 年第 9 期。

刘雪锋:《网络嵌入性影响企业绩效的机制案例研究》,《管理世界》2009 年第 S1 期。

刘玉敏、郑敏娜、任广乾:《区域创新网络中政府与企业的演化博弈》,《技术经济》2016 年第 7 期。

刘芸:《创业教育的产学研合作机制探析》,《教育发展研究》2010 年第 11 期。

刘志阳、邱舒敏:《公益创业投资的发展与运行:欧洲实践及中国启示》,《经济社会体制比较》2014 年第 2 期。

刘稚亚:《被就业捆绑的套中人——残疾人》,《经济》2015 年第 5 期。

卢代富:《公司社会责任与公司治理机构的创新》,《公司法律评论》2002 年第 11 期。

[德] 马克斯·韦伯:《马克斯·韦伯社会学文集》,阎克文译,人民教育出版社 2010 年版。

马晓春、牛欣欣:《创业型大学 地方大学变革的新图景》,山东人民出版社 2013 年版。

马歇尔:《经济学原理》,朱志泰、陈良璧译,商务印书馆 1983 年版。

美国商务部创新创业办公室:《创建创新创业型大学——来自美国商务部的报告》,赵中建、卓泽林译,上海科技教育出版社 2016 年版。

苗青:《社会企业:链接商业与公益》,浙江大学出版社 2014 年版。

那晓钟:《大数据时代下的小微企业互联网融资》,《中小企业管理与科技》（上旬刊）2015 年第 6 期。

纳什：《纳什和博弈均衡理论》，《数理天地》（高中版）2002 年第 7 期。

浦卫忠、姜闽虹：《大学生创业研究》，北京理工大学出版社 2012 年版。

钱平凡、李志能：《孵化器运作的国际经验与我国孵化器产业的发展对策》，《管理世界》2000 年第 6 期。

秦伟：《2005 年英国社区利益公司条例》，《公司法律评论》2015 年第 15 期。

沈能：《国家大学科技园创新网络共生与演化研究》，经济科学出版社 2015 年版。

师海玲、范燕宁：《社会生态理论阐释下的人类行为与社会环境——2004 查尔斯·扎斯特罗关于人类行为与社会环境的新探索》，《首都师范大学学报》（社会科学版）2005 年第 4 期。

石军伟、胡立君：《企业社会资本的自愿供给：一个静态博弈模型》，《数量经济技术经济研究》2005 年第 8 期。

舒博：《社会企业的崛起及在中国的发展》，天津人民出版社 2010 年版。

斯晓夫、钟筱彤、罗慧颖、陈卉：《如何通过创业来减少贫穷：理论与实践模式》，《研究与发展管理》2017 年第 12 期。

宋兹鹏：《海淀创业园：为创业者提供更多优质服务》，《中国商界》2018 年第 Z1 期。

苏浩然：《中国公益创业的现状、困境及对策研究》，《农村经济与科技》2017 年第 16 期。

孙雍君、林昆勇：《大学科技园建设的功能定位》，《中国高新技术产业导报》2009 年 3 月 23 日。

唐亚阳：《公益创业学概论》，湖南大学出版社 2009 年版。

唐亚阳、何飘文、闫森森：《高校公益创业教育体系的构建研究——以湖南大学公益创业教育为例》，《企业导报》2010 年第 1 期。

唐亚阳、汪忠等：《高校公益创业教育：概念、现实意义与体系构建》，《大学教育科学》2011 年第 5 期。

唐亚阳等：《高校公益创业教育体系的构建研究——以湖南大学公益创业教育为例》，《企业导报》2010 年第 1 期。

汪忠、黄圆、肖敏：《公益创业实践促进湖南"两型"社会建设研究》，

《湖南大学学报》（社会科学版）2011年第3期。

王漫天、任荣明：《公益创业及其在中国的发展》，《安徽师范大学学报》（人文社会科学版）2008年第2期。

王世强：《社会企业在全球兴起的理论解释及比较分析》，《南京航空航天大学学报》（社会科学版）2012年第3期。

王扬眉、俞玥颖、泮巧楠：《美国公益创业教育对中国高校的启示》，《商业经济》2015年第5期。

王勇：《社会网络结构及影响力分析方法研究》，博士学位论文，哈尔滨工程大学，2018年。

王占仁：《"广谱式"创新创业教育的体系架构与理论价值》，《教育研究》2015年第5期。

王正青、徐辉：《论学术资本主义的生成逻辑与价值冲突》，《高等教育研究》2009年第8期。

尉肖帅：《高校大学生创业园建设思路》，《教育教学论坛》2018年第40期。

希拉·斯劳特、拉里·莱斯利：《学术资本主义：政治、政策和创业型大学》，梁骁、黎丽译，北京大学出版社2008年版。

向敏等：《社会生态系统理论视角下的温州公益创业现状及发展研究》，《未来与发展》2014年第2期。

向敏、马东影、卓泽林：《包容性创业教育：美国高校创业教育的新范式》，《教育发展研究》2019年第21期。

向敏、申恒运、陈双双：《公益创业生态系统模式建构及解析——以温州为例》，《未来与发展》2013年第5期。

谢辉：《借鉴国外成功经验 推动我国大学科技园持续健康发展》，《中国高校科技与产业化》2008年第Z1期。

谢识予：《经济博弈论》，复旦大学出版社2002年版。

薛敏芝：《社会责任与商业手段的双重协奏——伦梓（David O. Renz）教授对美国公益创业及其研究的最新解读》，《中国广告》2015年第4期。

严中华：《公益创业》，清华大学出版社2008年版。

杨道波：《我国非营利组织信息公开法律制度研究》，《河北法学》2005年第9期。

杨懋、祁守成：《囚徒困境　从单次博弈到重复博弈》，《商业时代》2009 年第 2 期。

易法敏、文晓巍：《新经济社会学中的嵌入理论研究评述》，《经济学动态》2009 年第 8 期。

于佳乐：《公益创业：经济与社会价值并驾齐驱》，《经济》2017 年第 1 期。

余菁：《案例研究与案例研究方法》，《经济管理》2004 年第 20 期。

张嘉哲：《以社会网络观点探讨公益创投于公益创业之角色与行动》，博士学位论文，清华大学（台湾），2015 年。

张建平等：《上下级调节焦点一致性对员工创新意愿及行为的影响研究》，《软科学》2018 年第 11 期。

张军果、张燕红、甄杰：《社会企业：内涵、欧美发展经验及其启示》，《管理纵横》2015 年第 4 期。

张利平：《关于境外投资风险及其防范的研究》，《财经界》（学术版）2013 年第 3 期。

张利平：《可持续创新过程中的社会嵌入——基于中国企业的多案例研究》，博士学位论文，清华大学，2013 年。

张庆祝：《大学生创业孵化基地建设理论初探》，《现代教育管理》2007 年第 8 期。

赵湜、谢科范：《基于进化博弈的企业自主创新风险补偿系统进化研究》，《软科学》2014 年第 9 期。

赵中建、卓泽林：《美国研究型大学在国家创新创业系统中的路径探究——基于美国商务部〈创新与创业型大学〉报告的解读与分析》，《全球教育展望》2015 年第 8 期。

浙江大学国家科技园：http://zjusp.zju.edu.cn/，2018 年 7 月 25 日。

郑晓歌、浦汉淞：《公益创业研究评述及对我国的启示》，《市场周刊·理论研究》2014 年第 11 期。

中国残疾人联合会：《2016 年中国残疾人事业发展统计公报》，http://www.cdpf.org.cn/zcwj/zxwj/201703/t20170331_587445.shtml，2017 年 3 月 31 日。

中国青年报社、KAB 全国推广办公室：《中国青年公益创业报告》，清华大学出版社 2015 年版。

中华人民共和国教育部科学技术司：《高等学校科技工作文件汇编 第 6 辑　国家大学科技园优惠政策专辑》，高等教育出版社 2003 年版。

钟书华、徐顽强：《国家大学科技园建设与发展》，中国经济出版社 2005 年版。

卓泽林：《美国公立研究型大学私营化：原因、路径及影响——以弗吉尼亚大学为例》，《清华大学教育研究》2014 年第 5 期。

卓泽林：《美国雪城大学"全校性"创业教育：路径、影响及启示》，《大学教育科学》2019 年第 2 期。

卓泽林、向敏：《"全校性"创业教育：现状、成效与趋势——访美国知名高校创业研究者卡尔·施拉姆等人》，《中国电化教育》2019 年第 12 期。

卓泽林、向敏：《学术资本主义视域下的大学创新创业转型》，《高教探索》2020 年第 3 期。

二　英文文献

Academy for Innovation and Entrepreneurship, *Year in Review: Academic Year* 2015 – 2016. University of Maryland. http://innovation.umd.edu/wp-content/uploads/2016/11/AIE-2016-Year-in-Review.pdf.

Academy for Innovation and Entrepreneurship, "Year in Review: Academic Year 2015 – 2016" (Winter2016) http://innovation.umd.edu/wp-content/uploads/2016/11/AIE-2016-Year-in-Review.pdf.

Adizes, I., "Corporate Lifecycles: How and Why Corporations Grow and Die and What to do About it: Ichak Adizes", *Prentice Hall*, 1988, 25 (1): 128.

Alan Fowler, NGDOs as a moment in history: Beyond aid to social entrepreneurship or civic innovation, *Third World Quarterly*, 2000, 21 (4).

Alan Gartner, Dorothy Kerzner Lipsky, "Taking Inclusion into the Future", *Educational Leadership*, 1998, 56 (2).

Alfred E. Goldman, The Group Depth Interview, *Journal of Marketing*,

1962, 26 (3): 61 - 68.

Ana María Peredo, Murdith McLean, "Social Entrepreneurship: A Critical Review of the Concept", *Journal of World Business*, 2005, 41 (1).

Andrews, S. B., "Structural Holes: The Social Structure of Competition by Ronald S. Burt", *Social Science Electronic Publishing*, 1995, 42 (22): 7060 - 6.

APT guidelines-Faculty Affairs (2016 - 12 - 12), https://pdc-svpaap1.umd.edu/policies/documents/APTManual.pdf.

Arenius, P., Clercq, D. D., "A Network-based Approach on Opportunity Recognition", *Small Business Economics*, 2005, 24 (3): 249 - 265.

Arent Greve, "Networks and Entrepreneurship-an Analysis of Social Relations, Occupational Background, and Use of Contacts during the Establishment Process", *Scandinavian Journal of Management*, 1995, 11 (1): 1 - 24.

Austin, Barbara, "Competitive Advantage Through People Unleashing the Power of the Work Force", *Journal of Organizational Behavior*, 2006, 15 (6): 575 - 576.

Austin, J. E., *Three Avenues for Social Entrepreneurship Research*, Palgrave Macmillan UK, 2006.

Baron, D. P., "Private Politics, Corporate Social Responsibility, and Integrated Strategy", *Journal of Economics & Management Strategy*, 2001 (10): 7 - 45.

Bernheim, B. D., "Rationalizable Strategic Behaviour", *Econometrica*, 1984 (52): 1007 - 1028.

Bobby J. Calder, "Focus Groups and the Nature of Qualitative Marketing Research", *Journal of Marketing Research*, 1977, 14 (3): 353 - 364.

Burt, R., S., *Structural Holes: The Social Structure of Competition*, Cambridge, Massachusetts; London, England: Harvard University Press, 2009.

Burt, R. S., "The Contingent Value of Social Capital", *Administrative Science Quarterly*, 1997, 42 (2): 339 - 365.

Burt, & Ronald, S., "Social Contagion and Innovation: Cohesion Versus Structural Equivalence", *American Journal of Sociology*, 1987, 92 (6): 1287 - 1335.

Burt, R. S., *Structural holes: the social structure of competition*, Harvard University Press, 1995.

Burton Blatt, *Our Projects*, http://bbi.syr.edu/projects/index.html, 2018 - 05 - 06.

Carrington, P. J., Scott, J., & Wasserman, S., *Models and Methods in Social Network Analysis*, Cambridge University Press, 2005.

Coleman, & James, S., "Social Capital in the Creation of Human Capital", *American Journal of Sociology*, 1988, 94: S95 - S120.

Coleman, James, S., "Social Capital in the Creation of Human Capital", *Elsevier*, 2000.

Corner, P. D., Ho, M., "How Opportunities Develop in Social Entrepreneurship", *Entrepreneurship Theory & Practice*, 2010, 34 (4): 635 - 659.

Cunningham, M., M. Henry, and W. Lyons, "Ending Homelessness Among Veterans", *The Homelessness Research Institute at the National Alliance to End Homessness*, 2007 (11): 7.

Dacin, M. T., Munir, K., Tracey, P., "Formal Dining At Cambridge Colleges: Linking Ritual Performance and Institutional Maintenance", *The Academy of Management Journal*, 2010.

Dees, J. G., The Meaning of "Social Entrepreneurship", *Corporate Governance International Journal of Business in Society*, 1998 (5): 95 - 104.

Dees, J. G., "Enterprising Nonprofits", *Harv Bus Rev*, 1998, 76 (1): 54 - 67.

DeKoning, A., and Muzyka, "the Convergence of Good Ideas: How do Serial Entrepreneurs Recognize Innovative Business Ideas", Working Paper, INSEAD, 2001.

Dorado, S., & Ventresca, M. J., "Crescive Entrepreneurship in Complex Social Problems: Institutional Conditions for Entrepreneurial Engagement", *Journal of Business Venturing*, 2013, 28 (1): 69 - 82.

Dorothy Kerzner Lipsky, Alan Gartner, "Taking Inclusion into the Future", *Educational Leadership*, 1998, 56 (2): 78 – 81.

Dyer, J. H., Singh, H., "The Relational View: Cooperative Strategy and Sources of Interorganizational Competitive Advantage", *Academy of Management Review*, 1998, 23 (4): 660 – 679.

Egghe, L., & Rousseau, R., "An Informetric Model for the Hirsch-index", *Scientometrics*, 2006, 69 (1): 121 – 129.

Eisenhardt, K. M., "Agency Theory: An Assessment and Review", *Academy of Management Review*, 1989, 14 (1): 57 – 74.

Eisenhardt, K. M., "Building Theories from Case Study Research", *The Academy of Management Review*, 1989, 14 (4): 532 – 550.

Erickson, W. A., Lee, C. G., 2008 Disability Status Reports: United States, 2008. https://www.researchgate.net/publication/37150457_2008_Disability_Status_Reports_United_States.

Freeman, R., "Strategic Management: A Stakeholder Approach", DOI: 10.1017/CBO9781139192675.003 (1984).

Friedman, M., "The Social Responsibility of Business is to Increase its Profits", *New York Times Magazine*, 1970 (9): 13 – 18.

F. Meyskens, "S7 Thinking About the Role (largely ignored) of Heavy Metals in Cancer Prevention: Chromium and Melanoma as a Case in Point", *EJC Supplements*, 2010, 8 (2).

Gartner, W. B., "A Conceptual Framework for Describing the Phenomenon of New Venture Creation", *Academy of Management Review*, 1985, 10 (4): 696 – 706.

Gillian Sullivan Mort, Jay Weerawardena, "Networking Capability and International Entrepreneurship", *International Marketing Review*, 2006, 23 (5).

Gillies, D. B., *Solutions to General Non-zero-um Games*, *Annals of Mathematics Studies*, Princeton: Princeton University Press, 1959, 40: 47 – 85.

Gordon Burt, "Media Effectiveness, Essentiality, and Amount of Study:

A Mathematical Model", *British Journal of Educational Technology*, 2006, 37 (1).

Grandori, A., and Giuseppe Soda, "Inter-firm Networks: Antecedents, Mechanisms and Forms", *Organization Studies*, 1995, 16: 183 – 214.

Granovetter, M. S., "The Strength of Weak Ties", *American Journal of Sociology*, 1973, 78 (6): 1360 – 1380.

Gregory Dees, J., & Cramton, P. C., "Shrewd Bargaining on the Moral Frontier: Toward a Theory of Morality in Practice", *Business Ethics Quarterly*, 1991, 1 (2): 135 – 167.

Gustavo Mesch, Ilan Talmud, "The Quality of Online and Offline Relationships: The Role of Multiplexity and Duration of Social Relationships", *The Information Society*, 2006, 22 (3).

Halinen, A., Tornroos, J., "The Role of Embeddedness in the Evolution of Business Networks", *Scandinavian Journal of Management*, 1998, 14 (3): 187 – 205.

Hamburg, I., et al., *Inclusive Entrepenurship Education*, http://www.archimedes2014.eu/doc/journal-articles/Inclusive%20Entre preneurship%20Education.pdf, 2018 – 05 – 06.

Haugh, H., "A Research Agenda for Social Entrepreneurship", *Social Enterprise Journal*, 2005, 1 (2): 1 – 12.

Hills, G. E., Lumpkin, G. T., and Singh, R. P., Opportunity Recognition: Perceptions and Behaviors of Entrepreneurs, in *Frontiers of Entrepreneurship Research*, Babson College, Wellesley, MA, 1997.

Hoge, C. W., Auchterlonie, J. L., Milliken, C. S., "Mental Health Problems, Use of Mental Health Service, and Attrition From Military Service after Returning from Deployment to Iraq or Afghanistan", *Journal of the American Medical Association*, 2006, 9.

Hubble, M. A., GELSO, G. J., Effect of Counselor Attire in an Initial Interview, *Journal of Counseling Psychology*, 1978, 25 (6): 581 – 584.

Institute for Veterans and Military Families, Syracuse University, The Employment Situation of Veterans [2017 – 06 – 19]. https://ivmf.syracuse.

edu/page/3/? s = the + employment + situation + of + veterans + .

Interagency Task Force on Veterans Small Business Development, "Report to the President: Empowering Veterans Through Entrepreneurship", sponsored by Small Business Administration, Washington, 2011: 1. https: //www. sba. gov/sites/default/files/FY2012-Final% 20Veterans% 20TF% 20Report% 20to% 20President. pdf.

James S. Coleman, *Social Capital in the Creation of Human Capital*, James S. Coleman, 1988.

Janelle A Kerlin, "Social Enterprise in the United States and Europe: Understanding and Learning from the Differences", *Voluntas International Journal of Voluntary & Nonprofit Organizations*, 2006, 17 (3): 246.

Janoff-Bulman, R., "Assumptive Worlds and the Stress of Traumatic Events: Applications of the Schema Construct", *Social Cognition*, 1989, 2.

Jason Owen-Smith and Walter W. Powell, "Knowledge Networks as Channels and Conduits: The Effects of Spillovers in the Boston Biotechnology Community", *Organization Science*, 2004, 15 (1).

Jeffrey H. Dyer, Harbir Singh, "The Relational View: Cooperative Strategy and Sources of Interorganizational Competitive Advantage", *The Academy of Management Review*, 1998, 23 (4).

Johanna Mair, Ignasi Martí, "Social entrepreneurship research: A source of explanation, prediction, and delight", *Journal of World Business*, 2005, 41 (1).

John C. H., "Games with Incomplete Informtion Played by 'Bayesian' players, I – III Part I: The Basic Model", *Mangement Science*, 1967, 14 (3): 159 – 182.

Karl Polanyi, *The Great Transformation*, Beacon Press, 2001.

Kathleen M. Eisenhardt and Claudia Bird Schoonhoven, "Resource-based View of Strategic Alliance Formation: Strategic and Social Effects in Entrepreneurial Firms", *Organization Science*, 1996, 7 (2).

Katre, Aparna, Salipante, Paul, "Start-Up Social Ventures: Blending Fine-Grained Behaviors from Two Institutions for Entrepreneurial Success",

Entrepreneurship Theory & Practice, 2012, 36 (5): 967-994.

Kingma, B., *Academic Entrepreneurship and Community Engagement*, Edward Elgar, 2011: 110.

Kobia, M., and D. Sikalieh, "Towards a Search for the Meaning of Entrepreneurship", *Journal of European Industrial Training*, 2010, 34 (2): 110-27.

Küenzl, J., Schwabenland, C., Elmaco, J., Hale, S., Levi, E., & Chen, M., et al., "International Encyclopedia of Civil Society", *Reference Reviews*, 2010, 24 (8): 21-22.

Lantos, G. P., "The Boundaries of Strategic Corporate Social Responsibility", *Journal of Consumer Marketing*, 2001, 18 (7): 595-630.

Lichtenstein, G., & Lyons, T. S., "Lessons from the Field: Mapping Saskatchewan's Pipeline of Entrepreneurs and Enterprises in order to Build a Provincial Operating System for Entrepreneurship", *Community Development*, 2012, 43 (1): 113-129.

Linda Costigan Lederman, "Assessing Educational Effectiveness: The Focus Group Interview as a Technique for Data Collection", *Communication Education*, 1990, 39 (2).

Maclean, A., Elder, G. H., "Military Service in the Life Course", *Annual Review of Sociology*, 2007, 33.

Mair, Johanna, Marti, Ignasi, "Social Entrepreneurship Research: A Source of Explanation, Prediction, and Delight", *Journal of World Business*, 2006, 41 (1): 36-44.

Mair, J., & Marti, Ignasi, "Social Entrepreneurship Research: a source of Explanation, Prediction, and Delight", *Journal of World Business*, 2006, 41 (1): 36-44.

Merton, R. K., Fisk, M., & Kendall, P., *The focused interview: A Manuel of problems and procedures*, Glencoe: The Free Press, 1956.

Mesch, G., & Talmud, I., "The Quality of Online and Offline Relationships: the Role of Multiplexity and Duration of Social Relationships", *The Information Society*, 2006, 22 (3): 137-148.

马里兰大学官方网站，http：//innovation. umd. edu/wp-content/uploads/2016/06/UMD-IE-Courses-Full-Listing-Spring-2016. pdf，2016 年 12 月。

Morris, M. , Liguori, E. , *Annals of Entrepreneurship Education and Pedagogy* 2016, Massachusetts: Edward Elgar Publishing, Inc. , 2016: 367.

Mort, G. S. , J. Weerawardena, and K. Carnegie, "Social Entrepreneurship: Towards Conceptualization", *International Journal of Nonprofit and Voluntary Sector Marketing*, 2003, 8（1）: 76 – 89.

Nash, J. F. , "Equilibrium Points in N-person Games", *Proceedings of the National Academy of Sciences*, 1950, 36（3）: 9 – 48.

National Center for Veterans Analysis and Statistics, https://www. usa. gov/federal-agencies/u-s-department-of-veterans-affairs, 2016（3）: 3.

Patrick J. Murphy, Susan M. Coombes, "A Model of Social Entrepreneurial Discovery", *Journal of Business Ethics*, 2009, 87（3）.

Paul, W. , Mike, W. N. , "Portfolio and serial Entrepreneurs: Are They Different?" *Journal of Business Venturing*, 1998, 13（3）: 173 – 204.

Peredo, A. M. , and M. McClean, "Social Entrepreneurship: A Critical Review of the Concept", *Journal of World Business*, 2006, 41: 56 – 65.

Peter J. Collier and David L. Morgan, "Community Service through Facilitating Focus Groups: The Case for a Methods-Based Service-Learning Course", *Teaching Sociology*, 2002, 30（2）: 185 – 199.

Peter, F. D. , *Innovation and Entrepreneurship: Practices and Principles*, London: Heinemann, 1985: 184.

Pia Arenius and Dirk De Clercq, "A Network-based Approach on Opportunity Recognition", *Small Business Economics*, 2005, 24（3）: 249 – 265.

Porter, M. E. , & M. R. Kramer, "Philanthropy's New Agenda: Creating Value", *Harvard Business Review*, 1999, 77: 121 – 31.

Potter, J. , Halabisky, D. , *The Missing Entrepreneurs: Policies for Inclusive Entrepreneurship in Europe*, Paris: OECD Publishing, 2013: 18 – 21.

Ranjay Gulati and Martin Gargiulo, "Where Do Interorganizational Networks Come From?", *American Journal of Sociology*, 1999, 104（5）: 1439 – 1493.

Richard, C., *Essaisur la Nature du Commerce en Général*, New York: Kelley Publishers, 1755: 34 – 34.

Robert E. Smith, Nick Taylor, "A Framework for Evolutionary Computation in Agent-based Systems", Proceedings of the 1998 International Conference on Intelligent Systems, 1998: 221 – 224.

Ronald S. Burt, "Social Contagion and Innovation: Cohesion versus Structural Equivalence", *Ronald S. Burt*, 1987, 92（6）.

Roper, J., and G. Cheney, Leadership, "Learning and Human Resource Management: The Meaning of Social Entrepreneurship Today", *Corporate Government*, 2005, 5（3）: 95 – 104.

R. Edward Freeman, *Strategic Management*, Cambridge University Press, 2010.

Saaty, T. L., & Kearns, K. P., *The Analytic Hierarchy Process*, Analytical Planning, 1985.

Saaty, T. L., & Kearns, K. P., *The Analytic Hierarchy Process*, McGraw-Hill, 1980.

Saaty, T. L., Alexander, J. M., *Thinking with Models*, Oxford: Pergamon Press, 1981.

Sahlman, W. A., *The Entrepreneurial Venture: Readings Selected*, Boston, MA: Harvard Business School Press, 1999: 145 – 147.

Schatzman, L., and Strauss, A., *Field Research: Strategies for a Natural Sociology*, New Jersey: Prentice Hall, 1973.

Schere, J. L., "Tolerance of Ambiguity as a Discriminating Variable Between Entrepreneurs and Managers", *Academy of Management Proceedings*, 1982, 1982（1）: 404 – 408.

Schumpeter, J. A., *The Theory of Econonmic Development*, Cambridge: Harvard University Press, 1934: 79 – 82.

Shaheen, G., Tihic, M., "Abdul-Qadir, ElJ. InclusiveEntrepreneurship", (Summer 2018), http://bbi.syr.edu/docs/projects/startup_ny/Inclusive%20Entrepreneurship%20APSE.pdf.

Shaheen, G. E., "'Inclusive Entrepreneurship': A Process for Improving Self-Employment for People with Disabilities", *Journal Policy Practice*, 2016, 15.

Shapley, L. S., "A Value for n-person Games", *Annals of Mathematics Studies*, 1953, 28: 165-177.

Sharir, M., Lemer, M., "Gauging the Success of Social Ventures Intiated by Individual Social Entrepreneurs", *Journal of World Business*, 2006, 41 (1): 6-20.

Shirkhan, L., Mollayousefi, M., "Aristotle and the theory of decision (Prohairesis)", *Philosophical Investigations*, 2017, 11 (20): 249-264.

Slaughter, F., & Leslie, L. L., *Academic Capitalism: Politics, Policies, and the Entrepreneurial University*, Baltimore, MD: The Johns Hopkins University Press, 1997: 68.

Slaughter, S., Rhoades, G., *Academic Capitalism and New Economy: Markets, State and Higher Education*, Baltimore: The John Hopkins University Press, 2004: 28-29, 15.

Smith, M. B., and D. C. Mcclelland, *The Achieving Society*, Free Press, 1967.

Spaargaren Gert and Mol Arthur P. J. and Buttel Frederick H., *Governing Environmental Flows: Global Challenges to Social Theory*, Cambridge: The MIT Press, 2006.

Steiner, G. A., *Business and society*, New York: Random House, 1971.

Stephen, G. Alter, "Race, Language, and Mental Evolution in Darwin's Descent of Man", *Journal of the History of the Behavioral Sciences*, 2007, 43 (3): 239-255.

Suzuki, K., Kim, S. H., Bae, Z. T., "Enterpreneurship in Japan and Silicon Valley: a Comparative Study", *Technovation*, 2002, 22 (10): 595-606.

Synthesized Report of the Findings and Recommendations of the Flagship 2020 Commission Work Groups (2016-12-08), http://www.umd.edu/Flagship2020/pdf/2020commissionrecommendations-final.pdf.

Syracuse University Archives, Exhibitions: Remembering the GI bulge

[2017 – 06 – 18], http: //archives. syr. edu/exhibit/bulge. html.

Tan, W. L. , Williams, J. , Tan, T. M. , "Defining the 'Social' in 'Social Entrepreneurship': Altruism and Entrepreneurship", *International Entrepreneurship and Management Journal*, 2005, 1 (3).

The best 381 Colleges (Winter 2016), https: //www. princetonreview. com/college-rankings? rankings = best-381-colleges.

The Princeton Review, "Programmatic Highlights from University of Maryland for Princeton Review/Entrepreneurship Magazine's 2013 Top Entrepreneurship Colleges Ranking Survey" (Winter 2016), http: //www. umd. edu/TopEntrepreneurshipCollegesRanking2013. pdf.

The Skoll Centre for Social Entrepreneurship at Oxford's Said Business School, "What is a social entrepreneur? ", http: // www. sbs. ox. ac. uk/ skoll/ What is + social + entrepreneurship. htm.

Thompson, J. D. , Macmillan, I. C. , "Business Models: Creating New Markets and Societal Wealth", *Long Range Planning*, 2010, 43 (2 – 3): 291 – 307.

Tichy, A. M. , Malasanos, L. J. , "Physiological Parameters of Aging", Part 1. *Journal of Gerontological Nursing*, 1979, 5 (1).

Timmons, J. A. , Spinelli, S. , New Venture Creation: Entrepreneurship for the 21st Century with Power web and New Business Mentor CD, Singapore: Irwin/McGraw-Hill, 2003: 59.

University of Maryland-College Park (2016 – 12 – 12). U. S. Census Bureau, Statistics Abstract of the United States [2017 – 06 – 19], http: // www. census. gov/compendia/statab/.

U. S. Department of Defense, *Directorate of Information*, *Operations and Report*, American War and Military Operations Casualties: Lists, Statistics, and Tables, 2002.

Wallace Loh Inauguration (2016 – 12 – 08), https: //www. president. umd. edu/communications/statements/wallace-loh-inauguration.

Wasserman, S. , and Faust, K. , *Social Network Analysis: Methods and Applications*, New York and. Cambridge, ENG: Cambridge University Press,

1994.

Wellman, B., and Berkowitz, S. D., Social Structure: A Network Approach, *The American Political Science Association*, 1988, 83 (4).

Wickham, P. A., *Strategic Entrepreneurship: A Decision-making Approach to new Venture Creation and Management*, Boston: Pitman publishing Inc., 1998: 203 – 208.

Witkamp, M. J., Royakkers, L., Raven, R., "From Cowboys to Diplomats: Challenges for Social Entrepreneurship in The Netherlands", *Voluntas International Journal of Voluntary & Nonprofit Organizations*, 2011, 22 (2): 283 – 310.

Xin, L., Musteen, M., Datta, D. K., "Strategic Orientation and the Choice of Foreign Market Entry Mode: An Empirical Examination", *Management international review*, 2009, 49 (3): 269 – 290.

Yin, R. K., Case Study Research, *Design and Methods*, 2nd Edition, Sage Publications, Beverly Hills, 1994.

Yitshaki, R., Kropp, F., "Motivations and Opportunity Recognition of Social Entrepreneurs", *Journal of Small Business Management*, 2016, 54 (2): 546 – 565.

Yunis, M., *Creating a World without Poverty*, New York: Public Affairs, 2007: 246.

Zinger, J. T., Lebrasseur, R., Robichaud Y., et al., "Stages of Small Enterprise Development: A Comparison of Canadian Female and Male Entrepreneurs", *Journal of Enterprising Culture*, 2011, 15 (2): 107 – 131.

后　记

本书是在笔者的国家社会科学基金项目研究报告的基础上修改而成的。笔者有幸在一次全国创业教育高峰论坛上聆听汪忠教授介绍的公益创业——湖南大学滴水恩项目，并得到了他的热心指点。受此启发，最终打磨出了"政府和高校双主导型公益创业论"这一研究选题。

本书中，笔者提出了政府主导型公益创业、高校主导型公益创业、政府和高校双主导型公益创业；提出了构建可持续发展的政府和高校双主导型公益创业生态系统的机制和建议；并认为政府和高校双主导型公益创业是中国特色公益创业生态系统的典型范式。这些观点是公益创业与高校创业教育研究相结合的有益尝试。

能够申请到一项国家基金项目是非常困难的事，等到自己去具体实施该研究项目时，方知才疏学浅！我深切地感受到自身的基础薄弱、精力和能力的局限。从组织研究团队到外出调研、资料收集和整理、撰写论文，时有碰壁和诸多委屈。我庆幸自己能够坚持下来，因为通过本次研究工作及著作的修改，极大地提升了我的学术修养，拓展了知识视野，锻炼了研究能力。

己亥末、庚子春，新冠病毒肆虐！危难前方，卒者数千；能者竭力、医者同心！安居家中的我，首先应当感恩那些逆行中的勇士们！同时，我要感谢项目研究和在本书成稿过程中给予过帮助的人们。需要感谢的人可以列出一长串清单，在此列举数位！

感谢长江学者——温州医科大学黄兆信教授及他的博士后华南师范大学卓泽林副研究员、温州医科大学在读博士杜金宸同学对我研究工作的全程帮助和鼎力支持。感谢我的硕士生导师、杭州师范大学的季诚钧教授，您的平易近人、学识渊博和乐于助人给学生以深刻印记，我从您的专著《大学属性与组织学分析》一书中吸取了不少营养。感谢浙江省著名法学专家——宁波大学钭晓东教授和他的夫人黄秀蓉教授的无私帮助，带我进入学术新境界。感谢浙江工业大学人工智能在读博士章国道同学给予的技术支持和耐心指导。尤其感谢我的项目组成员，他们是叶紫、曾春燕、袁野、吴泽洋、申恒运、李物兰、卓泽林、林新表、陈金锋、金伟琼等，愿意和我一起攻坚克难、相互勉励，走过了无数难忘的日子！其中，叶紫具体撰写了第九章第三节，曾春燕具体撰写了第九章第二节，袁野具体撰写了第七章第三节和第八章第二节等。感谢我的学生温曦、彭凤婷、汪子晗、刘安凡和万乐予等协助完成了查阅文献、问卷调查、整理资料、制作美图和校稿等工作。书中有任何的贡献当属我的项目组全体成员和可爱的学生们。可能的疏漏、偏颇或错误之处，均由我文责自负！另外，学术研究从来都是在前人理论建树和学术成就的基础上起步的，感谢此书中所有被引用过文献的学者们。

感谢我的领导和同事们对于我行政工作和学术工作给予的指导、理解和支持！他们是温州医科大学学工部部长、学生处处长陈永霖老师；温州医科大学口腔医学院附属口腔医院党委书记麻健丰教授、院长潘乙怀教授、副书记吴代莉老师、副院长刘劲松教授、副院长邓辉教授、副院长黄盛斌博士；校教学督导员杨玉锵老师；创新创业教育学院副院长俞林伟博士等。感谢我的老领导金和平老师和林丽霜老师对我一直的厚爱和全方位呵护！感谢我的兄长兼人生导师叶发青教授和他的夫人袁红霞老师对我们全家无微不至的关怀和帮助！

感谢我的家人：老公兼师弟叶辉先生（学生送雅号"绝世小可爱"），作为一名生物化学专家，除了天天忙于自己的科研和教学，还时常在我偷懒颓废时给予提醒和鞭策！时常在我备受打击时给予信心和力量！时常跨界指导我的学术研究，提供了不少有价值的意见和建议！我的全部军功章里有您的一大半功劳！渴望您能早日康复，陪我看潮起潮落、花开花落。感谢我的女儿叶子涵（女超人），虽然你远隔重洋，虽然我们不常相见，但一定是彼此心中最重要的牵挂。感谢你寒冬寄出、春天才到的爱心口罩！我一直的努力是为了给你树立好的人生榜样！我很欣慰，已看到了你的春暖花开！祝福我的外甥李嘉豪研究生学业顺利！

唯愿岁月静好，人生如常！

最后，特别感谢中国社会科学出版社王曦老师对本书的出版给予的帮助和支持。

向　敏
于浙江温州
2020 年 9 月 21 日